Leserangepasste Verständlichkeit

Europäische Hochschulschriften

Publications Universitaires Européennes
European University Studies

**Reihe VI
Psychologie**

Série VI   Series VI
   Psychologie
   Psychology

Band/Vol. 124

PETER LANG
Bern · Frankfurt am Main · Nancy · New York

Marianne Tauber

Leserangepasste Verständlichkeit

Der Einfluss von Lesbarkeit und Gliederung am Beispiel von Zeitungsartikeln

PETER LANG
Bern · Frankfurt am Main · Nancy · New York

CIP-Kurztitelaufnahme der Deutschen Bibliothek

Tauber, Marianne:
Leserangepasste Verständlichkeit: d. Einfluss
von Lesbarkeit u. Gliederung am Beispiel von
Zeitungsart. / Marianne Tauber. – Bern;
Frankfurt am Main; Nancy; New York: Lang, 1984.
(Europäische Hochschulschriften: Reihe 6,
Psychologie; Bd. 124)
ISBN 3-261-03389-4

NE: Europäische Hochschulschriften / 06

Die vorliegende Arbeit wurde von der Philosophischen Fakultät I der
Universität Zürich im Wintersemester 1982/83 auf Antrag von Prof.
Dr. F. Stoll als Dissertation angenommen.

Die Drucklegung der vorliegenden Arbeit wurde in verdankenswerter
Weise durch die Stiftung Suzanne und Hans Biäsch unterstützt.

© Verlag Peter Lang AG, Bern 1984
Nachfolger des Verlages der
Herbert Lang & Cie AG, Bern

Alle Rechte vorbehalten. Nachdruck oder Vervielfältigung
auch auszugsweise, in allen Formen wie Mikrofilm, Xerographie
Mikrofiche, Mikrocard, Offset verboten.

Druck: Lang Druck AG, Liebefeld/Bern

Diese Arbeit verdankt ihr Entstehen in erster Linie Prof. Dr. François Stoll. Ohne seine tatkräftige Unterstützung und sein wohlwollendes Interesse für die Forschungsrichtung der Verfasserin wären diese Untersuchungen nicht durchgeführt worden. Prof. August Flammer und seine Mitarbeiter förderten die Ideen dieser Arbeit ganz wesentlich. Ihnen sei herzlich gedankt für die stetige Diskussionsbereitschaft, die vielen Anregungen und Ermunterungen bei der Durchführung dieser Arbeit.

Zu grossem Dank verpflichtet bin ich auch Frieda Steinruck. Während der Entstehung der Arbeit schrieb sie sorgfältig und sehr schnell die vielen Reinfassungen. Es gelang ihr auf irgendeine Weise, meine Handschrift zu entziffern und sich nebenbei noch in den Inhalt der Arbeit einzufühlen. Hansruedi Kaiser und Lisbeth Salm möchte ich für das kritische Durchlesen der Arbeit und ihre wertvollen Anregungen danken.

Kurt Blattner danke ich für die graphische Gestaltung der Figuren, besonders aber dafür, dass er mich in schwierigen Phasen der Arbeit immer wieder ermutigte.

Für die Drucklegung der Arbeit wurde ich von der Stiftung Suzanne und Hans Biäsch unterstützt, ihr sei an dieser Stelle ganz herzlich gedankt.

INHALTSVERZEICHNIS

	Seite
ZUSAMMENFASSUNG	1

1. EINLEITUNG 4

   1.1 Verständlichkeit: Klärung des Begriffs 4
   1.2 Warum Zeitungsartikel? 6
   1.3 Ziele der Arbeit und Vorausblick 7

2. HISTORISCHER RUECKBLICK AUF DIE VERSTAENDLICHKEITSFORSCHUNG 9

   2.1 Lesbarkeitsformeln: ein empiriegeleiteter Ansatz 10
   2.2 Das Hamburger Beurteilungsverfahren:
       ein anderer empirigeleiteter Ansatz 12
   2.3 Teigeler: erste theoriegeleitete Ansätze 13
   2.4 Groeben: einziger theoriegeleiteter und
       integrativer Ansatz 14
   2.5 Kintsch & Vipond: ein Prozessmodell der
       semantischen Textverarbeitung und ein daraus
       abgeleitetes Verständlichkeitskonzept 16
   2.6 Krise der Verständlichkeitsforschung? 23
   2.7 Zusammenfassung 26

3. MODELLE DER TEXTVERARBEITUNG UND IHRE IMPLIKATIONEN
FUER DIE TEXTVERSTAENDLICHKEIT 28

   3.1 La Berge und Samuels 28
   3.2 Rumelhart 34
   3.3 De Beaugrande 38
   3.4 Schlussfolgerungen 48

4. EINE SUPERSTRUKTUR FUER DIE ZEITUNGSARTIKEL
VOM TYP KORRESPONDENTENBERICHTE 51

   4.1 Superstruktur und Textverarbeitungsprozesse 51
   4.2 Superstruktur und Gliederung 61
   4.3 Journalistische und kognitiv-psychologische
       Eigenschaften der Textsorte Korrespondentenberichte 63
   4.4 Ein Superstrukturmodell für Korrespondentenberichte 66
   4.5 Zwei Pilotstudien 69
       4.5.1 Die Expertenuntersuchung 69
       4.5.2 Die Leserbefragung 73
   4.6 Zusammenfassung und Hypothesen 77

  Seite

5. EXPERIMENTALTEIL I:
   Der Einfluss von satzinternen und satzübergreifenden
   Textvariablen auf die Verständlichkeit von Zeitungs-
   artikeln für zwei unterschiedliche Lesergruppen   80

   5.1 Problemstellung   80

   5.2 Methode   90
       5.2.1 Material (Texte, Tests)   90
       5.2.2 Versuchspersonen   93
       5.2.3 Versuchsplan   94
       5.2.4 Vorgehen   94

   5.3 Resultate   95
       5.3.1 Die Methode zur Auswertung der Wiedergaben   95
       5.3.2 Hauptresultate   97
             5.3.2.1 Lehrlinge   97
             5.3.2.2 Mittelschüler   102
       5.3.3 Qualitative Resultate   106
             5.3.3.1 Erinnerung an die Elemente
                     Ereignis, Hintergründe und Bilanz   107
             5.3.3.2 Subjektive Gewichtung der drei
                     Elemente Ereignis, Hintergründe, Bilanz   110
             5.3.3.3 Superstruktur und Gedächtnisprozesse   113
             5.3.3.4 Reduktionsprozesse in den Zusammenfassungen 121
             5.3.3.5 Zusammenfassung und Interpretation
                     der qualitativen Resultate   127
       5.3.4 Der Einfluss von Lesegewohnheiten, Interessen
             und Schullaufbahn   129

   5.4 Diskussion   136

6. EXPERIMENTALTEIL II:
   Textkohärenz bei einem fiktiven Zeitungsartikel:
   der Einfluss einer vorangestellten Zusammenfassung
   und der Behaltenszeit   150

   6.1 Problemstellung   150

   6.2 Begriffsbestimmung: Was ist eine Zusammenfassung?   154

   6.3 Methode   156
       6.3.1 Material (Text, Zusammenfassung, Tests)   156
       6.3.2 Versuchspersonen   159
       6.3.3 Versuchsplan   159
       6.3.4 Vorgehen   159

   6.4 Resultate   160
       6.4.1 Hauptresultate   160
       6.4.2 Qualitative Resultate   164
       6.4.3 Der Einfluss von Lesegeschwindigkeit,
             Interessen und Geschlecht   168

   6.5 Diskussion   169

	Seite
7. ALLGEMEINE DISKUSSION	172
LITERATURVERZEICHNIS	179
ANHANG A	187
ANHANG B	205

ZUSAMMENFASSUNG
_____

Ausgehend von der Tatsache, dass Zeitungsartikel aus dem Ressort "Ausland" in Schweizer Tageszeitungen eine schlechtere Verständlichkeit aufweisen als Artikel aus anderen Ressorts (Amstad, 1978), untersucht diese Arbeit, a) wie sog. "analysierende Nachrichten" bzw. Korrespondentenberichte aus dem Auslandressort überhaupt von verschiedenen Lesern verstanden werden, und b) wie ihre Verständlichkeit verbessert werden kann. Die Arbeit stellt keine repräsentative Untersuchung dar, sondern sie geht diesen Fragen in einer Art Feinanalyse und an wenigen Beispieltexten nach.

Zuerst wurde ein theoretischer Rahmen erarbeitet, in welchem die Textverständlichkeit als Resultat eines Austauschprozesses zwischen Text- und Leser-Eigenschaften aufgefasst wird. Leserangepasste Verständlichkeit heisst demnach, die Textgestaltung den spezifischen Verarbeitungsqualitäten einer Lesergruppe anpassen. Kognitiv-psychologische Modelle der Textverarbeitung wurden daraufhin durchleuchtet, welche Texteigenschaften den Verarbeitungsprozess erleichtern bzw. erschweren können, und was der Leser dazu beiträgt, dass der Verarbeitungsprozess erfolgreich abläuft. Als Kriterium für den erfolgreichen Verarbeitungsprozess wurden schliesslich zwei Komponenten postuliert: die Qualität der Informationsaufnahme und deren Effizienz. Textverständlichkeit hat sich an diesen zwei Kriterien zu messen.

In einer ersten Untersuchung wurde der Einfluss von zwei verschiedenen Textdimensionen auf das Verständnis von zwei Lesergruppen für Zeitungsartikel untersucht. Die zwei Textdimensionen sind die sog. "Lesbarkeit" (satzinterne Eigenschaften wie Wort- und Satzlänge, Type-Token-Ratio) und die sog. "Gliederung" (satzübergreifende Eigenschaft, auch Textkohärenz genannt). Die Lesbarkeit wurde in der Formel von Dickes & Steiwer (1977) operationalisiert, die Gliederung mittels eines eigens entwickelten Superstrukturmodells für solche Zeitungsartikel. Drei 1979 erschienene Korrespondentenberichte aus einer Zürcher Tageszeitung wurden leicht gekürzt und systematisch umgeschrieben in eine leicht und eine schwer lesbare Form, und diese zwei Formen wiederum in eine gliederungsoptimierte und -gestörte Form. So resultierten vier Versionen von jedem Artikel, die einer Leserstichprobe von 76 Lehrlingen und 28 Mittelschülern zum Lesen gegeben wurden. Die Resultate zeigten, 1) dass die gleiche Optimierung bei den zwei Lesergruppen eine untersschiedliche Wirkung hatte, 2) dass die zwei Lesergruppen unterschiedlich auf erhöhte Textschwierigkeit reagierten, und 3) dass sie die Artikel unterschiedlich verstanden. Die Lehrlinge profitierten von der Lesbarkeitsoptimierung, aber nicht von der Gliederungsoptimierung, wogegen die Mittelschüler von beiden Optimierungen profitieren konnten. Die Lehrlinge zeigten ein Behaltensdefizit bei erhöhter Textschwierigkeit, die Mittelschüler wurden lediglich in ihrer Leseeffizienz eingeschränkt. Dass nur die Mittelschüler von der Gliederungsoptimierung profitieren konnten, wurde aufgrund der qualitativen Resultate darauf zurückgeführt, dass die Lehrlinge die Artikel als eine lineare Liste von einzelnen Aussagen (Mikropropositionen) speicherten, während die Mittelschüler diese in eine themenübergreifende Struktur von zusammenfassenden Aussagen (Makropropositionen) weiterverarbeiteten. Von einer Optimierung der Textkohärenz können aber nur Leser profitieren, die solche Makroprozesse vollziehen.

Erstaunlich ist, dass die Mittelschüler die schlechte Textkohärenz durch eine Anpassung ihrer Lesegeschwindigkeit kompensieren konnten und in ihrer Behaltensleistung kein Defizit zeigten. In einer zweiten Untersuchung wurden deshalb Kompensationsprozesse für eine schlechte Textkoharenz untersucht. Es wurde postuliert, dass bei einem längeren Text mit fiktivem Inhalt Kompensationsprozesse während dem Lesen schwieriger sind, so dass sich hier durch die Störung der Textkohärenz ein Behaltensdefizit zeigt. Ferner wurde postuliert, dass Kompensationsprozesse nach dem Lesen mit zunehmender Zeit zwischen dem Lesen und dem Behaltenstest schwieriger werden, und dass eine vorangestellte Zusammenfassung Kompensationsprozesse für eine schlechte Textkohärenz erleichtert. Die Resultate zeigen, dass unter den erschwerten Bedingungen des zweiten Experiments Mittelschüler ihre Lesegeschwindigkeit nicht anpassten und Texte, deren Kohärenz gestört war, schlechter erinnerten. Die Behaltenszeit und die Zusammenfassung blieben ohne Wirkung. Es wurde gefolgert, dass unter erschwerten Bedingungen (längerer Text mit fiktivem Inhalt und schwere Gliederungsstörung) Kompensationsprozesse während dem Lesen nicht mehr vollzogen werden und dass auch Kompensationsprozesse nach dem Lesen nicht mehr möglich sind.

Dass der expositorische Teil solcher Zeitungsartikel (Hintergründe und Bilanz) stärker unter der Störung der Textkohärenz litt als der narrative Teil (Hauptereignis), wurde als weiterer Hinweis dafür interpretiert, dass einer verständlichen Darstellung des "Warums" in analysierenden Nachrichten besondere Beachtung geschenkt werden sollte. Denn, wie die erste Untersuchung zeigte, bereitete eben dieser expositorische Teil der Nachricht den Lehrlingen grössere Mühe als der narrative Teil mit den Antworten auf die Fragen wer? wo? was? wie? wann? Aus den qualitativen Resultaten beider Experimente wurde gefolgert, dass in den "Hintergründen" eine Ursachen-Ereignis-Folgen-Struktur als Argumentationslinie verständniserleichternd ist und auch ein kohärenzstiftendes Referenzobjekt (z. B. eine Hauptfigur). - Einflüsse von Leservariablen, wie z. B. Lesegewohnheiten und Interessen, auf die Verständnisleistungen wurden ebenfalls untersucht und diskutiert.

1. EINLEITUNG

1.1 Verständlichkeit: Klärung des Begriffs

Verständlichkeit ist eine Eigenschaft von Mitteilungen. Sie ist eine Eigenschaft von mündlichen und schriftlichen Spracherzeugnissen, aber auch von nichtsprachlichen Mitteilungen (Handzeichen, akustische und visuelle Anzeigen etc.). Wir beschränken uns in dieser Arbeit auf schriftliche Spracherzeugnisse, also Texte, und insbesondere auf die Textsorte Zeitungsartikel. Verständlichkeit ist also in unserem Falle eine Eigenschaft von Texten. Doch kommt sie erst zum Tragen, wenn ein Text in einem Kommunikationsakt verwirklicht und damit zur Mit-Teilung wird.

Verständlichkeit weist zwei Komponenten auf: a) Ein Text ist für uns dann verständlich, wenn die adressierten Leser - das Zielpublikum - die durch den Text vermittelten Tatsachen nach der Lektüre so kognitiv repräsentiert haben, wie es der Textproduzent beabsichtigt (vgl. Jung, 1980). Dies ist der Aspekt des "richtig Verstehens" bzw. Missverstehens. b) Der zweite, ebenso wichtige Aspekt der Verständlichkeit ist der zeitliche, nämlich die Effizienz des Verstehens. Muss ein Leser viel Zeit aufwenden, um einen Text im obigen Sinne "richtig" zu verstehen, ist auch das ein Anzeichen schlechter Verständlichkeit. Im Extremfall kann der Zeitaufwand für den Leser zu gross werden, so dass er ihn nicht leistet, den Text "überliest" und ihn wiederum missversteht. Insbesondere in der Situation des Zeitungslesens spielt der Aspekt der Effizienz wohl eine wichtige Rolle. Denn im allgemeinen sind Zeitungsleser nicht gewillt, Knacknüsse zu lösen, sondern möchten sich möglichst schnell über möglichst viel informieren.

Mit dieser Definition von Verständlichkeit beschränken wir uns auf bestimmte Textsorten, nämlich auf Texte, die Tatsachen vermitteln wollen. Texte können auch andere Botschaftsziele in sich tragen. Das Ziel von Werbetexten ist es z. B., die Leser zu überzeugen, dass sie das angepriesene Produkt kaufen. Werbetexte wollen dem Leser nicht in erster Linie Wissen vermitteln, sondern ihn zu einer konkreten Handlung führen. Politische Manifeste wollen die Leser zu einer Veränderung oder Festigung ihrer Einstellungen veranlassen, die sie später zu bestimmten Handlungen (z. B. Wahlen) führt. Teigeler (1968) spricht von "Verständlichkeit" bei Texten, die Tatsachen vermitteln wollen, und von "Wirksamkeit" bei Texten, die überzeugen wollen. Verständlichkeit betrifft nach Teigeler mehr den kognitiven Aspekt des Kommunikationsaktes auf Seiten der Empfänger, Wirksamkeit aber mehr den affektiv-emotionalen Aspekt und das reaktive Verhalten der Empfänger. Natürlich muss ein Text verständlich sein, um wirksam zu sein. Doch je nach seiner Intention muss er andere Gestaltungsmerkmale stärker gewichten.

Wir haben bereits festgestellt, dass sich die Verständlichkeit eines Textes erst offenbart, wenn er in einem Kommunikationsakt verwirklicht und damit zur Mitteilung wird. Daraus folgt, dass man die Verständlichkeit von Texten eigentlich erst am Resultat eines Kommunikationsaktes - d. h. am Verhalten der Leser - beobachten oder messen kann. (Der Begriff "Kommunikation" mag in diesem Zusammenhang etwas befremden, doch spielt sich eine Kommunikation auch über das Medium Text ab. Zur Besonderheit der schriftlichen Kommunikationssituation sei auf den Bericht Tauber & Gygax, 1980, verwiesen.) Die Eigenart unseres Untersuchungsobjektes "Verständlichkeit", dass es quasi als Bindeglied zwischen Texteigenschaften und Leserreaktionen anzusiedeln ist (Groeben, 1972), hat auch praktische Implikationen für die Forschung. Obwohl es ökonomisch ist, die Verständlichkeit von Texten aufgrund einer Analyse der Texte allein vorherzusagen (Prädiktorenforschung), vergisst man nur zu leicht, dass die Verständlichkeit erst über einen Kommunikationsakt in Erscheinung tritt. In einem Kommunikationsakt spielen aber nicht nur Textvariablen, sondern auch Leser- und Situationsvariablen eine Rolle. Der gleiche Text kann zum Beispiel für Philosophen verständlich sein und für andere Leser unverständlich. Und der gleiche Text kann für einen Leser verständlich sein, wenn er ein Problem lösen will, zu welchem ihm der Text Informationen liefert, aber unverständlich, wenn er ihn am Abend ohne ein bestimmtes Ziel zur Unterhaltung liest. Deshalb müssen Verständlichkeitsprädiktoren auch immer auf eine je bestimmte Leserschaft (Zielpublikum) und auf eine je bestimmte Lesesituation (vgl. Rothkopf, 1972) bezogen werden.

Damit sind die zwei theoretischen Annahmen, welche dieser Arbeit zugrundeliegen, schon genannt. Die erste Annahme betrifft das Zweikomponentenmodell der Verständlichkeit. Es leitet sich aus der speziellen Situation des Zeitungslesens ab und besagt, dass ein Text dann verständlich ist, wenn man ihn effizient lesen kann und nachher seinen Inhalt richtig repräsentiert hat. Die zweite Annahme ist die einer <u>Leser-Text-Interaktion</u>. Sie besagt, dass das, was ein Leser an Vorwissen, Einstellungen, Interessen und intellektuellen Skills mit sich bringt, wesentlich mitbestimmt, wie er auf einen Text reagiert und was er ihm entnimmt. Deshalb kann nicht erwartet werden, dass eine Verständlichkeitsoptimierung bei verschiedenen Lesern die gleiche Wirkung erzielt.

1.2 Warum Zeitungsartikel?

Ich beschränke mich in dieser Arbeit auf die Textstichprobe Zeitungsartikel mit auslandpolitischem Inhalt (s. auch Kap. 4.3). Es bestehen drei Gründe für diese Auswahl. Einmal eignen sich diese Artikel für eine Untersuchung über die Verständlichkeit im oben definierten Sinne, weil sie einer breiten Leserschaft Tatsachen vermitteln wollen. Zum zweiten war eine Beschränkung auf einen relativ homogenen Typus von Texten nötig, da die Operationalisierung des Konzepts Textgliederung ein texttypusspezifisches Vorgehen erforderte (vgl. Kap. 4). Schliesslich beeinflussten auch Resultate aus der Untersuchung von Amstad (1978) über die Verständlichkeit von Schweizer Tageszeitungen diese Auswahl. Die schlechteste Verständlichkeit (gemessen mit einer abgeänderten Form der Lesbarkeitsformel von Flesch) wiesen dort Artikel aus dem Ressort Auslandpolitik auf. Die Ressortunterschiede in der Verständlichkeit waren sogar grösser als die Unterschiede zwischen den Zeitungen. Eine Untersuchung darüber, wie solche Artikel in ihrer Verständlichkeit verbessert werden können, hat deshalb auch praktische Relevanz. Insbesondere da Journalisten selber in einer Rezension der Untersuchung von Amstad (Tagesanzeiger vom 9.8.1979, S. 35 ff) die Frage äusserten, wie Artikel denn verständlicher geschrieben werden können. Sie vermuteten, dass es wohl nicht genüge, Sätze und Wörter zu verkürzen (wie es die Fleschformel eigentlich impliziert), um einen Text verständlicher zu machen. Gerade hier setzt diese Arbeit ein. Mit dem Versuch, den Superstrukturansatz, eine neue Entwicklung in der psychologischen Textforschung, in die Praxis umzusetzen, möchte sie den Lesbarkeitsformeln mit der Textgliederung ein Gegengewicht setzen. Sie möchte diese zwei verschiedenen Ansätze aus der Verständlichkeits- bzw.

Textforschung auf ihre Eignung für die Optimierung der Verständlichkeit von Zeitungsartikeln mit aussenpolitischem Inhalt prüfen.

1.3 Ziele der Arbeit und Vorausblick

Diese Arbeit geht von zwei Untersuchungen aus, die zeigten, dass Zeitungsartikel im Vergleich zu den schwierigsten Lesetexten des letzten Schuljahres um einiges schwieriger sind (Stoll, 1975) und dass besonders Artikel aus dem Ressort Ausland eine geringe Lesbarkeit aufweisen (Amstad, 1978). Die Arbeit will anhand einer kleinen Stichprobe von Auslandressort-Artikeln des Typs Korrespondentenbericht untersuchen, wie solche Texte überhaupt von verschiedenen Lesern verstanden werden, und wie ihre Verständlichkeit verbessert werden kann. Es liegt hier also keine repräsentative Untersuchung über die Verständlichkeit von Zeitungsartikeln vor, sondern eine Art Feinanalyse des Problems Verständlichkeit und dessen Lösungsmöglichkeiten anhand von wenigen Beispieltexten.

In einer ersten Untersuchung (Experimentalteil I) wird die Frage verfolgt, wie sich satzinterne und satzübergreifende Textmerkmale (Lesbarkeit und Gliederung) auf das Verständnis von Lehrlingen und Mittelschülern für Zeitungsartikel auswirken. Bringt eine Textoptimierung nach satzinternen Merkmalen einerseits und nach satzübergreifenden Merkmalen andererseits eine Verbesserung der Textverständlichkeit? Und ist die Wirkung für die beiden Lesergruppen die gleiche? Diese Untersuchung soll ferner zeigen, wie unterschiedlich zwei Stichproben von Lehrlingen und Mittelschülern die Informationen aus solchen Zeitungsartikeln überhaupt verarbeiten. - Die zweite Untersuchung (Experimentalteil II) ist der Frage gewidmet, ob und wie eine vorangestellte Zusammenfassung bei guter und schlechter Artikelgliederung das Verständnis und die Erinnerung verbessern kann. Im Unterschied zur ersten Untersuchung liegt der zweiten ein längerer, fiktiver Zeitungsartikel zugrunde, der die charakteristischen Züge eines Korrespondentenberichts aufweist, aber einen Inhalt vermittelt, welcher den Lesern gänzlich unbekannt ist.

Die zwei Untersuchungen erforderten eine konzeptionelle Vorarbeit: Erstens wurde auf dem Hintergrund der historischen Entwicklung in der Verständlichkeitsforschung ein heutiges Konzept der Verständlichkeit erarbeitet (Kap. 2 und 3). Zweitens musste eine Operationalisierung für das satzübergreifende Textmerkmal "Gliederung" in den Untersuchungen gefunden werden. Zu diesem Zweck wurde für den hier untersuchten Typus von Zeitungsartikel eine Superstruktur entwickelt und überprüft, die auf abstraktem Niveau beschreibt, welche Informationen ein solcher Zeitungsartikel - unabhängig von seinem spezifischen Inhalt - typischerweise enthält (Kap. 4).

2. HISTORISCHER RUECKBLICK AUF DIE VERSTAENDLICHKEITSFORSCHUNG

Dieses Kapitel möchte einige Linien aufzeigen, die sich durch die historische Entwicklung der Verständlichkeitsforschung hindurchziehen, um damit den theoretischen Hintergrund der eigenen Untersuchungen zu lokalisieren. Es ist hier nicht das Ziel, einen vollständigen Ueberblick über alle Ansätze zu geben, die für die Verständlichkeitsforschung bedeutsam sind. Solche Ueberblicke geben bereits Teigeler (1968) und Ballstaedt & Mandl & Schnotz & Tergan (1981). Dieses Kapitel liefert auch keine Einführung in die Verständlichkeitsforschung und -messung. Eine Einführung mit Uebersicht über gebräuchliche Verfahren zur Verständlichkeitsmessung geben Tauber & Gygax 80, (19Teil I).

Die historische Entwicklung der Verständlichkeitsforschung wird an einigen ausgewählten Verständlichkeitskonzeptionen aufgezeigt. In den historisch aufeinander folgenden Konzeptionen *) (Lesbarkeitsformeln, Hamburger Ratingverfahren, Teigeler, Groeben, Kintsch & Vipond) sind drei Entwicklungslinien zu beobachten: 1. Die frühesten Konzeptionen arbeiteten bei der Suche nach Verständlichkeitsprädiktoren im Text empiriegeleitet, und heutige Konzeptionen lassen sich dabei von einer Theorie über die Textverarbeitung leiten. 2. Die frühesten Konzeptionen beschränken sich auf formale Texteigenschaften, wie das Lexikon, die Syntax usw. Heutige Konzeptionen berücksichtigen immer stärker die Semantik und den Textinhalt. 3. Früher fasste man Verständlichkeit als eine textimmanente Eigenschaft auf, während sie heute als Eigenschaft betrachtet wird, die sich aus einer Leser-Text-Interaktion ergibt (vgl. auch Kap. 1.1).

---

*) einzige Ausnahme bildet Teigeler, der 1968 erschienen ist und damit vor dem Hamburger Ratingverfahren zu lokalisieren ist. - Von den besprochenen Konzeptionen ist übrigens keine veraltet, denn auch die früheren Konzeptionen können heute noch sinnvoll in der Praxis angewendet werden, allerdings unter Berücksichtigung der in Kap. 2.6 besprochenen Einschränkungen.

2.1 Lesbarkeitsformeln: ein empiriegeleiteter Ansatz

Die Vorhersage der Verständlichkeit mit sog. Lesbarkeitsformeln ist der traditionellste Zweig der Verständlichkeitsforschung. Schon Ende der vierziger Jahre wurden in den USA Formeln entwickelt (z. B. Flesch, 1948), und noch heute sind sie in den USA in der Praxis sehr beliebt, z. B. werden sie in Werbung und Verkauf von Lehrmitteln als Gütekriterium benützt.

Der Ansatz der Lesbarkeitsformeln versucht, die Verständlichkeit von Texten mit einer Kombination einer Auswahl von formalen, syntaktischen und lexikalischen Variablen vorauszusagen. Diese Variablen sind in einem Text auszählbar, es sind z. B. die durchschnittliche Wortlänge in einem Text, die durchschnittliche Satzlänge, der Anteil Nebensätze an allen Sätzen im Text, der Anteil Adjektive, Substantive oder Verben an allen Wörtern im Text, die sog. Type-Token-Ratio, d. h. der Anteil unterschiedlicher Wörter im Text am Gesamt aller Wörter im Text usw. Da diese Variablen relativ leicht zu operationalisieren sind, können sie heute mit einem EDV-Programm ausgezählt werden, welches dann auch direkt den Lesbarkeitsformelwert berechnen kann (vgl. z. T. Tauber & Stoll & Drewek, 1980). Eine Uebersicht über die im angelsächsischen Bereich entwickelten Lesbarkeitsformeln gibt Klare (1963). Klare schliesst aus einem Vergleich der vielen verschiedenen Formeln, dass sich die beiden Variablen durchschnittliche Wort- und Satzlänge als die besten Prädiktoren der Verständlichkeit erwiesen haben. Inzwischen gibt es auch Lesbarkeitsformeln, die an die französische Sprache (Henry, 1975) und an die deutsche Sprache (z. B. Stoll, 1975, Amstad, 1978, Dickes & Steiwer, 1977) adaptiert sind. Wie Ballstaedt & Mandl & Schnotz & Tergan (1981, S. 213) vermerken, sind die Prädiktoren und Kriterien bei der Entwicklung von Lesbarkeitsformeln in keiner Theorie der Textverarbeitung verankert. Es werden nur korrelative Zusammenhänge, aber keine Verarbeitungsprozesse berücksichtigt. Der Ansatz der Lesbarkeitsformeln ist ein empiriegeleiteter Ansatz. Beim empiriegeleiteten Ansatz geht man auf der Suche nach Prädiktoren der Verständlichkeit von einer mehr oder weniger willkürlich ausgewählten Menge von Texteigenschaften aus und lässt sich dabei nicht von einer Theorie leiten. Dann "validiert" man diese willkürlich ausgewählten Texteigenschaften, z. B. in einer schrittweisen Regression, an einem Kriterium der Verständlichkeit. Diejenigen Texteigenschaften oder Eigenschaftsgruppen, die einen

Verständnistest oder ein anderes Textschwierigkeitskriterium am besten voraussagen, wählt man als Verständlichkeitsprädiktoren aus. Lesbarkeitsformeln sind darum beliebt, weil sie im ökonomischen Schnellverfahren berechnet werden können, doch dienen sie lediglich einer groben Einstufung der Textschwierigkeit. Mehrmals ist gezeigt worden, dass sie die Verständlichkeit von Texten nicht zuverlässig voraussagen. Die Gründe liegen erstens in ihrer Vernachlässigung des Textinhalts, zweitens in ihrer Vernachlässigung der satzübergreifenden Texteigenschaften und drittens in ihrer Vernachlässigung der Leser- und Lesesituationsvariablen. Zum ersten Kritikpunkt zeigten Wieczerkowski & Alzmann & Charlton (1970) sowie Kintsch & Vipond (1979), dass sich Texte konstruieren lassen, welche mit der Lesbarkeitsformel von Flesch (1948) gleich schwierig eingestuft sind, aber signifikant unterschiedlich gut verstanden werden. Texte, welche den Inhalt gedrängt vermitteln, die also wenig Redundanz und einen hohen Informationsgehalt aufweisen, werden schlechter verstanden als weniger gedrängte, redundantere Texte. Die Eigenschaft der "Informationsdichte" (Wieczerkowski et al.) bzw. der "Propositionsdichte" (Kintsch & Vipond) eines Textes ist aber nicht im Lesbarkeitswert des Textes ersichtlich. Diese Befunde zeigen, dass der semantische Gehalt eines Textes ein besserer Prädiktor für die Verständlichkeit sein kann als sprachformale Variablen, wie sie in einer Lesbarkeitsformel erfasst werden. - Zum zweiten Kritikpunkt, der Vernachlässigung satzübergreifender Textvariablen, zeigten Langer & Schulz von Thun & Tausch (1974), dass sich Texte finden lassen, die nach der Flesch-Formel gleich schwierig eingestuft sind, aber unterschiedlich gut verstanden werden. Diese Texte hatten unterschiedliche Werte erreicht in ihrem Ratingverfahren, welches auch satzübergreifende Texteigenschaften erfasst, wie z. B. die Gliederung, die Kürze/ Prägnanz und die sog. Stimulanz. Zu diesem Kritikpunkt werden auch oft literarische Textbeispiele angeführt, die einfache Wörter und kurze Sätze aufweisen - also einen hohen Lesbarkeitswert haben - und trotzdem schwer verständlich sind aufgrund ihres Satzzusammenhangs. - Zum dritten Kritikpunkt, der Vernachlässigung von Leser-Variablen, gibt es noch recht wenig empirische Befunde. Klare (1976) zitiert eine unveröffentlichte Studie von Funkhouser & Maccoby (1971), in welcher Wissenschaftler mit hohem Fachwissen wissenschaftliche Texte mit unterschiedlichem Lesbarkeitswert nicht mehr oder weniger verständlich empfanden. Mrazek (1979) zeigte, dass die Textschwierigkeit - gemessen im Flesch-Index - bei der Vorhersage des effektiven

Textverständnisses eine geringe Rolle spielt. Viel stärker war der Vorhersagewert von Person-Variablen (Geschlecht, sozioökonomischer Status, intellektuelle Skills) und der Variablen "Textthema" sowie der Interaktion zwischen den letzten zwei Variablengruppen.

Trotz dieser Kritikpunkte sind Lesbarkeitsformeln noch heute ein brauchbares Mittel zur Einstufung der Textschwierigkeit im Schnellverfahren. Sie können dann sinnvoll zur Vorhersage der Textverständlichkeit eingesetzt werden, wenn auf den jeweiligen Texttyp (-inhalt), die Leserschaft und die Lesesituation Bezug genommen wird (vgl. auch Klare, 1976). Dies könnte in einer konkreten Vorhersage etwa so lauten: Der Texttyp W ist mit dem Lesbarkeitswert X für die Lesergruppe Y in der Situation Z leicht verständlich.

2.2 Das Hamburger Beurteilungsverfahren: ein anderer empiriegeleiteter Ansatz

Dieser Ansatz von Langer & Schulz von Thun & Tausch (1974) erfasst die Verständlichkeit von Texten über ein differenziertes Beurteilungsverfahren. Gegenüber den Lesbarkeitsformeln hat es den Vorteil, dass es auch satzübergreifende Textmerkmale verschiedenster Art erfasst. Tauber & Stoll & Drewek (1980) verglichen das Verfahren mit einer Lesbarkeitsformel für die deutsche Sprache (Dickes & Steiwer, 1977). Das Hamburger Ratingverfahren machte bessere Voraussagen für die Verständlichkeit von Zeitungsartikeln als die Lesbarkeitsformel. (Kriterium war der Lückentest, durchgeführt mit einer heterogenen Leserschaft.) Weiter interessierte in dieser Studie, ob das Hamburger Ratingverfahren grundsätzlich andere Textdimensionen erfasst als die Lesbarkeitsformel. Nur zwei der vier Beurteilungsdimensionen erfassten eine eigene Textdimension (Gliederung/Ordnung und Kürze/Prägnanz). Die andern zwei (Einfachheit - Kompliziertheit und zusätzliche Stimulanz) erfassten ähnliche Texteigenschaften wie die beiden Variablen Wort- und Satzlänge aus der Lesbarkeitsformel.

Für die Praxis ist das Hamburger Ratingverfahren äusserst nützlich, denn, im Gegensatz zu den Lesbarkeitsformeln, wird es einem breiteren Spektrum von Texteigenschaften gerecht, und es liefert auch konkrete Anweisungen zur

Textoptimierung. Theoretisch ist das Hamburger Konzept aber ebenso unbefriedigend wie das Konzept der Lesbarkeitsformeln, und zwar aus zwei Gründen:
1) Es ist empiriegeleitet, und seine Prädiktoren sind nicht in einer Theorie der Textverarbeitung verankert. Denn Leitfaden für die Auswahl der Verständlichkeitsprädiktoren war lediglich unser Beschreibungsvokabular für Texte. (Die vier Beurteilungsdimensionen sind faktorenanalytisch aus einer grossen Anzahl von solchen Einzelmerkmalen extrahiert worden.) Die Prädiktoren werden also nicht in einen ursächlichen Zusammenhang mit dem Lese- und Verstehensprozess und seinen Schwierigkeiten gestellt. 2) Auch im Hamburger Konzept wird die Verständlichkeit als textimmanente Eigenschaft aufgefasst. Das äussert sich darin, dass für alle Leser, alle Lesesituationen und alle Textsorten die gleichen Prinzipien zur Textoptimierung gelten.

2.3 Teigeler: erste theoriegeleitete Ansätze

Teigeler (1968) schuf in seinem Buch "Verständlichkeit und Wirksamkeit von Sprache und Text" ein wertvolles Instrument für den Praktiker. Texter, Journalisten, Lehrer usw. können ihm Angaben entnehmen, wie sie Texte gestalten können, um sie möglichst verständlich und/oder wirksam und an ihr Zielpublikum angepasst zu verfassen. Dieses Buch wird hier darum genannt, weil es eine Verbindung zwischen Theorie und Praxis herstellt. Aufbauend auf einem Grundkonzept, welches die Leser-Text-Interaktion berücksichtigt, behandelt Teigeler die Einflüsse von der Leserseite her (kulturelle, soziale, kognitive und affektive Komponenten) und von der Textseite her (semantische, syntaktische, typografische Komponenten) auf die Verständlichkeit von Texten, und er untermauert seine Aussagen mit experimentellen Befunden. Gebräuchliche Verfahren zur Verständlichkeitsmessung werden kritisch auf ihren theoretischen Hintergrund beleuchtet. Zwei Beispiele: Teigeler geht der Frage nach, warum sich in den meisten Lesbarkeitsformeln die Variablen Satz- und Wortlänge als wichtige Prädiktoren der Verständlichkeit erwiesen haben. Die Wirkung der Wortlänge findet ihre Begründung darin, dass lange Wörter oft seltene Wörter sind, die mehr Zeit brauchen, bis sie erkannt werden (Hörmann, 1967, zit. nach Teigeler, 1968). "Der Grund, weshalb häufige Wörter meistens schneller erkannt werden, liegt wohl darin, dass bei bekannten Wörtern ein geringerer Teil des jeweiligen Wortes wahrgenommen werden muss, um es zu erkennen" (Teigeler, 1968, S. 37). Die Korrelationen zwischen der Wahrnehmungsschwelle und der Auftretenshäufigkeit von Wörtern betragen 0.7 bis 0.8 (Hörmann, 1967, zit. nach Teigeler, 1968). Die Worterkennungszeit wirkt sich natürlich auf die Leseeffizienz aus und damit auf die Lesbarkeit eines Textes. - Die Satzlänge andererseits hängt eng mit der syntaktischen Verschachtelung und der sog. Satztiefe zusammen. Teigeler zitiert linguistische Experimente, die zeigten, dass Sätze mit komplexer Tiefenstruktur schlechter im Gedächtnis behalten werden als Sätze mit einfacher Tiefenstruktur (Mehler, 1963, zit. nach Teigeler, 1968). Die Behaltensleistung für Sätze wirkt sich natürlich auf die Behaltensleistung des ganzen Textes aus. In diesem Sinne erklärt Teigeler nachträglich die in den Lesbarkeitsformeln gespiegelte Bedeutung der Satzlänge bzw. der mit ihr korrelierenden Satztiefe, für die Textverständlichkeit. Teigelers Werk liefert keine neuen Verfahren zur Verständlichkeitsmessung und -vorhersage. Sein Beitrag liegt aber einerseits darin, dass er in der Praxis gebräuchliche und weitgehend unreflektiert entwickelte Verfahren in einen theoretischen Erklärungshintergrund setzt, und andererseits darin, dass hier erstmals Verständlichkeit als Produkt einer Leser-Text-Interaktion wahrgenommen wird.

2.4 Groeben: einziger theoriegeleiteter und integrativer Ansatz

Groeben hat 1972 ein Verständlichkeitskonzept entwickelt, welches alle zu dieser Zeit bekannten Theorien der Textverarbeitung integriert, darum wird dieser Ansatz hier als theoriegeleitet und integrativ bezeichnet (eine zweite, überarbeitete Auflage von Groeben ist 1978 erschienen). Textverständlichkeit lässt sich aus vier Prädiktordimensionen vorhersagen, die je aus einer theoretischen Richtung abgeleitet sind. (Die folgende Zusammenfassung ist zitiert aus Ballstaedt et al., 1981, S. 216.) Die vier Dimensionen sind im folgenden dargestellt mit ihren positiven Merkmalen:

1) <u>Aesthetische Information:</u> Diese Dimension wird aus psycholinguistischen, vor allem transformationsgrammatischen, Ansätzen abgeleitet. Ihre wesentlichen Merkmale: kurze Satzteile, aktive Verben, aktiv-positive Formulierung, keine Nominalisierung, persönliche Worte, keine Satzschachtelung usw.

2) Semantische Redundanz: Diese Dimension beruht auf informationstheoretischen Modellen zur semantischen Dichte. Die wesentlichen Merkmale: keine Weitschweifigkeit, aber Synonyme oder wörtliche Wiederholung besonders von Satzgliedern mit gewichtiger Bedeutung.

3) Kognitive Strukturierung: Diese Dimension bezieht ihre Merkmale aus der Subsumtionstheorie des Lernens von Ausubel (1963, zit. nach Ballstaedt et al., 1981): Verwendung von advance organizers, lineare Gedankenführung, Hervorhebung wichtiger Konzepte, Zusammenfassungen, Beispiele, Unterschiede und Aehnlichkeiten von Begriffen herausarbeiten.

4) Konzeptueller Konflikt: Diese Dimension wurde aus der Neugiertheorie von Berlyne (1960) abgeleitet. Ihre Merkmale: Darstellung von Problemen mit alternativen Lösungsmöglichkeiten, Vermittlung von Neuheit und Ueberraschung, Einführung inkongruenter Konzepte, Einfügung von Fragen.

Für die Behaltensleistung sowie für ein empirisch erhobenes Mass der "subjektiven Information" (eine weiterentwickelte Form des Rateverfahrens von Weltner, 1970, zit. in Ballstaedt et al., 1981) erwiesen sich die Dimensionen "kognitive Strukturierung" und "konzeptueller Konflikt" in Kombination als weitaus wichtigste Prädiktoren. Groeben konnte ferner beobachten, dass bei einem mittleren Mass an Textschwierigkeit die besten Behaltensleistungen resultierten. Das führte ihn dazu, eine invers u-förmige Beziehung zwischen Textschwierigkeit und Lernerfolg zu postulieren. Groebens Definition, dass Textverständlichkeit als Bindeglied zwischen Leserreaktionen und Textmerkmalen zu verstehen sei, impliziert im Unterschied zu den Lesbarkeitsformeln und dem Hamburger Konzept eine Leser-Text-Interaktion.

Groeben (1976, 1981) fand zwischen den vier Beurteilungsdimensionen des Hamburger Beurteilungsverfahrens und seinen eigenen vier Verständlichkeitsdimensionen eine Uebereinstimmung (vgl. Tab. 2.4).

Tergan (1981) bestreitet aber, dass die vier Dimensionen der beiden Ansätze identisch sind. Er zeigt Unterschiede auf in der Konzeption und in der dimensionalen Struktur der vier scheinbar übereinstimmenden Dimensionen. Langer et al. und Groeben haben aber immerhin unabhängig voneinander und mit

Tab. 2.4: Entsprechende Verständlichkeitsdimensionen bei Groeben und Langer et al.

Groeben	Langer et al.
Aesthetische Information	Einfachheit/Kompliziertheit
Kognitive Strukturierung	Gliederung/Ordnung
Semantische Redunanz	Kürze/Prägnanz
Konzeptueller Konflikt	Zusätzliche Stimulanz

verschiedenen Vorgehensweisen einen übereinstimmenden begrifflichen Rahmen gefunden, in welchem das ganze Spektrum von Texteigenschaften für die Verständlichkeit abgesteckt werden soll. Diese Parallelität spricht für eine gewisse Gültigkeit des Rahmens. Es lohnt sich deshalb, die Operationalisierung von Textmerkmalen in diesen vier Textdimensionen mit heutigen Kenntnissen aus der Kognitionsforschung weiterzutreiben.

2.5 Kintsch & Vipond: ein Prozessmodell der semantischen Textverarbeitung und ein daraus abgeleitetes Verständlichkeitskonzept

Gerade mehrere Autoren entwickelten Mitte der siebziger Jahre einen Rahmen, der es erlaubt, den Inhalt eines Textes (Tiefenstruktur), unabhängig von seiner wörtlichen und syntaktischen Formulierung (Oberflächenstruktur), darzustellen (Kintsch, 1974, Frederiksen, 1975, Meyer, 1975). Dies war ein grosser Fortschritt in der Forschung über Textverarbeitung. Denn erst dieser Rahmen ermöglichte es, den semantischen Gehalt eines Textes mit objektiven Mitteln darzustellen und daran zu messen, was ein Leser nach der Textlektüre vom Inhalt wiedergegeben hat. - Kintsch & van Dijk (1978) erarbeiteten aufgrund dieses Rahmens ein Prozessmodell der semantischen Textverarbeitung. Daraus leiteten Kintsch & Vipond (1979) ein Verständlichkeitskonzept ab, welches nicht nur formalen Textmerkmalen gerecht wird, sondern auch die Semantik von Texten berücksichtigt. Ein zweiter wesentlicher Fortschritt ihres Verständlichkeitskonzepts gegenüber dem bisher berichteten liegt darin, dass es zur Vorhersage der Textverständlichkeit Leservariablen einbezieht. Damit ist das Postulat der Leser-Text-Interaktion nicht nur konzeptuell (vgl. Teigeler, Groeben), sondern auch praktisch im Verständlichkeitsmodell integriert. Somit sind bei Kintsch & Viponds (1979) Verständlichkeitskonzept alle drei hier vorgezeichneten Entwicklungslinien an ihrem Ende angelangt: es ist ein theoriegeleitetes, der Semantik von Texten gerecht werdendes und die Leser-Text-Interaktion berücksichtigendes Verständlichkeitskonzept.

Von Kintsch & Viponds Prädiktoren sind zwei aus dem semantischen Gehalt des Textes allein ableitbar, zwei vom Leser allein, bzw. von seinen relativ konstanten Verarbeitungskapazitäten, und drei aus dem Interaktionsprozess zwischen einem spezifischen Leser und dem spezifischen Text. Die Auswahl dieser Prädiktoren ergibt sich aus folgendem Textverarbeitungsmodell. Das Modell wird hier in sieben Postulaten zusammengefasst:

1. Ein Text ist dann verstanden, wenn der Leser eine kohärente Textbasis erworben - kognitiv repräsentiert - hat.

2. Eine Textbasis ist eine Liste von Propositionen, die den semantischen Gehalt - die Tiefenstruktur - des Textes darstellen. Der Satz: "Der schwarze Fels stand in der Wüste" in der Oberflächenstruktur eines Textes wird in der Textbasis (Tiefenstruktur) in drei Propositionen dargestellt:

P 1 (schwarzer, Fels)
P 2 (stehen, Fels)
P 3 (in, 2, Wüste)

Eine Proposition enthält ein Prädikat und ein oder mehrere Argumente (das Prädikat ist jeweils unterstrichen in der obigen Darstellung). Prädikate verbinden die Argumente in ihrer Proposition. "In" verbindet die ganze Proposition 2 mit "Wüste" (eine ganze Proposition kann also auch ein Argument sein). Die Ausdrücke in den Propositionen sind nicht Wörter, sondern Konzepte, welche durch mehrere mögliche Wörter in der Textoberfläche dargestellt werden können.

3. Die Kohärenz in einem Text (bzw. in seiner Bedeutung) entsteht durch die so genannte "Argument-Ueberlappung". Im obigen Beispiel entsteht über die Wiederholung des Arguments "Fels" eine Kohärenz zwischen P 2 und P 1. Ueber die Wiederholung von P 2 als Argument in P 3 entsteht eine Kohärenz zwischen P 3 und P 2.

4. Während dem Lesen konstruiert der Leser laufend Propositionen. Er nimmt vorerst einmal einen "chunk" von Propositionen in sein Arbeitsgedächtnis auf (AG), das sind je nach Leser zwischen 2 und 6 Propositionen. Die chunk-Grösse ist eine individuelle Leservariable. Die aufgenommenen Propositionen ordnet er im Arbeitsgedächtnis in einen Kohärenzgraphen, d. h. er wählt eine Proposition (intuitiv) als Superproposition (1. Level) aus. Nachher unterordnet er dieser die Propositionen, die ein Argument der Superproposition wiederholen (2. Level), nachher unterordnet er der 2.-Level-Proposition weitere Propositionen, welche deren Argumente wiederholen (3. Level) usw. Dadurch entsteht ein kohärenter und hierarchisch aufgebauter Kohärenzgraph.

5. Um weitere Informationen ins AG aufnehmen zu können, entleert er dieses, in dem er die wichtigsten Propositionen aus dem erstellten Kohärenzgraphen ins Kurzzeitgedächtnis (KZG) transferiert. Dort stehen sie ihm weiterhin zur Verfügung. Die Selektion der "wichtigsten" Propositionen ergibt sich aus ihrem Hierarchieniveau (z. B. 1. Level ist wichtiger als 2. und 3. Level) und aus der Neuheit (neu gelesene werden früher gelesenen bevorzugt). Dies ist die sog. "leading-edge-Strategie". Die Menge der Propositionen, die ein Leser im KZG für den weiteren Verarbeitungsprozess bereithalten kann, ist eine Funktion seiner individuellen Kurzzeitgedächtniskapazität. Den ganzen Kohärenzgraphen (alle, wichtigen und unwichtigen, Propositionen) transferiert er ins Langzeitgedächtnis. Somit ist das Arbeitsgedächtnis entleert und ist bereit zur Aufnahme des nächsten "chunks" von Propositionen.

6. Um während dem Weiterlesen neu ins Arbeitsgedächtnis aufgenommene chunks von Propositionen in den Kohärenzgraphen einzubetten, stehen dem Leser die im Kurzzeitgedächtnis zurückbehaltenen wichtigsten und neuesten Pro-

positionen zur Verfügung. Die gelesenen Propositionen werden zusammen mit
den alten aus dem Kurzzeitgedächtnis wiederum in einen Kohärenzgraphen
eingebaut. Die Textverarbeitung läuft also in Zyklen ab, welche vier
Teilprozesse enthalten: *) 1) Aufnahme eines chunks von Propositionen ins
AG; 2) Erstellung eines Kohärenzgraphen im AG, und zwar aus den neu
aufgenommenen und den alten, im KZG gespeicherten Propositionen;
3) Transfer der wichtigsten und neuesten Propositionen des Kohärenzgraphen ins KZG; 4) Transfer des ganzen Kohärenzgraphen ins LZG.

7. Schwierigkeiten bei der Textverarbeitung kommen dann zustande, wenn im
Arbeitsgedächtnis zwischen den neu aufgenommenen Propositionen und den
alten Propositionen keine Kohärenz gebildet werden kann. Dies geschieht,
wenn keine Argumente der Propositionen wiederholt werden. Dann treten
folgende zeit- und kapazitätsraubende Kompensationsprozesse in Kraft:
entweder "Reinstatement", d. h. Suche im LZG nach einer früher gelesenen
Proposition, welche eine Einbettung der neuen ermöglicht, oder "Umorganisation", d. h. Umordnen des bisher erarbeiteten Kohärenzgraphen, so dass
alle Propositionen eingebettet werden können, oder "Inferenzen", das sind
Schlussfolgerungen oder Elaborationen aufgrund des Vorwissens, welche im
Text fehlende Propositionen ersetzen und eine Kohärenz ermöglichen.

Aus dem 7. Postulat lässt sich das Verständlichkeitskonzept ableiten. Immer
dann, wenn eine Kohärenzbildung erschwert ist, müssen Hilfsprozesse eingesetzt werden, welche Zeit und Kapazität brauchen. Dies äussert sich entweder
in einer längeren Lesezeit oder in einer schlechteren Behaltensleistung für
den Textinhalt. Ursachen für diese Schwierigkeiten liegen a) im Text selber,
d. h. 1) in seiner mangelnden Kohärenz und 2) in seiner semantischen Dichte.
Ein Mass dafür ist die sog. Propositionsdichte, d. h. die Anzahl Propositionen pro 100 Wörter, sowie die sog. Argumentdichte, d. h. die durchschnittliche Anzahl verschiedener Argumente pro Proposition. Je dichter die Propositionen und Argumente bei konstanter Anzahl Wörter in einem Text sind, desto
länger wird die Lesezeit (Kintsch & Keenan, 1973, Kintsch & Kozminsky &

---

*) AG = Arbeitsgedächtnis, KZG = Kurzzeitgedächtnis, LZG = Langzeitgedächtnis

Streby & McKoon & Keenan, 1975). Eine zweite Ursache liegt b) im Leser, wenn er eine zu kleine chunk-Grösse hat oder eine zu geringe Kurzzeitgedächtnis-Kapazität, so dass die für die Kohärenzbildung notwendigen Propositionen im Arbeitsgedächtnis zum Zeitpunkt X gerade fehlen. Die Verständlichkeit von Texten für eine bestimmte Leserzielgruppe wird also mit folgenden 7 Prädiktoren vorausgesagt:

1. Propositionsdichte   ⎫   Textvariablen
2. Argumentdichte   ⎭   (Semantik)
3. Aufnahmekapazität (chunk-Grösse) ⎫
4. Kapazität des KZG   ⎭   Leservariablen
5. Anzahl der Inferenzen   ⎫   Variablen der Textkohärenz
6. Anzahl der Reinstatements   ⎬   aus der Wechselwirkung zwi-
7. Anzahl der Umorganisationen *) ⎭ schen Text und Leser

So definiert, kann Verständlichkeit kein Kennwert eines Textes sein, der für alle Leser gilt. Denn je nach Leser kann der gleiche Text schwierig oder leicht sein. Vielmehr wäre zu einem Text ein Verständlichkeitsprofil für verschiedene Lesergruppen zu erstellen. Eine solche Verständlichkeitskonzeption ist theoretisch befriedigender als die vorher referierten Ansätze. Denn es wird der Forderung nach einer leseradäquaten Textgestaltung gerecht: Die Verständlichkeit von Texten lässt sich nur in Abhängigkeit von Lesereigenschaften bestimmen. Weiter werden hier Prädiktoren nicht zufällig ausgewählt und validiert (wie in einem empiriegeleiteten Vorgehen), sondern sie sind in einem ursächlichen Zusammenhang mit dem Lese- und Verstehensprozess verankert. Ferner ist die Gültigkeit des Modells befriedigend. Es ist simuliert worden für verschiedene Texte und mögliche Lesergruppen. Es machte befriedigende Voraussagen für die Verständlichkeit, gemessen an der Lesezeit und Behaltensleistung von Lesern. - Leider eignet sich das Modell aber in dieser Form schlecht für die Praxis. Ballstaedt et al. (1981) geben zu bedenken:

---

*) Die mangelnde Kohärenz eines Textes ist nicht als Textvariable aufgeführt, denn sie wirkt sich nur in Interaktion zwischen Text und Leser aus. Sie zeigt sich in den Prädiktoren 5, 6 und 7.

"... um die wesentlichen Prädiktoren der Verständlichkeit, vor allem Inferenzen und Reinstatements, zu erheben, ist ein beträchtlicher Aufwand erforderlich. Es muss für einen Text eine Propositionenliste erstellt und aus dieser für jeden Leser mit unterschiedlichen Aufnahme- und Speicherkapazitäten zyklisch ein Kohärenzgraph konstruiert werden. Für die Praxis der Textevaluation ist dieser Aufwand nicht akzeptabel." (Ballstaedt et al., 1981, S. 219). Dazu kommt, dass das Verfahren für die Erstellung einer Propositionenliste bei längeren Texten über 200 Wörtern an Objektivität und Reliabilität ermangelt (Ballstaedt & Schnotz & Mandl, 1981). Auch ist das Modell für die Vorhersage der Textverständlichkeit noch nicht vollständig, weil es nur Mikroprozesse, aber noch keine Makroprozesse berücksichtigt, welche vor allem bei längeren Texten wichtig sind. Denn bei längeren Texten ist es undenkbar, dass jede einzelne Proposition gespeichert wird.

Eine Weiterentwicklung des Modells in dieser letzten Richtung kündigt die Untersuchung von Vipond (1980) an. Sie knüpft an der Behauptung an, dass die Textverarbeitung in zwei parallelen Prozessen abläuft, erstens in der eben besprochenen Bildung eines Kohärenzgraphen von Mikropropositionen und zweitens in der Bildung eines Kohärenzgraphen von Makropropositionen (Kintsch & van Dijk, 1978, Kintsch & Vipond, 1979). Makropropositionen werden in einem Reduktionsprozess mit Hilfe von sog. Makrooperatoren aus den Mikropropositionen abgeleitet. Der Makrooperator "Generalisation/Abstraktion" bildet z. B. aus mehreren Mikropropositionen eine Makroproposition, welche deren Bedeutung auf einer allgemeineren, abstrakteren Ebene beschreibt. Die Prozesse bei der Bildung des Mikropropositionsgraphen (Mikroprozesse) und diejenigen bei der Bildung des Makropropositionsgraphen (Makroprozesse) laufen nach dieser Theorie parallel und unabhängig voneinander ab, unterliegen aber den gleichen Gesetzen. Ebenso wie die Mikroprozesse werden die Makroprozesse durch mangelnde Kohärenz, durch die Aufnahme- und Kapazitätsgrenzen des Lesers und durch die Hilfsprozesse Inferenz, Reinstatements und Umorganisation, erschwert. Nur werden diese Schwierigkeiten bei den Makroprozessen nun durch Eigenschaften des Makropropositionsgraphen ausgelöst. Denn ein Text kann auf seiner Mikroebene eine gute Kohärenz aufweisen, aber auf seiner Makroebene eine schlechte (wenn z. B. ganze Themen oder Abschnitte in einem Text vertauscht werden). Vipond untersuchte das Verständnis für mehrere Texte, welche in ihrem Mikro- und Makrokohärenzgraphen verschiedene Kohärenzschwierigkeiten boten, und von welchem er im Modell verschiedene Prozessbehinderungen auf der Mikro- und der Makroebene vorhersagte. Die besten Vorhersagen für die Textverständlichkeit machte er, wenn er Variablen auf der Mikro- und Makroebene als Prädiktoren einsetzte. Das heisst, dass das Modell von Kintsch & Vipond (1979) bessere Voraussagen für die Verständlichkeit macht, wenn es neben den besprochenen Mikroprozessen auch Makroprozesse berücksichtigt. Für den Prozess der Textverarbeitung heisst dieses Resultat, dass beim Lesen und Verstehen nicht nur Einzelpropositionen verarbeitet werden, sondern - parallel dazu - auch propositionsübergreifende Themen. Das scheint eine plausible Schlussfolgerung zu sein, denn sicher müssen wir beim Lesen von Büchern auch eine Kohärenz bilden können zwischen ganzen Themenbereichen. Wie könnten wir sonst Aussagen am Schluss eines Buches in einem Textzusammenhang verstehen?

Vipond zeigte, dass Mikro- und Makroprozesse zwei verschiedene und gleich wichtige Aspekte der Textverarbeitung sind. Er fragte sich weiter, wie die beiden Prozesse beim Lesen und Verstehen ablaufen. Sind sie unabhängig voneinander oder abhängig voneinander? Vipond diskutiert mehrere Möglichkeiten, wie man sich eine solche Abhängigkeit vorstellen könnte. Im Kap. 3 werden wir auf solche Fragen zu sprechen kommen. Vipond erläutert, dass Makroprozesse sicher von Mikroprozessen abhängig sind, da ja Makropropositionen aus den Mikropropositionen abgeleitet werden. Eine andere Art von Abhängigkeit ist aber diejenige der Resourcenquellen. Die beiden Prozesse könnten je eine eigene Resourcenquelle brauchen (z. B. je ein eigenes Kurzzeitgedächtnis). In diesem Falle würden Schwierigkeiten auf einer Ebene die Verarbeitung auf der andern Ebene nicht stören. Anders könnten die beiden Prozesse die gleiche Resourcenquelle brauchen, dann würde eine erhöhte Schwierigkeit auf einer Verarbeitungsebene mit der Verarbeitung auf der andern Ebene interferieren. Um diese Möglichkeiten zu prüfen, variierte Vipond die Textschwierigkeit auf der Mikroebene (häufige vs. seltene Wörter) und, unabhängig davon, auf der Makroebene (normale Themenfolge vs. umgestellte Abschnitte). Die beiden Störungen hatten additive Effekte auf die Behaltensleistung, was bedeutet, dass Mikro- und Makroprozesse unabhängige Resourcenquellen brauchen. Vipond bemerkt aber, dass seine Daten diesbezüglich noch nicht schlüssig sind, denn sein erstes Experiment schliesst eine interaktive Wirkung von Mikro- und Makrovariablen nicht aus. Auch sind die drei Experimente von Vipond schlecht vergleichbar, weil Mikroprozesse einmal als "Konstruktion eines Mikrokohärenzgraphen" definiert wurden, ein anderes Mal als "Worthäufigkeit" bzw. als "Wortkodierung".

Vipond zeigte aber einen Weg auf, in welcher Richtung das Textverarbeitungsmodell von Kintsch & Vipond (1979) ergänzt werden muss, damit es auch dem Verstehensprozess von längeren Texten gerecht wird. Ferner wurde hier ein Problem bereits angesprochen, welches alle heutigen Textverarbeitungsmodelle noch zu lösen haben: die Art der Interaktion zwischen den Prozesskomponenten beim Lesen und Verstehen von Texten. Diese Frage wird im Kapitel 3 wieder aufgegriffen.

2.6 Krise der Verständlichkeitsforschung?

Der historische Rückblick über die Verständlichkeitsforschung zeigte eine Entwicklung von einem nur empiriegeleiteten Vorgehen zu einem theoriegeleiteten Vorgehen, von einer Verständlichkeitsauffassung, die auf eine textimmanente Eigenschaft baut, zu einer Auffassung, die eine Leser-Text-Interaktion berücksichtigt, und von einer Suche nach formalen Textmerkmalen zu einer Suche nach inhaltlichen Textmerkmalen als Prädiktoren. Ein theoriegeleitetes Vorgehen bei der Suche nach Verständlichkeitsprädiktoren ist gegenüber einem rein empiriegeleiteten weniger forschungsmethodischen Artefakten ausgeliefert und ist deshalb vorzuziehen. Die Berücksichtigung einer Leser-Text-Interaktion bewahrt vor falschen Generalisierungen auf andere Lesergruppen. Und dass formale Textmerkmale ohne Berücksichtigung von semantischen Textmerkmalen falsche Voraussagen machen können, ist ebenfalls gezeigt worden. Nur zeigt sich nun ein Dilemma bei jedem der drei Punkte. Vom theoriegeleiteten Ansatz bei Kintsch & Vipond wurde bereits klar, dass er für die Praxis untauglich ist. Daraus schliessen Ballstaedt et al. (1981): "Hier offenbart sich wieder einnmal ein bekanntes Dilemma: je ausgefeilter und differenzierter die Theorie, desto schwieriger handhabbar wird sie für die Praxis. Auf der Basis von Befunden zur Textverarbeitung können Textproduzenten und Textevaluatoren heute etliche Verfahren zur Textanalyse dargeboten werden (...). Sie sind aber so zeitraubend und damit unökonomisch, dass der Praktiker meist auf eine theoretisch schlechter fundierte Konzeption wie eine Lesbarkeitsformel oder den Hamburger Rating-Ansatz zurückgreift" (Ballstaedt et al., 1981, S. 219). Ein neues Dilemma ergibt sich, wenn man das Postulat einer Leser-Text-Interaktion ernst nimmt. Die Folgerung aus Kintsch & Viponds Verständlichkeitsmodell heisst, dass für einen Text ein Verständlichkeitsprofil für verschiedene Lesergruppen mit unterschiedlichen Verarbeitungskapazitäten erstellt werden müsste. Woher haben wir aber die Sicherheit, dass es "homogene" Lesergruppen bezüglich ihrer Verarbeitungskapazität gibt, und woher die Sicherheit, dass sich die Lesergruppen nur in ihrer Kapazität (quantitativ) und nicht grundsätzlich und qualitativ in ihren Verarbeitungsprozessen unterscheiden? Führt das Leser-Text-Interaktions-Postulat zu einer Unmöglichkeit der Vorhersage, weil für jeden Leser ein anderes Verständlichkeitskonzept gilt? Ein weiteres Dilemma zeichnet sich zum heutigen Zeitpunkt erst ab, nämlich wenn der Textinhalt nicht nur wie bei Kintsch als Kohärenz der semantischen Struktur, sondern als thematischer Inhalt in das Verständlichkeitskonzept miteinbezogen wird. Mrazek (1979) folgert aus einer umfassenden Untersuchung über Determinanten des Leseverständnisses, dass von den zwei Textparametern "Thema" einerseits und "Schwierigkeit" (gemessen im Flesch-Index) andererseits, "der Effekt des Textthemas wesentlich stärker ist und den Schwierigkeitseffekt sogar weitgehend überlagert" (Mrazek, 1979, S. 336). Sobald man die Semantik von Texten nicht nur wie Kintsch und seine Mitarbeiter auf der formalen, sondern auch auf der inhaltlich-thematischen Ebene berücksichtigt und Lesergruppen mit unterschiedlichem Vorwissen und Interesse für die Themen, wird man damit konfrontiert, dass die formalen Textparameter zu unwichtigen Prädiktoren der Textverständlickeit werden (vgl. Mrazek, 1979).

Gibt es einen Ausweg aus diesen Dilemmata? Wir vertreten den Standpunkt, dass diese Ueberlegungen aus der neueren Entwicklung der Textverarbeitungsforschung wohl die anfängliche Euphorie zunichte machen, aufgrund einer einfachen Formel die Verständlichkeit von Texten vorhersagen zu können. Doch hat es u. E. nicht einfach "keinen Sinn" mehr, von "Verständlichkeit" zu sprechen oder Verständlichkeitsforschung zu betreiben, weil keine Vorhersagen mehr möglich wären. Vielmehr sind wir der Meinung, dass Voraussagen der Textverständlichkeit auf realistischer Basis noch möglich sind, die auch für die Praxis wertvoll sind. Eine Voraussage der Textverständlichkeit auf realistischer Basis könnte z. B. folgendermassen lauten: die Veränderung A im Textmerkmal B hat bei der Textsorte C auf die Lesergruppe D die Wirkung E.

Solche Aussagen geben dem Praktiker und Textproduzenten ein Werkzeug in die Hand, mit dem er minimale Voraussetzungen schaffen kann, dass seine Texte verstanden werden. Minimal heisst, dass seine Manipulation die Verständlichkeit der Texte dann effektiv anhebt, wenn von der Leserseite her (Vorwissen und Interesse für das Textthema) die idealen Voraussetzungen für das Verständnis fehlen.

Ein Ausweg aus der Krise der Verständlichkeitsforschung ist also u. E. der, dass man weiterhin nach Prädiktoren der Verständlichkeit im Text sucht und theoriegeleitete Verständlichkeitskonzeptionen entwickelt, diese aber in ihrem Gültigkeitsbereich präzisiert. Forschungsmethodisch erfordert dieser Weg, dass Textinhalts- und Leservariablen vermehrt in den Versuchsplan miteinbezogen werden. Die vorliegende Arbeit verfolgt dieses Ziel.

Ein zweiter Ausweg aus der Krise zeigt sich dann, wenn man den Rahmen der Verständlichkeitsforschung erweitert. Ihr Ziel ist es ja, eine optimale Leser-Text-Interaktion zu schaffen, d. h. eine Situation zu gestalten, in welcher ein Leser einem Text möglichst effizient möglichst viel Informationen entnehmen kann. Diesem Ziel näher bringt uns die Erforschung der Ursachen für Verständnisschwierigkeiten, die in der Lesesituation oder im Leser selbst liegen. So gibt es heute schon recht viele Befunde zum Einfluss des Vorwissens (z. B. Ausubel & Novak & Hanesian, 1980; Anderson & Reynolds & Schaller & Goetz, 1977; Chiesi & Spilich & Voss, 1979), des Interesses und affektiver Komponenten (z. B. Früh, 1980; Lehnert, 1981; Lehnert & Dyer & Johnson & Yang & Harley, 1981) und der Situation (z. B. Graesser & Higginbotham & Robertson & Smith, 1978; Rothkopf, 1972; Bransford & Johnson, 1972; Anderson & Pichert, 1978) auf das Verständnis eines Textes. Solche Befunde können klären, warum und wie gewisse Leser-, Situations- und Inhaltsvariablen das Textverständnis erschweren, und geben Hinweise dafür, wie man die Leser-Text-Interaktion auch von der Leserseite her besser gestalten kann.

2.7 Zusammenfassung

In diesem Kapitel wurde dargestellt, wie sich die ersten Ansätze der Verständlichkeitsforschung mangels einer Theorie über die menschliche Textverarbeitung von der Empirie leiten liessen. Entweder stützten sie sich zur Vorhersage der Verständlichkeit auf Textparameter aus der konventionellen Grammatik (Lesbarkeitsformeln) oder auf die Einschätzung durch menschliche Beurteiler (Hamburger Ratingverfahren). Der Bezug solcher Textparameter zum Lese- und Verstehensprozess wurde nur korrelativ und nicht theoretisch begründet hergestellt. Ein <u>theoriegeleitetes Vorgehen</u> aber kann aufgrund einer Theorie über menschliche Textverarbeitungsprozesse erklären, WARUM sich bestimmte Textparameter auf das Verständnis der Leser erleichternd oder erschwerend auswirken. Groeben und Kintsch & Vipond entwickelten ihre Verständlichkeitskonzepte auf diese Art. Ihre Ansätze bringen den Vorteil, dass sie differenziertere Voraussagen machen können. Zum Beispiel zeigte Groeben, dass leichte Texte nicht unbedingt optimales Verständnis der Leser bewirken, weil sie die Leser u. U. unterfordern. Oder Kintsch & Vipond fordern, dass man zuerst kognitive Variablen der Leser kennen muss, bevor man voraussagen kann, wie sich bestimmte Textparameter auf ihr Verständnis auswirken. Die Bedeutung der <u>Leser-Text-Interaktion</u> wurde erkannt. Gleichzeitig wurden unter dem Einfluss der Theorien über die menschliche Textverarbeitung Verfahren entwickelt, die es erlauben, neue, von der konventionellen Grammatik unabhängige, "psychologisch relevante" Textparameter zu operationalisieren. Darstellungssysteme für die <u>Semantik von Texten</u> und ihre Kohärenz wurden entwickelt. Untersuchungen von Kintsch und seinen Mitarbeitern führten zur Erkenntnis, dass die Semantik von Texten und ihre Kohärenz ein besserer Prädiktor der Verständlichkeit sein kann als die konventionellen lexikalischen und syntaktischen Textparameter. Die überragende Bedeutung des Text-Inhalts gegenüber seinen sprachformalen Eigenschaften für die Verständlichkeit wurde in neueren Untersuchungen bestätigt.

Es wurde gefolgert, dass alle diese Erkenntnisse zu einer Krise der Verständlichkeitsforschung führen müssten, da diese ja Voraussagen machen will, die weitgehend Leser- und Textinhalts-unabhängig sind. Es wurde aber auch argumentiert, dass die Verständlichkeitsforschung dennoch ihre Berechtigung hat, wenn sie a) ihre Voraussagen für spezifische Lesergruppen und Lesesituationen differenziert, und b) ihr Ziel dahingehend einschränkt, dass sie mit der Verbesserung von formalen Textvariablen lediglich minimale Voraussetzungen für das Verständnis schaffen kann, dort, wo der Text-Inhalt nicht optimal mit den Interessen und Vorwissensbedingungen der Leser korrespondiert.

3. MODELLE DER TEXTVERARBEITUNG UND IHRE IMPLIKATIONEN FUER DIE TEXTVERSTAENDLICHKEIT

Im vorhergehenden Kapitel wurde klar, dass eine Theorie der menschlichen Textverarbeitung der Verständlichkeitsforschung Anhaltspunkte liefert, WARUM sich bestimmte Textparameter erleichternd oder erschwerend auf das Verständnis auswirken. Das Textverarbeitungsmodell von Kintsch wurde bereits dargestellt. In diesem Kapitel werden drei weitere, ausgewählte Textverarbeitungsmodelle vorgestellt mit ihren Implikationen für die Verständlichkeitsforschung. Besonderes Gewicht wird dabei auf den Aspekt der Interaktion zwischen Prozesskomponenten und auf die Leser-Text-Interaktion gelegt, da sich das erste Experiment dieser Arbeit mit diesen zwei Aspekten befasst.

Eine Vorbemerkung sei den Begriffen Textverarbeitung, Lesen, Verstehen, Behalten gewidmet. Unter dem Titel Textverarbeitungsmodell figurieren in diesem Kapitel auch Modelle, die unter dem Namen "Lesemodelle" bekannt sind. Das hat seinen Grund in der Bedeutung des Begriffs Textverarbeitung, unter welchen nach unserer Definition alle drei Fertigkeiten "Lesen", "Verstehen" und "Behalten" von Textinformationen fallen. Der Unterschied zwischen diesen drei Fertigkeiten wird in den folgenden Modellen herausgearbeitet.

3.1 La Berge & Samuels

Für La Berge & Samuels (1974) ist Lesen eine komplexe Multikomponenten-Fertigkeit, für deren Gelingen die Fähigkeit, automatisch zu verarbeiten, eine wichtige Rolle spielt. Fig. 3.1.1 stellt das Modell dar. Es besteht aus drei verschiedenen Gedächtnissystemen, die drei verschiedene Repräsentationsformen der gelesenen Information speichern. Das visuelle Gedächtnissystem speichert visuelle Charakteristiken der Information: Figur-Merkmale, Buchstaben, Silben, Wörter und Wortgruppen. Das phonologische System speichert phonologische Charakteristiken der Silben, Wörter und Wortgruppen. Das semantische System schliesslich speichert semantische Charaktestikten von Wörtern, Wortgruppen und Sätzen.

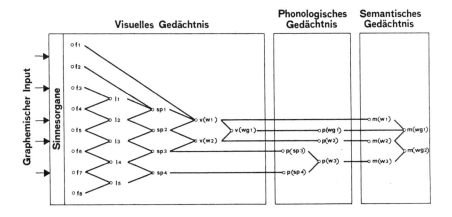

Fig. 3.1.1: Das Lesemodell von La Berge & Samuels (1974)

Der Leseprozess beginnt mit einer Registrierung des graphemischen Inputs durch die Sinnesorgane (Augen). Diese Information wird sodann von speziellen Merkmals-Identifikatoren analysiert, welche z. B. Informationen über Zeilen, Winkel, Kurven, Offenheit etc. extrahieren, sowie über die Relationen zwischen diesen, z. B. links - rechts, oben - unten. Die meisten dieser "Identifikatoren" (f_i) identifizieren direkt die Buchstaben (l_i). Das heisst, aus der Zusammenarbeit mehrerer Merkmals-Identifikatoren resultiert aufgrund der charakteristischen Züge eines Graphems ein Buchstaben-Kode. Diese visuellen Buchstaben-Kodes werden übersetzt in visuelle Kodes für Buchstabengruppen im Umfang einer Silbe (sp_i) und diese wiederum in visuelle Wortgruppen. Einige Merkmals-Identifikatoren übersetzen den graphemischen Input direkt in Silben-Kodes (z. B. f_2) und einige direkt in visuelle Wort-Kodes (z. B. f_1). Solche Identifikatoren reagieren auf die charakteristischen Züge ganzer Silben und Wörter. Mehrere Wege führen vom Wort zu seiner Bedeutung. Der visuelle Kode eines Wortes kann über einen phonologischen Kode in einen Kode für die Bedeutung des Wortes (semantischer Kode) übersetzt werden, z. B. m (w_2). Der visuelle Kode eines Wortes kann aber auch direkt, ohne den phonologischen Zwischenschritt, in einen semantischen Kode überführt werden, z. B. m (w_1). Das Modell erlaubt aber auch eine Uebersetzung vom visuellen Wort-Kode in visuelle Wortgruppen-Kodes, p (wg_1) und schliesslich in Wortgruppenbedeutungen, m (wg_1). Das Modell in Fig. 3.1.1 zeigt noch mehr solche Wege bis zur Repräsentation der Wortbedeutungen.

Sind die Wörter in ihrer Bedeutung einmal identifiziert, so kann der Prozess des Verstehens beginnen. <u>Verstehen</u> heisst, Wortbedeutungen organisieren. Der Leser hat das Gelesene dann verstanden, wenn er die Sinneinheiten im semantischen Gedächtnissystem [m (w_1) oder m (wg_1)] zu einer kohärenten Ganzheit organisieren kann.

La Berge & Samuels befassten sich vorwiegend mit der Frage von automatischen Prozessen beim Lesen. Sie überlegten sich folgendes. Wenn jede der aufgezählten Prozesskomponenten Aufmerksamkeit beanspruchen würde, wäre der komplexe Leseprozess gar nicht mehr möglich, weil die Kapazität der Aufmerksamkeit überschritten würde. Wenn aber ein Teil der Prozesskomponenten und deren Koordination automatisch ablaufen würde, wäre die Aufmerksamkeitsbelastung noch im Rahmen des Möglichen. Diese Ueberlegung führte La Berge & Samuels zu einer Theorie der automatischen Informationsverarbeitung beim Lesen. Automatisch ist ein Prozessablauf nach der Definition der Autoren dann, wenn die Aufmerksamkeit auf andere Dinge gelenkt sein kann während dem Ablauf des Prozesses. Er läuft dann ohne unsere bewusste Kontrolle ab. Die Autoren nehmen ferner an, dass unsere Aufmerksamkeitskapazität so begrenzt ist, dass wir sie nur einer Sache aufs Mal zuwenden können. Weiter nehmen sie an, dass in so komplexen Multikomponenten-Fertigkeiten, wie es das Lesen darstellt, viele Prozesse ohne unsere Aufmerksamkeit ablaufen können, wobei sie aber jederzeit wieder die Aufmerksamkeit auf sich lenken können, falls sie auf Schwierigkeiten stossen. Nicht alle Prozesskomponenten können ohne unsere Aufmerksamkeit ablaufen. Bedingung dafür ist, dass sie selbst und ihre Koordination bis zur Perfektion gelernt sind.

Der Prozess des reifen, flüssigen Lesens zeichnet sich in dieser Theorie dadurch aus, dass der Leser seine Aufmerksamkeit laufend auf die Sinneinheiten im semantischen System lenkt, während das Dekodieren und Umkodieren vom visuellen bis zum semantischen System automatisch abläuft. (Nach der Definition von "Lesen" und "Verstehen" in diesem Modell ist also die Aufmerksamkeit des flüssigen Lesens ständig auf das Verstehen gerichtet, während das Lesen automatisch abläuft.) Wenn dieser Leser aber einmal auf ein Wort trifft, das er nicht versteht, wird seine Aufmerksamkeit auf das phonologische System gerichtet, und er liest u. U. das Wort (subvokal) in seinem phonologischen Kode. Oder sie wird auf das visuelle System gelenkt, und er versucht, die visuellen Silben mit phonologischen Sprechmustern zu assoziieren, welche dann wiederum in ein Wort und seine Bedeutung transferiert werden. Kurz: Sobald der flüssige Leser auf Verständnisschwierigkeiten stösst, richtet sich seine Aufmerksamkeit auf normalerweise automatisch ablaufende Prozesskomponenten des Lesens. Das sind für den flüssigen Leser nur Ausnahmefälle.

Leseanfänger andererseits müssen ihre Aufmerksamkeit noch vermehrt den einzelnen Prozesskomponenten widmen, wie z. B. der Uebersetzung von visuellen in phonologische Kodes. Sie sprechen das Gelesene z. B. aus (lautes Lesen) und können dem eigentlichen Verstehen nur wenig Aufmerksamkeit widmen. Auch beim flüssigen Leser kann es vorkommen, dass er dem "Verstehen" keine Aufmerksamkeit mehr widmet. Dann nämlich, wenn seine Prozesskomponenten inklusive dem Organisieren von Bedeutungseinheiten (Verstehen) automatisch ablaufen und seine Gedanken vom Text zu andern (persönlichen) Erlebnissen abwandern. Erst später merkt er, dass er vom Gelesenen gar nichts mehr erinnert.

Von "Behalten" sprechen La Berge & Samuels erst dann, wenn während dem Verstehen auch Inhalte und Strategien aus dem semantischen und episodischen Gedächtnis des Lesers, also sein Vorwissen, angesprochen werden. Das Produkt aus den organisierten Bedeutungsinhalten des Textes und den eigenen assoziierten Erfahrungsinhalten des Lesers wird im semantischen Gedächtnis gespeichert. Wenn dies erfolgreich gelungen ist, kann der Leser später das Gelesene auch erinnern.

Zusammenfassung und Implikationen
Das Prinzip dieses Modells liegt darin, dass beim Lesen verschiedene Verarbeitungsstufen sequenziell durchlaufen werden: visuelle Kodes werden in phonologische und semantische übersetzt, Kodes für Buchstaben werden in Kodes

für Silben, Wörter und Wortgruppen übersetzt. Allerdings können einzelne dieser Stufen übersprungen werden, eine Eigenschaft, die andere sequenzielle Lesemodelle nicht teilen (z. B. Gough, 1972). Trotz dieser Auflockerung des sequenziellen Ablaufs versteht aber auch dieses Modell <u>Lesen als einen Bottom-up-Prozess,</u> in welchem z. B. Wörter von unten nach oben transformiert werden über visuelle (evtl. phonologische) bis zu semantischen Kodes. Erst dann kann die Bedeutung des Wortes identifiziert werden. <u>Das Modell sieht eine unspezifische und keine strukturelle Interaktion vor.</u> Eine unspezifische Interaktion findet dann statt, wenn zwei Prozesse die gleichen Resourcen brauchen. Bei La Berge & Samuels brauchen alle Verarbeitungsprozesse beim Lesen die gleichen Aufmerksamkeitsresourcen. - Von einer strukturellen Interaktion kann man erst dann sprechen, wenn zwei Prozesse Information austauschen (Lesgold & Perfetti, 1978). Bei La Berge & Samuels findet keine strukturelle Interaktion zwischen den Prozessen statt, weil die Verarbeitung auf einer Ebene jeweils nur diejenige der nächsthöheren Ebene beeinflusst, aber nicht umgekehrt.

Es gibt Beispiele dafür, die einem solchen Modell widersprechen. Denn Verarbeitungsstufen auf höheren Ebenen können auch solche auf niedrigeren beeinflussen. Die Erkennung von Buchstaben wird z. B. von ihrem Kontext beeinflusst. Wie Fig. 3.1.2 zeigt, kann das Zeichen " " einmal als "m", einmal als "en" interpretiert werden, je nachdem, in welchem Kontext es steht. Ohne die Hilfe von Prozessen auf der Worterkennungsstufe hätte die Buchstabenerkennung für das Zeichen   nicht so mühelos erfolgen können. Ein anderes Beispiel zeigt, wie die Erkennung von Wörtern von ihrem syntaktischen und semantischen Kontext beeinflusst wird. Ein häufiger Fehler ist beim lauten Lesen das Ersetzen eines Wortes durch ein anderes. Solche Substitutionen sind aber in den meisten Fällen grammatikalisch richtig, d. h. das falsche Wort passt in die Satzgrammatik (Weber, 1970, zit. nach Rumelhart, 1977). Wenn aber die Syntax keinen Einfluss hätte auf die Worterkennung, so dürften substituierte Wörter den richtigen lediglich visuell ähnlich sein, aber nicht syntaktisch. Weitere Beispiele und Befunde für solche "top-down-Einflüsse" geben Stoll (1980) und Rumelhart (1977). Die Kumulation von Befunden für den Einfluss von höheren Verarbeitungsstufen auf niedrigere führten Rumelhart dazu, ein strukturell-interaktives Lesemodell zu skizzieren, in welchem "top-down-Einflüsse" erlaubt sind. Es wird im nächsten Abschnitt behandelt.

Interessant ist die Unterscheidung von "Lesen" und "Verstehen" in La Berge & Samuels Modell. Lesen erstreckt sich auf alle Prozesskomponenten bis zur Erkennung der Wort- oder Wortgruppenbedeutung. Verstehen setzt erst ein, wenn dieses Etappenziel erreicht ist. Verstehen wird als "Organisieren" von Elementen zu einer Ganzheit definiert. Die Datenbasis des Verstehensprozesses (der nicht näher erläutert wird) ist der Output des abgeschlossenen Leseprozesses. Auch in diesem begrifflichen Detail dringt das Denken eines sequenziellen Bottom-up-Ansatzes durch.

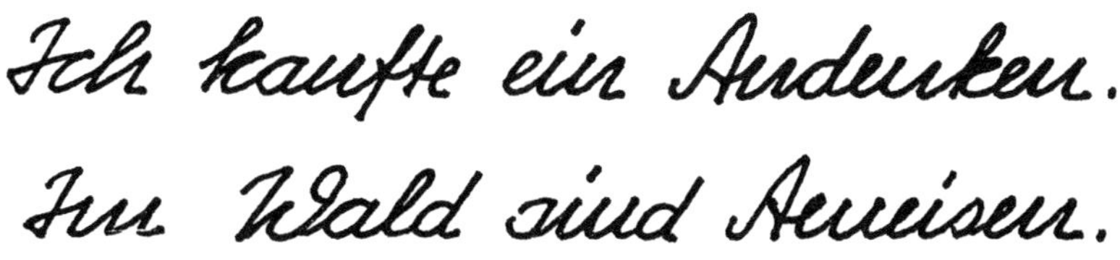

Ich kaufte ein Andenken.
Im Wald sind Ameisen.

Fig. 3.1.2: Die Abhängigkeit der Buchstabenerkennung vom Kontext

Für die Bedeutung der Leser-Text-Interaktion in der Textverständlichkeit sind folgende Schlussfolgerungen aus La Berge & Samuels Modell wichtig:
1. verschieden geübte Leser unterscheiden sich im Grad der Automatisiertheit ihrer Prozesse, und 2. eine schlechte Lesefertigkeit und/oder Schwierigkeiten im Text können ein Fokussieren der Aufmerksamkeit auf normalerweise automatisierte Subprozesse des Lesens erfordern, was u. U. zu einem Verlust von Aufmerksamkeitsresourcen auf der Verstehens- und Behaltensebene führt (unspezifische Interaktion). Da diese komplexesten Prozesse nicht ohne Aufmerksamkeit ablaufen können, führt eine solche "Ablenkung" - wenn sie einen gewissen Grad überschreitet - zu einer Störung im Verstehen und Behalten. Das wäre eine aufmerksamkeitstheoretische Erklärung für den negativen Effekt von schwierigen Texten auf das Verstehen und Behalten, welche auch leserbedingte Effektvariationen impliziert. Das Modell kann auch eine aufmerksamkeitstheoretische Erklärung dafür liefern, dass nicht nur schwierige, sondern auch sehr leichte Texte schlecht verstanden und behalten werden (vgl.

Groebens umgekehrte U-Kurve für die Beziehung zwischen Textschwierigkeit und Leseverständnis, Kap. 2.4). Nach diesem Modell würden bei Texten, die für einen Leser X zu leicht sind, alle Prozesse inklusive dem "Verstehen" automatisch ablaufen können, so dass die Aufmerksamkeit des Lesers X in Gefahr ist, zu andern, textfremden Gedanken abzuwandern. Erst später würde der Leser X merken, dass er vom Gelesenen nichts mehr weiss. Es gibt übrigens Befunde, die zeigen, dass flüssige Leser die "Textleichtigkeit" auch kompensieren können durch ein Beschleunigen ihrer Lesegeschwindigkeit (Rothkopf, 1972, Kintsch & Vipond, 1979), so dass ihre kognitive Kapazität bei leichten Texten ebenso stark, wenn nicht mehr ausgelastet ist als bei schwierigen Texten (Britton & Westbrook & Holdredge, 1978).

3.2 Rumelhart

Rumelhart (1977) entwickelte ein Textverarbeitungsmodell, welches bottom-up- und top-down-Prozesse gleichzeitig zulässt. Für Rumelhart ist <u>Lesen</u> der Prozess des <u>Verstehens</u> geschriebener Sprache. Dieser Prozess beginnt mit einem Aufflackern von Mustern auf der Retina und endet (wenn er erfolgreich ist) mit einer bestimmten Idee über die vom Autor intendierte Botschaft. Lesen ist also gleichzeitig ein perzeptueller und ein kognitiver Prozess, der vom Leser verlangt, dass er gleichzeitig sensorische, syntaktische, semantische und pragmatische Information gebraucht. Und alle diese Informationsquellen interagieren auf verschiedene komplexe Arten während dem Lesen.

Rumelhart versucht, in einem Modell diese komplexe Interaktion verschiedener Wissensquellen zu beschreiben. Es ist in Fig. 3.2 dargestellt.

Die Fig. 3.2 zeigt die Annahme, dass graphemische Information in das System eintritt und in einem visuellen Informationsspeicher (VIS) registriert wird. Ein Merkmals-Identifikations-Plan arbeitet dann mit dieser Information und entzieht ihr die kritischen Merkmale. Diese kritischen Merkmale dienen als sensorischer Input für den Muster-Synthesizer. Zusätzlich zum sensorischen Input hat der Muster-Synthesizer nicht-sensorische Information zur Verfügung über die orthographische Struktur der Sprache (z. B. Information über die Wahrscheinlichkeit verschiedener Buchstabenfolgen), Information über lexikalische Elemente in der Sprache, Information über syntaktische Möglichkeiten und Wahrscheinlichkeiten, Information über die Semantik der Sprache und Information über die aktuelle Kontext-Situation (pragmatische Information). Der Muster-Synthesizer braucht dann alle diese Informationen, um die "Interpretation mit der grössten Wahrscheinlichkeit" des graphemischen Inputs zu produzieren. Das heisst also, dass alle verschiedenen Wissensquellen an einem Ort zusammenlaufen (im Muster-Synthesizer) und dass der Leseprozess aus dem Produkt der simultanen und gemeinsamen Anwendung dieser Wissensquellen besteht.

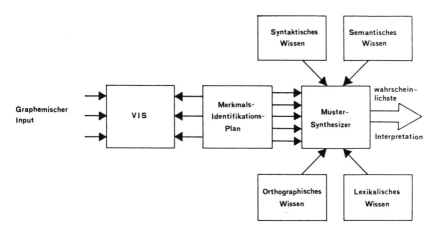

Fig. 3.2: Das Lesemodell von Rumelhart (1977 a)

Der zentrale Prozess läuft also im Muster-Synthesizer ab. Dieser funktioniert folgendermassen: Er besteht aus einem Meldezentrum, und er hat verschiedene Wissensquellen zur Verfügung (vgl. die Inputs in den Muster-Synthesizer). Jede dieser Wissensquellen besitzt ihr eigenes spezialisiertes Wissen über einen Aspekt des Leseprozesses. Leser benützen Kenntnisse über

Buchstaben, Silben, Wörter, Syntax und über eine Reihe von semantisch-konzeptuellen Bereichen. Das Meldezentrum koordiniert nun die Arbeit dieser verschiedenen Wissensquellen. Es verfügt über eine Checkliste von Hypothesen darüber, was die hereinkommende sensorische Zeichenfolge bedeuten könnte. Die Arbeit jeder Wissensquelle ist es nun, diese Hypothesenliste im Meldezentrum zu durchsuchen nach einer Hypothese, die für ihr spezialisiertes Wissen relevant ist. Wenn sie eine passende Hypothese findet, evaluiert sie diese, und als Folge wird die Hypothese bestätigt oder verworfen und aus dem Meldezentrum ausgeschlossen, oder eine neue Hypothese kann aufgestellt werden. Dieser Prozess wird solange fortgeführt, bis eine Entscheidung über die wahrscheinlichste Hypothese getroffen werden kann. Damit die Zusammenarbeit der verschiedenen Wissensquellen erleichtert werden kann, sind 1. die Hypothesen im Meldezentrum nach ihrer Ebene geordnet (z. B. Buchstaben-, Wort-, Syntaxebene). Das erleichtert es den Wissensquellen, die für sie relevanten Hypothesen aufzufinden. Und 2. verfügt das Meldezentrum auch über Alternativhypothesen auf jeder einzelnen Ebene. Das erleichtert das Aufstellen einer neuen Hypothese, wenn eine alte nach der Evaluation verworfen werden musste. - Das Meldezentrum kann als dreidimensionaler Raum aufgefasst werden. Eine Dimension repräsentiert die Position in der Textlinie, eine die Ebenen der Hypothesen und eine die Alternativhypothesen auf einer Ebene.

Wenn eine Entscheidung für ein Element auf einer Analyseebene getroffen wurde, so beeinflusst sie die Zahl der Alternativen auf andern Ebenen und in andern Positionen des Textes. Nehmen wir an, der Leser trifft auf das Wort "Hund". Zu einem Zeitpunkt X weiss das Meldesystem, dass das Wort vier Buchstaben hat, dass der erste ein H ist und die letzten zwei n und d. Eine Entscheidung über den zweiten Buchstaben steht noch aus. Dieses Wissen, welches auf frühere Entscheidungen auf der Buchstabenebene zurückgeht, engt die Alternativen auf der Wortebene ein. Es kommen z. B. nur noch die Wörter Hand und Hund in Frage. Zu einem andern Zeitpunkt Y fällt auf der semantischen Ebene der Entscheid, dass es sich im Text um ein Tierspitalschema handelt. Diese Entscheidung auf semantischer Ebene engt die Alternativen auf der Wortebene weiter ein: das Wort "Hund" ist die Interpretation mit der grössten Wahrscheinlichkeit. An diesem Punkt entscheidet sich das Meldezentrum für das Wort "Hund". Die Identifizierung von Einheiten beim Lesen basieren immer auf Hypothesen und Interpretationen, welche natürlich auch falsch ausfallen können, wie es beim menschlichen Leseprozess ja auch vorkommt (vgl. Fehler beim lauten Lesen). Das Modell von Rumelhart könnte so ausgearbeitet werden, dass es typische Fehler, die Leser machen, simuliert. Zum jetzigen Zeitpunkt ist das Modell jedoch noch nicht in all seinen Komponenten so ausgearbeitet, dass es programmiert werden oder überprüfbare Hypothesen liefern könnte.

Zusammenfassung und Implikationen
Rumelharts Lesemodell ist ein Beispiel von struktureller Interaktion zwischen Prozesskomponenten: beim Lesen laufen gleichzeitig und interaktiv verschiedene Mustererkennungsprozesse ab, die je auf einem spezifischen Wissen über die Sprache basieren (Orthographie, Lexikon, Syntax, Semantik, Pragmatik). Die einzelnen Prozesskomponenten laufen beim Verstehen nicht nacheinander von der Erkennung der kleinsten Einheit, des Buchstabens, bis zur Erkennung der grössten Einheiten, des Inhalts und der Botschaft des Autors, ab. Vielmehr werden die Hypothesen auf den verschiedenen Textebenen gleichzeitig geprüft, und die Entscheidungen der einzelnen Prozesskomponenten beeinflussen sich gegenseitig. Im Unterschied zu sequenziellen Bottom-up-Modellen des Lesens (z. B. La Berge & Samuels) kann dieses strukturell-interaktive Modell auch Top-down-Prozesse erklären, wie sie sich z. B. in Effekten von höheren Verarbeitungsstufen auf niedrigere (vgl. Kap. 3.1) zeigen.

Charakteristisch für dieses interaktive Modell ist es auch, dass der Leseprozess nicht mehr vom Verstehensprozess unterschieden wird. "Lesen ist der Prozess des Verstehens geschriebener Sprache" lautet der erste Satz in Rumelharts Artikel (1977, S. 573). Während Hypothesen auf Mikroebenen des Wissens geprüft werden, läuft die Hypothesenprüfung auch schon auf Makroebenen an, und die Hypothesen auf allen Ebenen ergänzen sich in ihrer Arbeit. "Verstanden haben" heisst, aufgrund der Zusammenarbeit aller Wissensquellen die wahrscheinlichste Interpretation des Gelesenen gefunden zu haben.

Was heisst das für die Verständlichkeit von Texten? Zwei Folgerungen können abgeleitet werden, eine erste zur Interaktion zwischen den Prozesskomponenten, eine zweite zur Leser-Text-Interaktion. 1.) Schwierigkeiten, die

der Text auf seinen verschiedenen Ebenen (z. B. Wort, Grammatik, Semantik, Kohärenz etc.) dem Verständnis des Lesers entgegenbringt, sollten nicht additiv, sondern interaktiv wirken. Denn, wenn die Hypothesen auf einer Textebene nicht zu Entscheidungen führen, können diese u. U. auf anderen, tieferen oder höheren Textebenen gefällt werden. Natürlich ist diese Interaktion nicht ganz symmetrisch: Zumindest muss eine vorläufige Analyse auf tieferer Ebene vollzogen werden, bevor eine Analyse auf höherer Ebene begonnen werden kann, wo hingegen eine Analyse auf höherer Ebene nicht Voraussetzung ist, um eine Analyse auf tiefer Ebene zu beginnen. Der Unterschied zum vorhergehenden Modell besteht aber darin, dass die Verarbeitung auf der Ebene n nicht nur von derjenigen auf der Ebene n-1 beeinflusst wird, sondern auch umgekehrt, die Verarbeitung auf der Ebene n-1 auch von derjenigen auf der Ebene n. Ein Beispiel für den letzteren Fall wäre z. B., dass die Schwierigkeiten einer grammatikalischen Satzkonstruktion mit Hilfe einer guten semantischen Textkohärenz wettgemacht bzw. kompensiert werden können.
2.) Entscheidend für solche Kompensationen von Textschwierigkeiten sind die Wissensquellen der Leser. Ein Leser, der im sprachlichen Umgang (auf lexikalischer, grammatikalischer, semantischer und pragmatischer Ebene) geübt ist, hat eher eine Chance, Defizits auf einer Textebene durch mehr Hypothesen und Entscheidungen auf anderen Ebenen wettzumachen als ein ungeübter Leser.

3.3 De Beaugrande

De Beaugrande (1980, 1981) versteht <u>Lesen</u> als eine Interaktion von Phasen der Verarbeitungsdominanz, ein Zusammenspiel zwischen Verarbeitungstypen, welche die kognitiven Resourcen des Lesers in variierender Art teilen (1981, S. 286). Die Phasen sind

"parsing":   Identifizieren der grammatikalischen Abhängigkeiten in der Textoberfläche

"concept recovery": Assoziieren eines kognitiven Inhalts zu den sprachlichen Ausdrücken

"idea recovery": Konstruieren der zentralen konzeptuellen Konfiguration, welche den Inhalt organisiert

"plan recovery": Identifizieren der Pläne und Ziele, welche der Text verfolgt

Jede dominante Phase konsultiert die Resultate der nicht-dominanten. So hängt Grammatik immer mit Inhalt zusammen, Inhalt mit Handlungsplänen usw. Lesen ist keine feste Abfolge der Phasen bzw. ihrer Dominanz. Vielmehr wird eine Phase dann dominant, wenn sie im Aufmerksamkeitsfokus des Lesers steht oder wenn andere Phasen kein befriedigendes Resultat bringen.

Verstehen wird als eine Suche nach Konnektivität definiert. Jedes Textelement, sei es ein Buchstabe, ein Wort, eine Phrase, ein Konzept, eine Handlung im Text usw., wird daraufhin geprüft, in welcher Beziehung es zu andern Elementen im gleichen oder in andern Subsystemen steht. Die Dauer, Intensität und Gründlichkeit dieser Suche nach Konnektivität ist abhängig von den Zielen des Lesers, seiner Motivation und der Bedeutung des Textes für aktuelle Aufgaben und Ziele des Lesers.

Die elementare Grundeinheit der Verarbeitung ist die Textspanne, welche bequem im Arbeitsgedächtnis behalten werden kann unter den aktuellen Grenzen der Aufmerksamkeit, der Vertrautheit und des Interesses. Diese Spanne ist also flexibel, sie kann aus einem Wort oder einer Phrase oder einem Satz oder einer Satzgruppe bestehen.

Das Resultat der Verarbeitung ist ein Modell der Textwelt. D. h., der Leser konstruiert ein mehr oder weniger ausführliches Modell einer "Welt" von Situationen und Ereignissen aus dem Text, zusammen mit einem grösseren oder kleineren Anteil seines eigenen Vorwissens, das für diese "Welt" von Bedeutung ist. Das Textweltmodell eines bestimmten Lesers kann mehr oder weniger dem entsprechen, worunter man ein "ideales oder vollständiges Verstehen" des Textes meint. Aber die Modelle aller Leser haben eine "Familienähnlichkeit" untereinander und zum Modell des Textautors.

Die verschiedenen <u>Prozesskomponenten</u> (hier "Phasen") laufen folgendermassen ab, wenn sie isoliert betrachtet werden (was ja im Leseprozess nie vorkommt):

a) <u>Wörter erkennen in der Textoberfläche:</u> Darüber sagt de Beaugrande nichts, sein Modell beginnt erst in der folgenden Komponente der Textverarbeitung;

b) <u>"Parsen" der Wörter in eine Struktur von grammatikalischen Abhängigkeiten.</u> Dieser Prozess wird in eimem sog. Uebergangsnetzwerk (Woods, 1970, 1978, zit. nach de Beaugrande, 1981) dargestellt. Ein Uebergangsnetzwerk (transition network) durchläuft eine feste Abfolge von Voraussage- und Identifizierungsschritten, wobei in jedem Schritt jeweils das nächstkommende Element vorausgesagt und dann identifiziert wird. Die

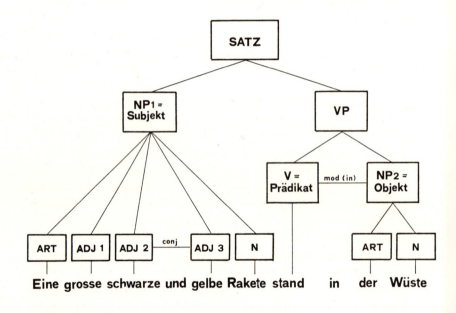

Fig. 3.3.1: Ein Phrasenmuster eines Satzes
(V = Verb, N = Nomen, ART = Artikel, ADJ = Adjektiv, conj = Konjunktion, mod = Modifikation)

Verarbeitungseinheit in dieser Phase ist die Phrase, ein Muster, das die Art und Abfolge der Wörter im Satz festlegt (vgl. Transformationsgrammatik von Chomsky, 1969).

Der Satz: "Eine grosse, schwarze und gelbe Rakete stand in der Wüste" wird nach diesem Muster in eine Nominalphrase (NP_1) und eine Verbalphrase (VP) zerlegt, und der Verbalphrase untergeordnet ist eine zweite Nominalphrase (NP_2), vgl. Fig. 3.3.1.

Das Verstehen des Satzes als Wortfolge eines solchen grammatikalischen Musters wird als linearer Problemlöseprozess dargestellt, so wie es beim Lesen von links nach rechts erfolgt (vgl. Fig. 3.3.2).

Wenn der Verarbeiter auf den Artikel "Eine" stösst, tritt er in einen Hauptzustand der Nominalphrase ein und sagt ständig ein "Nomen" voraus.

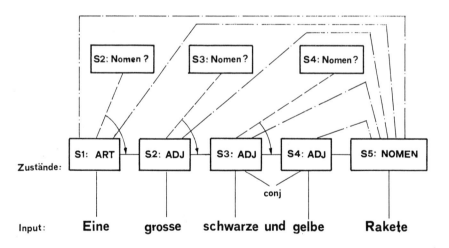

Fig 3.3.2: Ein Uebergangsnetzwerk für eine Nominalphrase
(——— ——— falsifizierte Voraussagen
——————— verifizierte Voraussagen
———·——— · Verbindungen für das Netzwerk in Fig. 3.3.3)

Wenn kein "Nomen" gefunden wird, wird in der zweiten Priorität nach einem
"Adjektiv" gesucht. Diese Voraussagen erfolgen nach einem Wahrscheinlichkeitsprinzip, welches in der Phrasenstrukturgrammatik gegeben ist. Der
Verarbeiter weiss aufgrund seiner Erfahrung mit der Sprache, dass z. B.
eine Nominalphrase aus den Konstituenten Artikel, Nomen und evtl. Adjektiv besteht. Ferner nimmt er an, dass auf einen Artikel mit grösster
Wahrscheinlichkeit ein Nomen folgt und mit zweitgrösster Wahrscheinlichkeit ein Adjektiv. Sein Vorwissen dieser Art ermöglicht es ihm, zu jedem
Zeitpunkt in der linearen Analyse des Textablaufs spezifische Voraussagen
zu machen über das nächstfolgende Wort. Im Prinzip konstruiert der Verarbeiter aufgrund dieser Analyse ein Netzwerk von grammatikalischen Abhängigkeiten (vgl. Fig. 3.3.3). Doch ist es nach de Beaugrande nicht nötig,
vor der Analyse des Inhalts ein ganzes grammatikalisches Netzwerk zu konstruieren.

Vielmehr kann der Verarbeiter je nach Situation auch direkt den Inhalt
analysieren (Phase c). Die grammatischen Abhängigkeiten können ihm dann
z. B. nur noch behilflich sein, wo die inhaltliche Analyse allein auf
Zweideutigkeiten stösst.

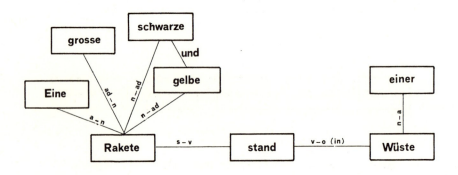

Fig. 3.3.3: Ein Netzwerk grammatikalischer Abhängigkeiten
(a = Artikel, n = Nomen, ad = Adjektiv, s = Subjekt,
v = Verb, o = Objekt)

c) <u>Konstruieren des Textweltmodells in einem semantischen Netzwerk von Konzepten und Relationen.</u> Der Verarbeiter konstruiert ein Textweltmodell, welches den Textinhalt sowie relevante Teile seines Vorwissens enthält. Der Textinhalt, das Vorwissen sowie ihre Verbindung im Textweltmodell kann in einem semantischen Netzwerk abgebildet werden. Ein Beispiel eines semantischen Netzwerks ist für den besprochenen Satz in Fig. 3.3.4 abgebildet (noch ohne Vorwissensanteile).

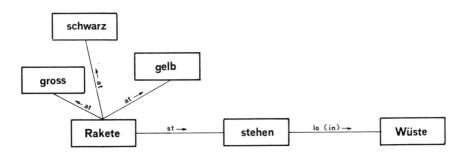

<u>Fig. 3.3.4</u>: Semantisches Netzwerk eines Satzes
(at = attribute of, lo = location of, st = state of)

Das Netzwerk besteht aus Knoten und Verbindungen zwischen den Knoten. Die Knoten stellen Konzepte dar, d. h. Bedeutungen von Wörtern. In der Fig. 3.3.4 sind die Knoten mit Wörtern bezeichnet, welche aber ebensogut durch Synonyme ersetzt werden könnten. Die Verbindungen stellen Beziehungen zwischen Konzepten dar, z. B. Agent von, Ort von (location of), Attribut von, etc. Wäre dieser Satz der Anfang eines Textes, so würde die weitere Information des Textes an das Netzwerk in Fig. 3.3.4 angeknüpft. Bei einfachen Sätzen kann ein semantisches Netzwerk ohne Analyse der grammatikalischen Abhängigkeiten konstruiert werden: Ein Wort in der Textoberfläche aktiviert ein Konzept im Gedächtnis (= Vorwissen, dargestellt als semantisches Netzwerk). Die Aktivierung breitet sich von diesem Ausgangskonzept aus auf die wichtigsten verwandten Konzepte und Re-

lationen im Gedächtnis. Beim einfachen Satz "Ein Kind isst einen Apfel"
genügt z. B. die Intersektion der Aktivierungen im Vorwissen, die von den
Konzepten "Kind", "essen", "Apfel" ausgehen, dass der Satz richtig verstanden wird. Er kann in ein semantisches Netzwerk überführt werden, ohne
dass eine grammatikalische Analyse notwendig wäre. Denn dass der Apfel
das Objekt und das Kind das Subjekt des "Essens" ist, wird bereits durch
die Aktivierung der drei Konzepte in unserem Vorwissen festgelegt. Der
Satz wird auch ohne Grammatik-Hilfen verstanden: "Apfel Kind essen". Entstehen aber bei der semantischen Analyse Zweideutigkeiten, wie z. B. im
Satz "Peter schlägt Tom", muss eine grammatikalische Analyse des Satzes
Klarheit verschaffen. Der Satz wird ohne Grammatik-Hilfen nicht verstanden: "Tom schlagen Peter". Ein Netzwerk der grammatikalischen Abhängigkeiten (vgl. Fig. 3.3.3) wird erstellt und dieses dann mit Hilfe bestimmter Regeln in ein semantisches Netzwerk überführt. Was in unserem Gedächtnis bleibt, ist das semantische Netzwerk des Textweltmodells, das
grammtische Netzwerk ist nur ein Hilfsmittel und verfällt meistens dem
Vergessen.

Bis jetzt wurde das Textweltmodell nur aus Textinhalten dargestellt. Doch
sobald im Text Inferenzen (Schlussfolgerungen) gezogen werden müssen, um
Inhalte in eine Beziehung setzen zu können, wird das Textweltmodell auch
Anteile aus unserem Vorwissen enthalten. Nehmen wir als Beispiel folgende
Sätze:
  Eine grosse, schwarze und gelbe Rakete stand in der Wüste.
  Alles war bereit, und die Wissenschaftler und Generäle brachten sich
  in Deckung.
Die Beziehung des zweiten Satzes zum ersten ist unklar: Was heisst "alles"?, und warum treten "Wissenschaftler" und "Generäle" in die Geschichte? Der Verarbeiter hat nun zwei Möglichkeiten: Entweder konstruiert er
zwei unverbundene Fragmente von Textweltmodellen oder er verknüpft sie
mit Schlussfolgerungen. Im zweiten Fall wird ins Textweltmodell aufgenommen, dass sich "alles" auf die Vorbereitungen zum Abschiessen der Rakete
bezieht und dass die Wissenschaftler und Generäle hier waren, um den
Start der Rakete zu beobachten. Dass das Textweltmodell tatsächlich solche Vorwissensanteile enthält, welche Netzwerkfragmente verbinden, konnte
de Beaugrande in Wiedergabeprotokollen beobachten. Bei diesem Text gaben

Versuchspersonen häufig Aussagen über den Start der Rakete wieder, die gar nicht im Text standen. Schriftliche Wiedergabeprotokolle, welche Leser von einem Text geben, können in ein semantisches Netzwerk überführt und mit demjenigen des Originaltextes verglichen werden. De Beaugrande (1981) beobachtete, 1) dass Leser dazu tendieren, erinnerte Konzepte mit eigenen Relationen zu verbinden, und 2) dass Leser eher nach einer Aufrechterhaltung der Kohärenz streben (Verbindung zwischen den Konzepten) als nach einer getreuen Wiedergabe des Gelesenen. Diese Beobachtung bestätigt sein Postulat, dass die Hauptaktivität beim Verstehen von Texten einem Suchen nach "Konnektivität" entspricht.

Die bis jetzt besprochenen Phasen der lexikalischen, grammatikalischen und konzeptuellen Analyse sind textgeleitete Prozesskomponenten des Verstehens, bottom-up-Prozesse. Denn sie werden ausgelöst durch die Wörter, Phrasen und Propositionen, die der Leser im Text antrifft. Die folgende Phase wird top-down ausgelöst, es sind globale Hypothesen darüber, was sich in einer Textwelt abspielt. Sie haben ihren Ursprung nicht im Text, sondern im Vorwissen des Lesers.

d) <u>Globale Perspektiven: Frames, Schemata, Pläne und Scripts.</u>
Frames, Schemata, Pläne und Scripts sind globale Perspektiven, nach denen unser Wissen organisiert ist. Wie die besprochenen Strukturen generieren sie Hypothesen und Wahrscheinlichkeiten über fortlaufende Textinformationen. Während im Uebergangsnetzwerk (Phase b) Hypothesen über die nächstfolgende Phrasenkonstituenten generiert werden, und im semantischen Netzwerk (Phase c) durch die Aktivierung eines textrelevanten Feldes im Vorwissen Hypothesen über Konzepte und Relationen, werden hier Hypothesen über ganze Ereignisse und Zustände, Handlungen und Ziele generiert. De Beaugrande unterscheidet die vier Wissensstrukturen folgendermassen:

Frame: eine Anordnung, die zeigt, was für Elemente im Prinzip verbunden und gegenseitig zugänglich sind. Ein Haus-frame definiert z. B., was Häuser sind, woraus sie bestehen, wie sie benützt werden usw.

Schema: eine Progression, die zeigt, in welcher Reihenfolge Elemente mit grosser Wahrscheinlichkeit auftreten in einem Kontext. Ein Häuserkonstruktions-Schema definiert z. B., welche Abfolge meistens durchlaufen wird beim Bauen eines Hauses.

Plan: eine Progression von Schritten, die zu einem Ziel führen. Ein Häuserkonstruktionsplan definiert z. B. eine tatsächliche Konstruktion Schritt für Schritt.

Script: eine Definition von Routinehandlungen und -ereignissen in einer stereotypen Situation mit einer Zielstruktur, inkl. Beschreibung der Teilnehmerrollen. Ein Häuserkonstruktionsscript besitzt z. B. nur ein Unternehmer, welcher routinemässig Häuser baut. Ein Restaurant-Script besitzen alle Leute. Es definiert z. B. die typischen Rollen von Gästen und Kellnern in der stereotypen Situation des Restaurants.

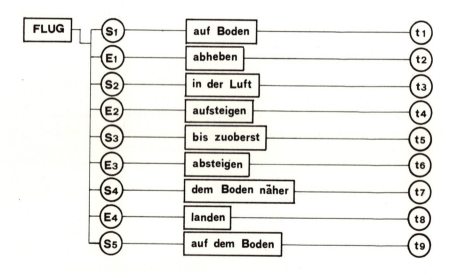

Fig. 3.3.5: Ein Schema für "Flug"

Bei der Konstruktion eines Textweltmodells aktualisieren wir eine solche globalde Struktur, um die Textinhalte zu integrieren und zu organisieren. Im Text über die Rakete könnten wir z. B. ein Flug-Schema aktualisieren, das uns die Reihenfolge von Ereignissen und Zustanden voraussagt (Fig. 3.3.5).

Die erwähnte Tendenz einiger Versuchspersonen, den Raketentext mit einer Aussage über den Start oder das Abheben in ihrer Wiedergabe anzureichern, kann auch mit der Aktualisierung des Flugschemas erklärt werden. Das Resultat der Aktualisierung von Frames, Schemata, Scripts oder Plänen schlägt sich in Aufbau und Organisation des semantischen Netzwerks (Textweltmodells) nieder. De Beaugrande (1980) zeigt Beispiele von Wiedergabeprotokollen, die ein solches Muster aufweisen.

Zusammenfasssng und Implikationen
De Beaugrandes Modell ist ein Beispiel von struktureller und unspezifische Interaktion zwischen den Prozesskomponenten: Die Analyseprognosen auf einer Ebene profitieren - wie bei Rumelhart - von den Hypothesen der Prozesse auf höheren und tieferen Ebenen (strukturelle Interaktion). Zudem wechseln die Analyseprozesse aber ihre Dominanz und brauchen, wenn Sie dominant sind, mehr kognitive Resourcen als die nicht-dominanten Prozesse (unspezifische Interaktion). Der letztere Aspekt ist auch in La Berge & Samuels Modell verwirklicht. Nur sieht de Beaugrandes Modell nicht nur eine unspezifische Interaktion zwischen den Prozesskomponenten vor (Teilung der Resourcen), sondern auch eine strukturelle Interaktion (wechselseitiger Informationsaustausch in auf- und absteigender Richtung).

De Beaugrandes Modell beginnt da, wo La Berge & Samuels Modell endete, nämlich bei den auf die Worterkennung folgenden Prozessen. Lesen und Verstehen sind aber nicht verschiedene Prozesse oder Prozessphasen wie im Modell von La Berge & Samuels. Vielmehr ist Lesen der Prozess mit allen seinen Komponenten, die nötig sind zum Verstehen, und Verstehen ist das Gelingen dieses Prozesses. Verstehen heisst, Verbindungen herstellen können auf allen Ebenen des Textes ("Konnektivität"). Das Resultat des Verstehens, d. h. des gelungenen Leseprozesses, ist ein Textweltmodell aus Textinhalts- und Vorwissensanteilen. Dieses Textweltmodell wird im Gedächtnis gespeichert. Behalten heisst also Speichern des Textweltmodells.

Was heisst das für die Verständlichkeit von Texten? 1) Ebenso wie vom Modell von Rumelhart kann von diesem Modell gefolgert werden, dass die Schwierigkeiten auf verschiedenen Ebenen des Textes interaktiv wirken. Probleme der grammatikalischen Satzkonstruktion können z.B. mit Hilfe des semantischen Kontexts gelöst werden und Probleme der semantischen Bezüge zum Teil mit grammatikalischen Gesetzmässigkeiten. Die zweite Folgerung überlagert aber die erste in ihrem Gewicht: 2) Da Verstehen als <u>Interaktion zwischen dem Text-Inhalt und entsprechenden Vorwissensanteilen des Lesers</u> aufgefasst wird und die Analyse von textformalen Eigenschaften dabei nur als Hilfsmittel dient, muss gefolgert werden, dass die stärkste Determinante der Verständlichkeit der Text-Inhalt und das Vorwissen des Lesers ist. Das hiesse, dass ein Leser, der Vorwissensanteile und globale Wissensstrukturen (z. B. Schemata) aktualisieren kann, die dem Textinhalt gerecht werden, mit Schwierigkeiten im Text ohne grosse Probleme fertig wird. Aber ein Leser, der keine solchen Vorwissensanteile mit sich bringt, wird einen Text, auch wenn er leicht ist, nicht verstehen können.

3.4 Schlussfolgerungen

Alle drei Textverarbeitungsmodelle sind sich einig darin, dass der Prozess des Lesens ein komplexes Zusammenwirken von Subprozessen ist, die je einen spezifischen Aspekt der gelesenen Information analysieren. Die Aspekte können als eine Hierarchie von Textebenen aufgefasst werden: Merkmale von Graphemen, Buchstaben, Wörtern, Sätzen, Textstrukturen. Die Subprozesse arbeiten je mit ihren Gesetzmässigkeiten auf diesen Ebenen: kritische Merkmale, die einen Buchstaben identifizieren, Folgewahrscheinlichkeiten von Buchstaben in einem Wort, syntaktische und semantische Gesetzmässigkeiten von Wortfolgen und Themenfolgen.

Die drei Modelle sind sich uneinig darin, wie die Subprozesse beim Lesen zusammenwirken. In einem <u>sequenziellen</u> Modell wird angenommen, dass die

Subprozesse sukzessiv von den Mikroanalysen aufsteigend zu immer höheren Makroanalysen in der Textebenenhierarchie ablaufen (La Berge & Samuels, 1974). In einem parallelen Modell wird angenommen, dass die Subprozesse nicht nacheinander, sondern gleichzeitig ablaufen (Rumelhart, 1977, de Beaugrande, 1980). Im Modell von La Berge & Samuels ist die Möglichkeit einer strukturellen Interaktion zwischen den Subprozessen eingeschränkt: das Resultat eines Subprozesses kann jeweils nur den Subprozess auf der nächsthöheren Analyseebene moderieren. In den Modellen von Rumelhart und von de Beaugrande ist die Möglichkeit für eine strukturelle Interaktion nicht beschränkt: das Resultat jedes Subprozesses kann jeden Subprozess moderieren. Leider ist die Art der strukturellen Interaktion nicht eindeutig definiert. Der Begriff lässt mehrere Möglichkeiten offen. Eine Möglichkeit ist, dass das Resultat eines Subprozesses lediglich die Verarbeitungstiefe eines andern Prozesses moderiert: führt der Prozess A zu einer starken Hypothese, so muss der Prozess B nicht weiterarbeiten. Eine andere Möglichkeit ist, dass das Resultat eines Subprozesses die Verarbeitungsart des andern Prozesses moderiert: führt der Prozess A zu einer starken Hypothese, so ändert der Prozess B seine Strategie. Das Modell von Rumelhart lässt offen, ob die Prozesse in ihrer Qualität unbeeinflusst ablaufen und nur gegenseitig das Ausmass ihrer Analysen moderieren (die Breite der Hypothesenprüfung einschränken), oder ob die Prozesse sich gegenseitig in ihrer Qualität moderieren. - In den Modellen von La Berge & Samuels und von de Beaugrande ist ferner eine unspezifische Interaktion zwischen den Prozessen skizziert worden: die Tatsache, dass die einzelnen Subprozesse des Lesens gleiche Resourcen (z. B. Aufmerksamkeitsresourcen) brauchen, stellt eine weitere Art von Abhängigkeit dar: Wenn ein Subprozess viel Resourcen beansprucht, geht das auf Kosten der Arbeit der andern Subprozesse. Solche Probleme der Prozess-Interaktion sind zum heutigen Zeitpunkt in der Textverarbeitungsforschung noch ungelöst (Levy, 1981, Lesgold & Perfetti, 1981). Empirische Befunde, dass die Subprozesse interagieren, häufen sich (wie die Arbeiten im Buch von Lesgold & Perfetti (1981) zeigen). Doch lassen die empirischen Befunde noch keine Rückschlüsse auf die Art der Interaktion zu. Diese Frage muss zuerst theoretisch geklärt werden (vgl. McClelland, 1979, zit. in Perfetti & Lesgold, 1981).

Für die Verständlichkeitsforschung lässt sich aus den drei Modellen erstens folgern, dass eine Verbesserung der Textverständlichkeit nicht nur auf einer, sondern auf allen Ebenen des Textes ansetzen müsste. Die Verständlichkeitskonzepte aus dem Kap. 2 von Groeben und Langer et al. erfüllen dieses Kriterium. Dasjenige der Lesbarkeitsformeln und das von Kintsch & Vipond müssten aber ergänzt werden. Denn sowohl lexikalische und syntaktische Textmerkmale (Lesbarkeitsformeln) als auch die semantische Dichte und Kohärenz eines Textes (Kintsch & Vipond) beeinflussen den Lese- und Verstehensprozess. Diese Arbeit verfolgt im wesentlichen eine solche Synthese: Sie überprüft den relativen Beitrag der syntaktisch-lexikalischen Komplexität (Lesbarkeit) und der Textgliederung (Kohärenz) auf die Verständlichkeit (Experimentalteil I). - Zweitens lässt sich aus den Modellen folgern, dass die Verständlichkeitsforschung ihr Ziel, textinhalts-und leserunabhängige Voraussagen zu machen, tatsächlich aufgeben muss (vgl. Kap. 2.6). Sie muss der Leser-Text-Interaktion Beachtung schenken, weil z. B. Verständnisprobleme auf einer Analyseebene des Textes durch vermehrten Einsatz von Resourcen (La Berge & Samuels, 1974) oder durch erhöhten Einsatz der Verarbeitung auf andern Analyseebenen (Rumelhart, 1977, de Beaugrande, 1980) kompensiert werden können. Diese Kompensation ist leserabhängig: ein Leser mit einer guten Lesefertigkeit hat mehr Resourcen frei für Kompensationen als ein weniger geübter Leser. Und ein Leser mit beachtlichem textrelevantem Vorwissen kann mit Inferenzen eher Mängel in der Textgestaltung kompensieren als ein Leser ohne solches Vorwissen. Diese Arbeit geht auch solchen Fragen nach. Sie untersucht, ob und wie unterschiedliche Leser Schwierigkeiten auf verschiedenen Textebenen kompensieren können (Experimentalteil I und II).

Dieses Kapitel vermittelte neben den ungeklärten Fragen der Textverarbeitung vor allem einige Erklärungsansätze, warum bestimmte Textparameter das Verständnis erschweren bzw. erleichtern, und was der Leser dazu beiträgt, dass dieser Effekt grösser oder kleiner ausfällt. Das nächste Kapitel stellt eine Vorarbeit für die Experimentalteile I und II dar. Es wird eine Methode erarbeitet, welche ermöglicht, eine für das Verständnis optimale Gliederung von Korrespondentenberichten zu postulieren.

4. EINE SUPERSTRUKTUR FUER DIE ZEITUNGSARTIKEL VOM TYP KORRESPONDENTENBERICHTE

In diesem Kapitel geht es um einen Weg zur Operationalisierung der Textdimension "Gliederung". Ausgehend von Theorien der menschlichen Textverarbeitung (Kap. 4.1) wird eine Methode zur Gliederung der Textsorte "Korrespondentenberichte" erarbeitet (Kap. 4.2, 4.3, 4.4) und vorgetestet (Kap. 4.5), an welche bestimmte Hypothesen bezüglich ihrer Wirkung auf die Verständlichkeit gebunden sind (Kap. 4.6). Die entwickelte Methode wird in den Experimentalteilen I und II verwendet zur Optimierung der Gliederung der Zeitungsartikel.

4.1 SUPERSTRUKTUREN UND TEXTVERARBEITUNGSPROZESSE

Schema, Superstruktur und Makrostruktur sind geläufige Begriffe in der heutigen Literatur zur Textverarbeitung. Wir versuchen in diesem Literaturrückblick, die drei Begriffe zu definieren und voneinander abzugrenzen. In der Literatur werden sie leider oft als Synonyme benützt, was zu Verwechslungen führen kann.

Im Textverarbeitungsmodell von de Beaugrande (Kap. 3.3) sind wir auf globale Wissensstrukturen gestossen, wie Frames, Schemata, Pläne und Scripts. Es wurde am Beispiel des Flug-Schemas gezeigt, dass solche Strukturen uns helfen, neue Informationen aus Texten zu organisieren und in unser Wissen zu integrieren. Ueblicherweise versteht man unter solchen Wissensstrukturen "in abstrakter Form kondensierte Erfahrungen mit stereotypen Ereignissen und Zuständen, welche es erlauben, für neue Erfahrungen bestimmte Erwartungen und Hypothesen zu generieren." Diese allgemeine Definition trifft auf alle vier genannten Typen von Wissensstrukturen zu. Wir wollen uns jetzt im speziellen dem Typ "Schema" zuwenden. Wie stellt man sich ein Schema konkret vor, und welche Funktion hat es im Gedächtnisprozess? Heutige Schema-Theorien (z. B. Anderson, 1980; Rumelhart, 1975, 1977 b); de Beaugrande, 1980) benützen zur Erklärung solcher Fragen ein Begriffsinventar, das aus dem Forschungszweig der Computersimulation stammt. Wir wollen diese Fragen in Anlehnung an Anderson (1980) an einem Beispiel beantworten, nämlich am Schema "Gesicht". Ein Schema für ein "Gesicht" hat gewisse Leerstellen für seine Komponenten: es hat Leerstellen für einen Mund, für zwei Augen, für eine Nase, für Haare und für Ohren usw. Das Schema erzeugt in uns die Erwartung, dass diese abstrakten Komponenten bei einer Begegnung mit einem Gesicht angetroffen werden. Bei der Begegnung werden die Leerstellen mit den spezifischen Zügen des neuen Gesichts gefüllt. <u>Das Schema spezifiziert also unsere Erwartungen darüber, was normalerweise die Leerstellen füllen kann.</u> Ein Objekt ohne Nase, Mund, Augen usw. ist kein Gesicht. Natürlich muss ein solches Schema auch einen gewissen Freiraum offen lassen, es muss flexibel sein und Variationen tolerieren. Das Gesicht-Schema muss auch Gesichter in Karikaturen, in impressionistischen Gemälden oder Computer-Robotbilder als Gesichter akzeptieren. Im Gedächtnis gespeichert wird dann eine Kopie des Schemas, welches aktualisiert wurde, sowie die neue Information, mit welcher die Leerstellen gefüllt wurden. <u>Schemata spezifizieren nicht nur Erwartungen bezüglich ihrer Komponenten, sondern auch Erwartungen bezüglich der Beziehung zwischen den Komponenten.</u> Das Gesichtsschema erzeugt z. B. bestimmte Erwartungen bezüglich der räumlichen Beziehungen zwischen den Komponenten Augen, Nase, Haare usw. <u>Ferner sind Schemata hierarchisch organisiert.</u> Im Schema "Gesicht" gibt es wiederum hierarchisch untergeordnete Schemata, z. B. ein Nasen- oder ein Augenschema mit ihren eigenen Komponenten bzw. Leerstellen.

Schemata leiten auch unser Verständnis von Texten. Folgender Text wird z. B. ohne ein bestimmtes Schema kaum verstanden:

> Das Vorgehen ist wirklich ziemlich einfach. Zuerst ordnen Sie die Dinge nach ihrem Aussehen in verschiedene Häufchen. Natürlich kann auch ein Haufen genügen, je nachdem, wieviel es zu erledigen gibt. Wenn Sie irgendwo anders hingehen müssen, weil Ihnen die nötigen Mittel fehlen, ist das der nächste Schritt. Sonst sind Sie gut dran. Jetzt ist es wichtig, nicht zu übertreiben. Das heisst, es ist besser, wenig aufs Mal zu machen, als zu viel. Auf den ersten Blick scheint das nicht wichtig zu sein, aber es können leicht Komplikationen entstehen, wenn man zu viel macht. Auch ein Fehler kann teuer zu stehen kommen. Das Einstellen der richtigen Gänge sollte klar sein, und wir müssen das hier nicht besprechen. Zuerst scheint das ganze Vorgehen kompliziert. Doch bald wird es

ganz zu Ihrem Alltag gehören. Es ist in der unmittelbaren Zukunft kaum ein Ende für die Notwendigkeit dieser Aufgabe abzusehen, aber man weiss ja nie. (Text übersetzt aus Bransford & Johnson, 1972, S. 722.)

Sobald man weiss, dass sich dieser Text mit dem Waschen von Kleidern befasst, bereitet es keine Mühe mehr, ihn zu verstehen. Wir haben dann ein adäquates Schema, um die Textinformationen in unser Wissen zu integrieren. Ohne dieses Schema scheint uns der Text aus einzelnen, sinnlosen Sätzen zu bestehen.

Ist ein solches Schema die Wissensstruktur, die notwendig ist, um den Text zu verstehen, so ist die Superstruktur die Struktur des Textes, die dieser haben muss, damit er verstanden wird. Wichtig ist die prinzipielle Unterscheidung zwischen den Begriffen Schema und Superstruktur. Das Schema beschreibt eine Wissensstruktur, die Superstruktur beschreibt eine Struktur des Textes. In den letzten Jahren sind mehrere Versuche unternommen worden, um Superstrukturen für gewisse Textsorten zu erarbeiten. Superstrukturen beschreiben den formalen, charakteristischen Aufbau von stereotypen Textsorten, wie es z. B. eine Gebrauchsanweisung, ein Beweis, ein Märchen ist. "Dieser formale Aufbau ist wahrscheinlich ein historisches Produkt wiederholter Realisierungen bestimmter Mitteilungsabsichten. Er hat sich innerhalb der betreffenden Sprachgemeinschaft durch vielfachen Gebrauch konsolidiert und wird von ihr per Konvention eingehalten. Man kann deshalb von konventionalisierten Darstellungsstrukturen sprechen." (Ballstaedt & Mandl & Schnotz & Tergon, 1981, S. 74).

Superstrukturen sind vorwiegend für Märchen oder Kurzgeschichten entwickelt worden (z. B. Thorndyke, 1977; Rumelhart, 1975, 1977), ein Beispiel werden wir noch kennenlernen. An die meisten Superstrukturen ist der Anspruch gebunden, dass sie nicht nur die Text-Struktur darstellen, sondern auch die Wissens-Struktur (das Schema), unter welche die Leser normalerweise den Text subsumieren. Die Begriffe werden also dann als Synonyme verwendet, wenn an die Superstruktur der Anspruch erhoben wird, sie reflektiere   g l e i c h - z e i t i g   ein Schema der Leser.

Die Ueberlegung geht dahin, dass stereotype Texte ein Schema im Leser aktualisieren, das genau der Superstruktur entspricht, d. h. der textimmanenten Struktur. Der Leser hat sich dieses Schema durch häufige Erfahrung mit der Textsorte angeeignet. Für Märchen und Kurzgeschichten ist eine solche Beziehung aufgezeigt worden. Die Superstruktur reflektiert aber auch dann lediglich eines von mehreren möglichen Schemata, unter welche ein Leser den betreffenden Text subsumieren kann. Es tritt am ehesten dann in Kraft, wenn der Leser den Text ohne eigene Zielsetzung liest. Trägt der Leser aber eine eigene Aufgabe, Zielsetzung oder Perspektive an den Text heran, so aktualisiert er ein eigenes Schema und überspringt die konventionalisierte Superstruktur (vgl. Pichert & Anderson, 1977; Anderson & Pichert, 1978).

Ein Beispiel für eine Superstruktur ist die Geschichtengrammatik von Thorndyke (1977). Eine Geschichte besteht nach Thorndyke aus den abstrakten Elementen Setting, Thema, Ablauf, Lösung. Diesen vier Elementen sind hierarchisch wiederum Elemente untergeordnet. Ein Setting enthält z. B. Angaben über Personen, Ort und Zeit des Geschehens (vgl. Fig. 4.1).

In dieser Superstruktur sind die konstituierenden Elemente in der Hierarchie leer, d. h. sie enthalten keine konkreten Textaussagen, sondern beschreiben eine Klasse von Aussagen mit einem abstrakten Begriff (z. B. Episode). Die konkreten Aussagen der Geschichte (numerierte Kästchen) sind den untersten Elementen in der Hierarchie zugeordnet, z. B. gehört die Aussage 24 zum Ausgang der ersten Episode. Jede Aussage ist einer von vier Hierarchieebenen zugeordnet, je nachdem, welche Distanz sie vom obersten Ausgangsknoten trennt. An die Superstruktur ist die Hypothese gebunden, dass Aussagen auf dem Hierarchieniveau 1 besser erinnert werden, weil sie wichtiger sind, als Aussagen auf dem Niveau 2. Niveau-2-Aussagen sind wichtiger als Niveau-3-Aussagen usw.

Im Prinzip kann eine leere Superstruktur in eine gefüllte Superstruktur transformiert werden. <u>Eine leere Superstruktur beschreibt die abstrakten Elemente im Aufbau einer Geschichte. Eine gefüllte Superstruktur (auch Makrostruktur) nennt die inhaltlichen Aussagen in den Elementen der Superstruktur.</u> Die leere Superstruktur beschreibt den abstrakten hierarchischen Aufbau einer Geschichte, während die gefüllte Superstruktur (Makrostruktur) den Text-Inhalt in kondensierter Form wiedergibt (vgl. Ballstaedt & Mandl &

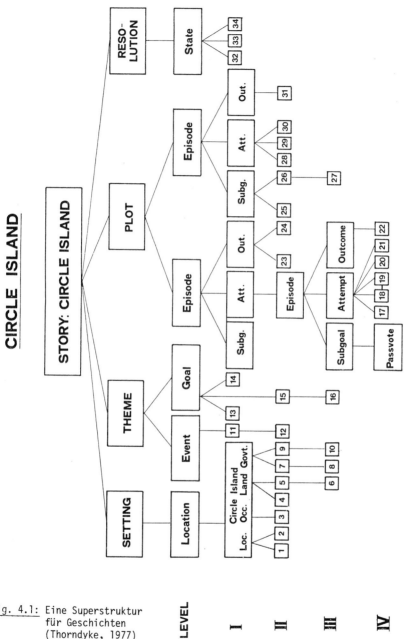

Fig. 4.1: Eine Superstruktur für Geschichten (Thorndyke, 1977)

Tergan & Schnotz, 1981). Rumelhart (1975) entwickelte Regeln, nach denen die Elemente einer Superstruktur mit Aussagen gefüllt werden können. Diese Regeln liefern Zusammenfassungen einer Geschichte. Je nach dem Hierarchieniveau, auf welchem die generierten Aussagen (in horizontaler Richtung) gelesen werden, entsteht eine detaillierte (Hierarchieebene 3 z. B.) oder eine kondensierte Zusammenfassung (Hierarchieebene 1 z. B.). Eine andere Art, zu einer gefüllten Superstruktur zu kommen, geben Kintsch & van Dijk (1978) an. Ausgehend von den konkreten Aussagen im Text (= Mikropropositionen) können mit Generalisations- und Weglassungsregeln (Makrooperatoren, vgl. Kap. 2.5) Aussagen auf immer höheren Ebenen formuliert werden (= Makropropositionen). Je nachdem, wie oft man die Makrooperatoren rekursiv anwendet, entsteht eine detailliertere oder kondensiertere Zusammenfassung. Während Rumelhart die Makropropositionen "top-down" aus der abstrakten Superstruktur ableitet, generieren Kintsch & van Dijk die Makropropositionen "bottom-up" d. h. von den konkreten Aussagen im Text ausgehend.

Superstrukturen für einfache Geschichten sind von verschiedenen Autoren entwickelt worden (s. Yekovich & Thorndike, 1981, für einen Ueberblick). Sie unterscheiden sich zum Teil beträchtlich in ihren Kategorien und Zerlegungsregeln sowie in den Annahmen, welche Bedeutung sie im Verstehens- und Behaltensprozess einnehmen. Trotzdem liegen übereinstimmende Befunde vor, die zeigen, dass Superstrukturen eine Rolle in Verstehens- und Gedächtnisprozessen spielen. Solche Befunde liegen zur Tatsache vor, dass das Einhalten der Konventionen, wie sie die Superstruktur darstellt (z. B. Nennung und Reihenfolge der Elemente), das Verstehen, Behalten und Wiedergeben der Geschichten im allgemeinen erleichtert (z. B. Thorndyke, 1977; Bower, 1978; Stein & Nezworski, 1978 etc.); werden im Text Elemente, welche die Superstruktur verlangt, weggelassen oder im Textablauf umgestellt, verschlechtert sich die Behaltensleistung für die Geschichte. Werden zwei nacheinander gelesene Geschichten in der von der gleichen Superstruktur vorgesehenen Sequenz erzählt, wird die zweite Geschichte besser behalten, als wenn sie in einer andern Sequenz erzählt wird (= <u>Transfereffekt,</u> Thorndyke, 1978). Auch ein <u>Hierarchieeffekt</u> wurde mehrmals bestätigt, d. h., Aussagen auf hoher Hierarchieebene des Superstrukturbaumes werden besser behalten als Aussagen auf niedrigeren Hierarchieebenen (Thorndyke, 1977; Rumelhart, 1977 b; Yekovich & Thorndyke, 1981).

Diese Befunde sprechen für eine gewisse, nicht näher beschriebene Relevanz
der Superstrukturen in Verstehens- und Gedächtnisprozessen. Sie werden im
allgemeinen als Hinweis interpretiert, dass die Superstruktur eben ein Leser-Schema darstellt. Ein Leser-Schema, das durch seine horizontalen Beziehungen spezifische Erwartungen erzeugt bezüglich der Nennung und Reihenfolge
von Elementen in einem Text, und durch seine vertikalen Beziehungen eine Art
von Wichtig-unwichtig-Unterscheidung vornimmt für die Textaussagen. Eine
Störung im Textablauf verletzt die durch das Schema gesteuerten Erwartungen
und beeinträchtigt dadurch die Speicherung der Textinhalte. Und die Wichtig-unwichtig-Unterscheidungen im Leser-Schema entsprechen denjenigen in der Superstruktur, darum werden hierarchiehohe Aussagen besser erinnert als hierarchieniedrige. Diese Schema-Erklärung lässt aber noch viele Fragen offen.
Anderson (1980) und Yekovich & Thorndyke (1981) formulierten einige dieser
Fragen folgendermassen:

1) <u>Steuert das Schema Enkodierungs- oder Abrufprozesse?</u>

Alle Modelle nehmen an, dass die Superstruktur als Schema die Erwartungen
während dem Lesen steuert und Bedingungen setzt bezüglich der Kodierung
(vgl. Leerstellenmodell). So wurde der Hierarchieeffekt in den Erinnerungsprotokollen als Beweis für ein hierarchisches <u>Enkodieren</u> aufgeführt
(Rumelhart, 1977; Thorndyke, 1977). Es ist aber unklar, welche Prozesse
diesen Effekt bewirken. Eine Möglichkeit wäre, dass eine wichtige Aussage
beim Lesen mehr Aufmerksamkeit auf sich zieht als eine unwichtige Aussage. Dadurch würde sie mehr Verarbeitungszeit beanspruchen und deshalb
später besser erinnert werden (Cirilo & Foss, 1980). Eine zweite Möglichkeit innerhalb der Enkodierungserklärung wäre, dass die Superstruktur als
Schema Leerstellen nur für ausgewählte Kategorien von Textinformationen
bereitstellen würde. Sie hätte Leerstellen für wichtige Aussagen, aber
keine oder nur "fakultative" für unwichtige. Eine Information würde demnach nur enkodiert, wenn eine Leerstelle für sie bereit wäre. - Eine andere Erklärung für den Hierarchieeffekt wäre, dass zwar alle Aussagen mit
der gleichen Wahrscheinlichkeit enkodiert, aber unterschiedlich gut erinnert werden, weil sie unterschiedlich leicht aus dem Gedächtnis abgerufen
werden können. Die Superstruktur als Schema könnte in diesem Falle einen
<u>Abrufplan</u> darstellen, nach welchem in einem top-down-Prozess zuerst auf

höchster Hierarchieebene und weiter immer auf tieferen Ebenen Gedächtnishalte abgerufen würden. Das erfolgreiche Abrufen eines Gedächtnisitems könnte vom Umfang des Suchprozesses abhängig sein: je länger die Suche, desto weniger wahrscheinlich die Erinnerung. So könnte erklärt werden, dass Aussagen auf der tiefsten Hierarchieebene (unwichtige Aussagen) schlechter aufgefunden würden als Aussagen auf höheren Ebenen.

2) <u>Ist die Gedächtnisstruktur hierarchisch oder heterarchisch (linear) organisiert?</u>
Die meisten Superstrukturen nehmen eine hierarchische Gedächtnisstruktur an, z. B. sind Episoden andern Episoden auch im Gedächtnis untergeordnet. Andere Textstrukturmodelle nehmen aber eine heterarchische Gedächtnisstruktur an. Konzepte oder Propositionen wären dann in einer linearen Kette assoziativ verbunden, sei es durch Argumentwiederholung (vgl. Kintsch & Vipond, 1979, Kap. 2.5), kausale Verknüpfungen (Schank & Abelson, 1977) oder Konzeptwiederholung und zeitliche Kontiguität (de Beaugrande, 1980, Kap. 3.3).

3) <u>Sind die Inhalte im Gedächtnis direkt zugänglich, oder werden sie in einem "top-down-Prozess" oder in einem sequenziellen Suchprozess aufgefunden?</u>
Diese Frage hängt damit zusammen, ob man für die Gedächtnisstruktur einen hierarchischen oder heterarchischen Aufbau annimmt. Eine heterarchisch organisierte Gedächtnisstruktur kann entweder bei "direktem Zugang" an jedem beliebigen Ort nach Inhalten abgesucht werden oder bei einem "sequenziellen Suchprozess" der Reihe nach, entsprechend ihren assoziativen Verbindungen. Eine hierarchische Gedächtnisstruktur kann entweder "direkten Zugang" erlauben oder eine "top-down-Suche".

Diesen drei Fragen gingen Yekovich & Thorndyke (1981) nach. Ihre Resultate sprachen für 1) eine Abruferklärung des Hierarchieeffekts, 2) eine hierarchisch organisierte Gedächtnisstruktur und 3) für einen "top-down-Suchprozess". Das heisst, ihre Resultate sprachen dafür, dass alle Aussagen einer Geschichte mit der gleichen Wahrscheinlichkeit, aber hierarchisch organisiert gespeichert, und in dieser Struktur von oben nach unten abgerufen werden. Das Superstruktur-Schema hätte demzufolge keine Funktion in der Aufnahmephase, aber eine wichtige Funktion in der Speicher- und Abrufphase.

Zum gleichen Resultat kamen Anderson & Pichert (1978), nur untersuchten diese Autoren nicht ein Superstruktur-Schema, sondern ein Schema, das durch eine Perspektive induziert wird. Sie untersuchten, wie ein Text verarbeitet wird, wenn man ihn entweder unter einer "Häusermaklerperspektive" (H) liest oder unter einer "Einbrecherperspektive" (E). Der Text behandelte eine Geschichte von zwei Knaben, die durch die verschiedenen Räumen eines Hauses gehen. Durch Vorinformationen versuchten sie, bei den Lesern Schemata zu induzieren, mit denen entweder ein Häusermakler oder ein Einbrecher einen solchen Text lesen würde. Nach dem Lesen mussten die Vpn den Text aus dem Gedächtnis schriftlich wiedergeben. In den Wiedergaben wurden Einbrecherideen (Textinhalte, die einen Einbrecher interessieren, z. B. Fluchtwege im Haus) und Häusermaklerideen (Textinhalte, die einen Häusermakler interessieren, z. B. Zustand des Hauses) ausgewertet. Sie fanden dabei, dass Leser, die den Text unter der Häusermaklerperspektive gelesen hatten, mehr Häusermaklerideen wiedergaben als Einbrecherideen, und umgekehrt, Leser mit der Einbrecherperspektive mehr Einbrecherideen. Dies ist ein klarer Hinweis darauf, dass ein Text dem Leser mit seiner Superstruktur nicht ein Schema vorschreibt, sondern dass Leser - je nach ihrer Perspektive - ein eigenes Schema zur Verarbeitung des Textes einsetzen können. Damit werden die Resultate der Superstrukturforschung eingeschränkt auf Situationen, in welchen die Leser keine speziellen eigenen Perspektiven oder Interessen an den Text herantragen. Zweitens beobachteten die Autoren in einer zweiten schriftlichen Wiedergabe, dass Leser später ihre Perspektive wechseln können und demzufolge andere, früher unwichtige Ideen wieder im Gedächtnis auffinden können. Leser, die unter der Perspektive H lasen und das erste Mal unter der Perspektive H nacherzählten, konnten später unter der neu gegebenen Perspektive E Einbrecherideen erinnern, die sie bei der ersten Nacherzählung nicht erinnert hatten. Die Bedingung war, dass ihnen der Versuchsleiter ein neues Schema in Form einer neuen Perspektive anbot für die Nacherzählung. Dieses Resultat spricht für eine Abruferklärung der Schema-Wirkung: Schemata erleichtern bei der Gedächtnissuche den Zugang zu (im Schema) wichtigen Inhalten, auch wenn diese Inhalte unter der Leserperspektive unwichtig waren. Die

Autoren folgerten daraus (wie Yekovich & Thorndyke), dass ein Schema eine
Art Abruf-Plan zur Verfügung stellt, nach welchem Inhalte in einem top-down-
Suchprozess aufgefunden werden. Sie kommen damit zur gleichen Schlussfolge-
rung wie Yekovich & Thorndyke (1981).

Mit dem gleichen, aber verlängerten Text von Anderson & Pichert (1978) konnten Flammer & Tauber (1982) allerdings zeigen, dass ein Schema auch einen
Enkodierungseffekt hat (vgl. auch Fass & Schumacher, 1981). Waren die Vpn
nämlich aufgefordert, den Text unter einer anderen Perspektive wiederzuge-
ben, als sie ihn gelesen hatten, so führte dieser Perspektivenwechsel immer
zu einer schlechteren Erinnerungsleistung verglichen zur Bedingung "kein
Perspektivenwechsel". Sie folgerten, dass Textinhalte, die einmal unter Anwendung eines Schemas X enkodiert worden sind, nicht beliebig umorganisiert
werden können. Die Enkodierungswirkung des Schemas X zeigte sich darin, dass
gezielt erfragte Einbrecherideen nach der Leseperspektive H immer schlechter
erinnert wurden als nach der Leseperspektive E (und umgekehrt für Häusermaklerideen).

Es liegen also Befunde sowohl zur Abruf- als auch zur Enkodierungsinterpre-
tation vor: Superstruktur-Schemata oder situationsbedingte Schemata scheinen
nicht nur Speicher- und Abrufprozesse zu steuern, sondern auch Enkodierungs-
prozesse. Dafür sprechen auch die Resultate von Cirilo & Foss (1980), wonach
Aussagen, die ein hohes Hierarchieniveau in der Superstruktur einnehmen,
längere Lesezeiten in Anspruch nehmen als Aussagen auf einem niedrigen Hierarchieniveau. Die weitere Forschung wird eine Klärung der Fragen bringen
müssen, welche Funktionen Schemata in Gedächtnisprozessen haben.

Nachbemerkung: Die Forschung über Superstrukturen von Texten ist erst in den
Anfängen begriffen. Das Begriffsinventar dieses Forschungsgebietes ist noch
nicht klar definiert. Die Konzepte Schema, leere und gefüllte Superstruktur
sind in der Literatur nicht konsequent abgegrenzt. Die Begriffe leere und
gefüllte Superstruktur wurden hier darum neu eingeführt, weil das von Ballstaedt et al. (1981) vorgeschlagene Begriffspaar Superstruktur (für leere
Superstruktur) und Makrostruktur (für gefüllte Superstruktur) zu Verwirrung
führen kann. Der Begriff Makrostruktur wird nämlich auch für beliebige satz-

übergreifende Textmerkmale verwendet und von der Mikrostruktur abgehoben, die beliebige satzinterne Textmerkmale umfasst (z. B. Graesser, 1981 und Vipond 1980). Wir werden in dieser Arbeit die eigenen Begriffe und Definitionen einhalten.

4.2 Superstruktur und Gliederung

In diesem Abschnitt wird versucht, mit Hilfe des im letzten Abschnitt dargestellten Superstruktur-Ansatzes die Textdimension "Gliederung" zu operationalisieren. Langer & Schulz von Thun & Tausch (1974) stellten fest, dass die von Beurteilern eingeschätzte Textgliederung ein wichtiger Prädiktor für die Textverständlichkeit ist (Kap. 2.2) Doch bleibt dem Textproduzenten mit den Angaben des Hamburger Ratingverfahrens nichts anderes übrig, als seinen Text intuitiv zu gliedern. Das Verfahren gibt lediglich eine verbale Beschreibung, wie ein gut gegliederter Text aussehen soll, aber kein Verfahren, wie man die Gliederung erreichen kann. Die Beschreibung für einen gut gegliederten Text lautet:

gegliedert
folgerichtig
übersichtlich
gute Unterscheidung von Wesentlichem und Unwesentlichem
der rote Faden bleibt sichtbar
alles kommt schön der Reihe nach.

Im letzten Kapitel wurde dargestellt, dass es für die Textsorte Märchen und Kurzgeschichten gelungen ist, eine abstrakte Struktur zu finden, welche auch Angaben liefert über die für das Verständnis optimale Gliederung der Aussagen im Textablauf. Dadurch, dass die Superstruktur einen hierarchischen Aufbau hat, liefert sie eine Operationalisierung für das Kriterium "Unterscheidung von Wesentlichem und Unwesentlichem". Dadurch, dass die Elemente der Superstruktur auch horizontale Beziehungen aufweisen, liefert sie eine Operationalisierung der Kriterien "folgerichtig, der rote Faden bleibt sichtbar, alles kommt schön der Reihe nach". Weil die Superstruktur für alle individuellen Texte dieser Sorte gültig ist, liefert sie ein generelles Verfahren zur Gliederung eines beliebigen Textes dieser Sorte. Für Kurzgeschichten ist gezeigt worden, dass die Superstruktur ein Schema im Vorwissen des Lesers aktualisiert, in welches er die einzelnen Textinhalte einordnen und in sein Wissen integrieren kann. Auf dieser Basis lautet das generelle Ziel der Textgliederung, die Superstruktur im Textaufbau möglichst zu verdeutlichen, damit der Leser die Textinhalte gut verstehen und im Gedächtnis speichern kann. Folgende Mittel stehen dem Textproduzenten dafür zur Verfügung:

Mittel	zur Verdeutlichung der Superstruktur-Eigenschaften:
a) <u>Sequenz der Aussagen im Text</u>	horizontale Beziehungen so wie sie in der Superstruktur von links nach rechts gelesen werden
b) <u>Graphische Darstellung</u> (vgl. Hartley, 1980)	
Abschnitte ⎫ Untertitel ⎭	zur Abrenzung der Supersturturelemente
Schrifttypen	z. B. zum Hervorheben von wichtigen d. h. vertikal hohen Aussagen
c) <u>Metakommunikation an den Leser</u> (vgl. Meyer, 1975)	
Wiederholungen	für wichtige, d. h. vertikal hohe Aussagen
Signalisierung	Beginn eines neuen Superstrukturelementes (z. B. "Es war einmal", "Die Moral von der Geschichte" in einem Märchen)
d) <u>Vorbemerkungen bezüglich der Gliederung</u>	
	Zusammenfassungen, welche die Superstrukturelemente zum voraus bekanntgeben

Welche Voraussetzungen müssen erfüllt sein, damit dieser Weg zur Gliederungsoptimierung sinnvoll ist?

1. Es muss sich um eine relativ stereotype Textsorte handeln, für die eine allgemeingültige Superstruktur gefunden werden kann,

2. die Superstruktur sollte gleichzeitig ein Leser-Schema darstellen.

Erst wenn auch die zweite Voraussetzung erfüllt ist, bringt eine Gliederungsoptimierung, welche die Superstruktur mit den genannten Mitteln in der Textoberfläche verdeutlicht, einen effektiven Verstandniszuwachs. Im nächsten Abschnitt (Kap. 4.3) wird geprüft, ob es sich bei der Textsorte "Korrespondentenberichte" um eine stereotype Textform handelt, für welche es sinnvoll ist, eine generell gültige Superstruktur zu entwickeln (Voraussetzung 1). Im Kap. 4.5 wird über eine Voruntersuchung berichtet, welche der Frage nachgeht, ob die entwickelte Superstruktur einem Leser-Schema für Korrespondentenberichte entspricht (Voraussetzung 2). Diese Frage wird dann weiterbehandelt in den Experimentalteilen I und II.

4.3 Journalistische und kognitiv-psychologische Eigenschaften der Textsorte Korrespondentenberichte

Die journalistische Darstellungsform der Korrespondentenberichte ist nach La Roche (1975) eine spezielle Form von Nachrichten. Während die reine Nachricht definitionsgemäss nicht mehr als 20 - 30 Zeilen umfasst, wird im Korrespondentenbericht wie auch im sog. "analysierenden Bericht" die Nachricht ergänzt. Neben dem aktuellen Tagesereignis (Nachricht) wird sein weiteres Umfeld beleuchtet, wobei dem Journalisten auch das Recht für interpretierende und analysierende Aussagen zugesprochen wird. Welche Kategorien von Inhalten Korrespondentenberichte und analysierende Berichte enthalten dürfen, geht aus einem Vortrag des Rundschau-Redaktors Werner Holzer hervor: "Natürlich müssen wir die klassischen Fragen - wer hat was, wo, wie, warum und wann getan - vollständig und exakt beantworten. Aber damit ist die Meldung noch nicht komplett. Und wir müssen davon ausgehen, dass _ein_ "W" zunehmend wichtiger wird: das Warum. Einigkeit besteht wohl darüber: Wir leben in einer fast überinformierten Gesellschaft, jedenfalls ist sie quantitativ überinformiert. Sie erfährt soviel, hat aber keine Lust und keine Zeit, das alles einzuordnen. Hier müssen wir dem Leser helfen. Die vollständig beantworteten "Ws" in der Nachricht allein genügen nicht; wir haben auch zu sagen, was dahintersteckt ... Das Warum muss die Hintergründe aufhellen, die Argumentation soll erkennbar werden." (Rede zit. in Meyer & Frohner, 1981, Kap. V, S. 5).

Die journalistische Darstellungsform von Korrespondentenberichten stellt nicht nur eine Textsorte mit relativ stereotypen abstrakten Inhaltskategorien dar, sondern kennt auch Regeln zur Gliederung der Inhaltskategorien. Harte Nachrichten, d. h. objektive Tatsachen, stehen immer vor analysierenden und interpretierenden Aussagen. Das Wichtigste steht am Anfang, gefolgt von Inhalten abnehmender Wichtigkeit. Typisch ist der sogenannte "Lead" am Artikelanfang mit den wichtigsten Antworten auf die Fragen wer, wo, was, wie, warum, wann. Das Prinzip vom Wichtigsten zum Detail befolgt die amerikanische Berichtform der "action story" am deutlichsten: In verschiedenen aufeinanderfolgenden Abschnitten wird dasselbe Ereignis immer wieder erzählt, wobei die wichtigsten Tatsachen am Anfang von immer weniger wichtigen Details des gleichen Ereignisses gefolgt werden. Diese Darstellungsform ist sowohl für den Leser als auch für die Zeitung zweckmässig. Der Leser kann schon nach wenigen Zeilen die Lektüre abbrechen und ist trotzdem über das Ereignis informiert. Die Zeitung kann beim Umbruch den Artikel von hinten her kürzen, und die Verständlichkeit der Meldung bleibt trotzdem erhalten.

Aus kognitiv-psychologischer Sicht ist die Textsorte des Korrespondentenberichtes eine Kombination von zwei Prosaformen, einer narrativen und einer expositorischen. Ein traditionelles Kategorisierungsschema für Prosaformen aus der Sicht der Rhetorik geben Brooks & Warren (1972, zit. nach Graesser, 1981):

Deskriptive Prosaform	beschreiben, wie etwas aussieht
expositorische Prosaform	etwas erklären oder über etwas informieren
argumentatorische Prosaform	jemanden überzeugen
narrative Prosaform	etwas der Reihe nach erzählen

Diese Kategorisierung stützt sich auf die vom Textautor intendierte Botschaft. Deskriptive Prosa gleicht nach Graesser (1981) einer Liste von Konzepten, Attributen und Relationen. Die Beschreibung einer räumlichen Szene oder einer Person ist ein Beispiel dafür. Expositorische Prosa beschreibt eine Sache und erklärt, warum es so ist. Ein Lexikonabschnitt über Erdbeben ist ein Beispiel dafür. Argumentatorische Prosa ist leicht zu erkennen, Beispiele dafür sind Debatten oder Reklametexte. Narrative Prosa enthält Handlungen und Ereignisse, die sich in einem zeitlichen Kontinuum abwickeln; Märchen und Geschichten sind Beispiele dafür. - Korrespondentenberichte enthalten narrative Teile, wenn sie Handlungen und Ereignisse des aktuellen Tagesgeschehens oder in dessen Umfeld beschreiben. Sie enthalten aber auch expositorische Aspekte, wenn sie das "Warum" und das weitere Umfeld des Tagesgeschehens erläutern. Auch die andern zwei Prosaformen sind gelegentlich in Korrespondentenberichten vertreten, doch eher selten.

Die Psychologie der Textverarbeitung hat vor allem kognitive Prozesse beim Verarbeiten von narrativen Texten untersucht (vgl. Kap. 4.1). Erst in neuerer Zeit interessieren auch expositorische Texte (Taylor, 1980; Marshall, 1982; Meyer & Brandt & Bluth, 1980). Gedächtnispsychologische Untersuchungen zeigten, dass narrative Texte leichter zu erinnern sind als expositorische (Graesser & Hauft-Smith & Cohen & Pyles, 1980). Entwicklungspsychologische Studien zeigten, dass das Behalten von expositorischen Texten Kindern noch schwer fällt. Mit zunehmendem Alter verbessert sich die Leistung, und diese Verbesserung hängt mit dem zunehmenden Benützen der Organisationsstruktur der Texte zusammen (Taylor, 1980; Meyer & Brandt & Bluth, 1980). Freedle & Hale (1979) nehmen an, dass die Kompetenz für narrative Prosastrukturen in der Entwicklung der Kompetenz für expositorische Prosastrukturen vorausgeht.

Die Frage, ob die Textsorte "Korrespondentenbericht" eine konventionalisierte, relativ stereotype Darstellungsform aufweist, kann von der journalistischen Seite her positiv beantwortet werden. Stark konventionalisiert sind die Nachrichtenaspekte (die Fragen wer, was, wo, wie, wann, warum), weniger stark konventionalisiert sind die Ergänzungen zum Thema "Warum", die Hintergründe des Tagesereignisses, die Analysen, Interpretationen und Argumentationslinien des Journalisten. Der kognitiv-psychologischen Seite ist lediglich eine Kategorisierung der Korrespondentenberichte zu narrativer und expositorischer Prosa zu entnehmen. Psychologische Befunde sprechen dafür, dass narrative Prosa anders und leichter verarbeitet wird als expositorische. Die Textsorte scheint demnach in bezug auf kognitiv-psychologische Aspekte eine eher heterogene Prosastruktur darzustellen. - Im nächsten Kapitel wird eine Superstruktur für Korrespondentenberichte dargestellt, welche die Elemente innerhalb des narrativen und des expositorischen Teiles genauer beschreibt. Der Journalist kann ihr entnehmen, dass sie als Grundlage für die Artikelgliederung eine Sequenz von Aussagen (in der Superstruktur von links nach rechts gelesen) vorschlägt, die nicht stark von den journalistischen Prinzipien abweicht.

4.4 Ein Superstrukturmodell für Korrespondentenberichte

Die Grundlage für die Entwicklung der Superstruktur bildete eine Analyse von ca. 30 Korrespondentenberichten aus dem Tages-Anzeiger, der Neuen Zürcher Zeitung und z. T. aus den Schaffhauser Nachrichten. Die Artikel wurden daraufhin analysiert, welche gemeinsamen abstrakten Inhalts-Elemente sie enthielten. Diese wurden benannt und in eine hierarchische Organisationsform gebracht. In Fig. 1 a - c ist die Superstruktur in graphischer Form abgebildet (die numerierten Kästchen sind vorläufig wegzudenken). Tab. 4.4 zeigt sie in Form von Ersetzungsregeln.

Der ganze Artikel besteht aus einem Hauptereignis, einem Hintergrund und einer Bilanz (Regel 1). Das Hauptereignis besteht einerseits aus einem Setting und andererseits aus einer detaillierten Beschreibung des chronologischen Ablaufs (Regel 2). Das Setting enthält Angaben über Zeit und Ort des Geschehens und über die Akteure; die Quelle ist fakultativ, d. h. sie kommt nicht in allen Artikeln vor (Regel 3). Doch meistens gibt ein Journalist die Quelle seiner Informationen, soweit sie das Hauptereignis betreffen, an.

Das Element Hintergründe besteht aus einem oder mehreren Konflikten (Regel 4), welche sich wiederum zwischen zwei oder evtl. drei Parteien abspielen (Regel 5). Die Parteien werden in ihren differierenden Zielen/Motiven beschrieben, in ihren Strategien zur Erreichung der Ziele und in ihren Reaktionen auf das Hauptereignis oder auf Reaktionen anderer Parteien (Regel 6). Es sind jedoch nicht immer alle drei Unterelemente für eine Partei genannt, sie sind fakultativ. Die Bilanz besteht aus einer resumierenden Interpretation oder einer Zukunftsprognose durch den Journalisten.

Tab. 4.4 Die Superstruktur für Korrespondentenberichte (Ersetzungsregeln)

Regel Nr.	Regel	
1	Artikel	= Hauptereignis + Hintergründe + Bilanz
2	Hauptereignis	= Setting + Ablauf
3	Setting	= Ort + Zeit + Akteure + (Quelle)
4	Hintergründe	= Konflikt *
5	Konflikt	= Partei 1 + Partei 2 *
6	Partei	= (Ziel/Motiv) + (Strategie) + (Reaktion)

* heisst, das Element kann wiederholt sein
() heisst, das Element ist fakultativ

Diese Superstruktur ist leer, d. h. ihre Elemente sind abstrakt und enthalten keine konkreten Textaussagen. (In einer gefüllten Superstruktur wären alle Elemente mit konkreten Textaussagen gefüllt. Zum Beispiel würde das Element "Hintergründe" eine konkrete Aussage des Textes enthalten.) - Die Superstruktur ist im Prinzip auf beliebige Texte dieser Sorte anwendbar. Wenn man also einen individuellen Text in seiner Superstruktur darstellen will, so kann man den Text erstens in seine Propositionen *) unterteilen, und zweitens diese den Elementen in der Superstruktur zuordnen (vgl. nume-

---

*) Eine Proposition wird hier anders definiert als bei Kintsch (vgl. Kap. 2.5). Eine Proposition wird hier als grammatikalische Einheit definiert, die ein Verb enthält (Verb-Substantivierungen fallen nicht unter diese Kategorie). Diese von Thorndyke (1977) vorgeschlagene Unterteilung eines Textes in Propositionen ist einfach vorzunehmen und ergibt eine noch übersichtliche Liste von Propositionen für längere Texte (im Unterschied zum System von Kintsch).

rierte Kästchen in Fig. 1 a - c). Die in den als Beispiele aufgeführten Figuren enthalten numerierte Aussagen entsprechend den Propositionen im Anhang B (S. 206 + 207). Wie man sieht, ist der Abstand der einzelnen Propositionen zum obersten Knoten der Hierarchie unterschiedlich. Entsprechend diesem Abstand gehören die einzelnen Propositionen einem höheren oder tieferen Hierarchieniveau an.

Propositionen können ferner auch untereinander verknüpft sein:

Horizontal verbunden werden zwei oder mehr Propositionen, die eine einzige Idee ausdrücken (Beispiel a), oder zwei Propositionen, von welchen eine die Informationsquelle für die andere darstellt (Beispiel b).

a. Die reformwilligen Krafte sind nicht in der Lage (1), sich durchzusetzen (2).

b. Wie es in den abgegebenen Erklärungen hiess (1), würden diese Leute Rehabilitierungen von Opfern der Kulturrevolution endlos hinauszögern (2).

Vertikal verbunden werden zwei Propositionen, wenn eine davon eine kausale Implikation der andern darstellt (Beispiel a), oder wenn sie einen Begriff der andern Propositionen spezifiziert (Beispiel b).

Beispiele:
a. Mao hatte die Institution ... geschaffen (1), um den Problemen der Bevölkerung mehr Beachtung zu schenken (2).

b. Das Attentat ereignete sich im oberen Stock des Rathauses (1), der als Heimatmuseum eingerichtet ist (2).

Bei dieser Analyse der 30 Artikel fiel auf, dass das Element "Hintergründe" den grössten Platz in den Korrespondentenberichten einnimmt und das Element "Bilanz" den kleinsten. Auf der Dimension narrativ-expositorisch weist hauptsächlich das Element "Hauptereignis" eine narrative Prosastruktur auf,

die andern Elemente haben vorwiegend expositorischen Charakter. Schliesslich
ist zu erwähnen, dass die Elemente "Hauptereignis" und "Bilanz" nur wenig
hierarchisch untergeordnete Elemente aufweisen, während das Element "Hintergründe" eine reiche hierarchische Struktur in sich trägt. Es ist gleichzeitig das Element, in welchem die Artikel am stärksten variieren. Der "Hintergrund" kann z. B. nur aus einem oder aus mehreren Konflikten bestehen. Und
die untergeordneten Elemente Motive/Ziele, Strategien, Reaktionen können in
einem Fall realisiert sein, im andern Fall nicht. Für den Experimentalteil I
wurden drei Artikel aus dem Tages Anzeiger ausgewählt, welche eine reiche
Realisierung in den Unterkategorien des Elements "Hintergründe" aufweisen
(vgl. Fig. 1 a - c).

4.5 Zwei Pilotstudien

Vor der Verwendung des entwickelten Superstrukturmodells in einer Untersuchung ist es nötig, ihre Objektivität (Interraterreliabilität) zu überprüfen. In einer ersten Pilotstudie wird untersucht, wie gut die beschriebenen
Elemente der Superstruktur von Experten in konkreten Zeitungsartikeln überhaupt erkannt werden. Eine zweite Pilotstudie verfolgt einen Aspekt der
Frage, inwiefern die entwickelte Superstruktur "Leserrealität" hat. Wie in
Kap. 4.1 beschrieben wurde, ist es ja das Ziel dieser Art von psychologischen Textmodellen, Erwartungsschemata des Lesers zu "treffen", die er beim
Verstehen und Behalten einer gewissen Textsorte einsetzt. Um eine gewisse
Gewähr zu haben, dass die entwickelte Superstruktur den Erwartungen von Lesern für Korrespondentenberichte entgegenkommt, wurden deshalb einige Leser
nach ihren Erwartungen an den typischen Inhalt auslandpolitischer Artikel
befragt.

4.5.1 Die Expertenuntersuchung

Zwei Fragestellungen sollte die Expertenuntersuchung beantworten:
1. Können "Experten" die beschriebenen konkreten Abschnitte aus Zeitungsartikeln den Elementen der Superstruktur zuordnen? 2. Ordnen die Experten
die Abschnitte für eine empfundene optimale Gliederung in die Reihenfolge,
welche die Superstruktur vorschreibt?

Sechs Psychologiestudenten der Universität Zürich aus dem 2. und 3. Semester dienten als Experten. Es wurde darauf geachtet, dass sie keine speziellen Vorkenntnisse über Superstrukturmodelle hatten. Die Instruktion, die Beschreibung der Superstrukturelemente sowie fünf Zeitungsartikel wurden ihnen schriftlich zur Bearbeitung vorgelegt. Die Zeitungsartikel waren in fünf resp. sechs Abschnitte gegliedert, wovon je ein Abschnitt die Elemente Hauptereignis (*), Ablauf, Hintergrundkonflikt 1, 2 (3), und Bilanz repräsentierte. Die Reihenfolge der fünf resp. sechs Abschnitte in den Texten wurde für jeden der sechs Experten zufallsbestimmt. Ebenso die Reihenfolge der fünf Zeitungsartikel und die Reihenfolge der Superstrukturelemente auf dem Beschreibungsblatt. Die Aufgabe der Experten war es, zuerst die Beschreibungen der vier Superstrukturelemente (1) Hauptereignis, 2) Ablauf, 3) Hintergründe, 4) Bilanz) zu lesen. Darauf mussten sie in jedem Zeitungsartikel alle Abschnitte mit den Namen eines Superstrukturelementes versehen. Sie waren instruiert, dass in jedem Artikel alle vier Elemente vorhanden waren und dass mehrere Abschnitte auch zum gleichen Element gehören konnten. Die zwei oder drei "Konflikte" mussten alle dem Element "Hintergründe" zugeordnet werden. Doch wussten die Experten nicht, welches Element mehrere Abschnitte umfasste. Während der Bearbeitung der Zeitungsartikel stand ihnen die Beschreibung der Superstrukturelemente immer zur Verfügung. In einem zweiten Durchlauf mussten die Experten in jedem Artikel die Abschnitte in der Reihenfolge numerieren, wie sie es als Idealfall für den Ablauf des Artikels betrachteten.

Die Auswertung erfolgte in zwei Schritten: einmal wurde die Uebereinstimmung zwischen den sechs Experten bei der Identifikation der Artikelabschnitte bestimmt. Zum zweiten wurde ihre Uebereinstimmung bei der empfundenen optimalen Gliederung der Artikel gemessen.

Identifizieren der Abschnitte:
Ueber alle Artikel, Superstrukturelemente und Experten trafen von insgesamt 168 Identifizierungen (6 Experten identifizierten je 28 Abschnitte) 129 die richtige Lösung, d. h., 129 Identifizierungen stimmten mit der Identifizierung der Autorin des Modells überein. Die Experten stimmten also in 77 % der Entscheidungsfälle überein. In Anbetracht der Schwierigkeit von Doppelzuordnungen (es waren mehr Abschnitte als Elemente) kann die Objektivität der Superstrukturbeschreibung als genügend bezeichnet werden. Aufschlüsse über die Objektivität der einzelnen Elemente gibt Tab. 4.5.1.1.

(*) Hauptereignis = Setting und Zusammenfassung des Hauptereignisses in Tab. 4.4 und Fig. 1 a - c

Tab. 4.5.1.1: Beurteilerübereinstimmung bei den verschiedenen Superstrukturelementen (Identifizierungen = Anzahl Rater multipliziert mit Anzahl Abschnitten)

Hauptereignis *)	90 %	(100 % = 30 Identifizierungen)
Ablauf	86 %	(100 % = 30 Identifizierungen)
Hintergründe	64 %	(100 % = 78 Identifizierungen)
Bilanz	86 %	(100 % = 30 Identifizierungen)

Die Resultate zeigen deutlich, dass die grössten Schwierigkeiten bei der Identifizierung von Abschnitten zum Element Hintergrund auftraten, eine Schwierigkeit, die aufgrund der in Kap. 4.4 geschilderten grossen Variationsbreite in der Realisierung dieser Kategorie bei den verschiedenen Zeitungsartikeln erwartet werden konnte. Zudem ist die tiefere Uebereinstimmungsquote beim Hintergrundelement auch dadurch zu erklären, dass diesem Element - im Unterschied zu den andern Elementen - mehr als ein Textabschnitt zugeordnet werden musste. Zwischen den fünf Artikeln variierte die Uebereinstimmungsquote ebenfalls beträchtlich (vgl. Tab. 4.5.1.2):

Tab. 4.5.1.2: Beurteilerübereinstimmung bei den fünf Zeitungsartikeln (Die ersten drei Artikel werden im Experimentalteil I verwendet)

Holland	80 %	(5 identifizierte Abschnitte)
Afghanistan	75 %	(6 identifizierte Abschnitte)
Peking	61 %	(6 identifizierte Abschnitte)
Völkermarkt	93 %	(5 identifizierte Abschnitte)
Kambodscha	78 %	(6 identifizierte Abschnitte)

*) vgl. S. 70

Die Tabelle 4.5.1.2 zeigt, dass diejenigen Artikel, die drei statt zwei Hintergrundabschnitte enthielten, eine schlechtere Beurteilerübereinstimmung aufwiesen.

Schliesslich zeigt die folgende Tabelle, dass einer der sechs Experten bei der Identifikationsaufgabe durch eigenwillige Lösungen abfiel:

Tab. 4.5.1.3: Uebereinstimmung mit der Ideallösung bei den sechs Experten

E 1	75 %
E 2	89 %
E 3	53 %
E 4	82 %
E 5	93 %
E 6	68 %

Uebereinstimmung in der Gliederung:
Die Uebereinstimmung der Experten bei der Anordnung der Textabschnitte für einen empfundenen idealen Textablauf zeigt Tabelle 4.5.1.4.

Grosse Uebereinstimmung zeigten die Experten bei der Plazierung des Hauptereignisses am Textanfang. Auch die Bilanz wurde gut plaziert, sie wurde nie an erste und zweite Stelle gesetzt. Die "Hintergründe" wurden häufiger nach dem "Ablauf" plaziert als vorher. Die eingekreisten Plazierungen stellen die ideale Reihenfolge nach der Superstruktur dar.

Zusammenfassend kann man folgern, dass die Pilotstudie mit den Experten eine genügende Objektivität des Beschreibungsmodus für die entwickelte Superstruktur zeigte. Ferner erbrachte sie einen Hinweis dafür, dass Leser Abschnitte in einem Artikel ähnlich anordnen wie es das Superstrukturmodell vorschlägt. Allerdings wäre dieser Hinweis in einer besser angelegten Studie zu überprüfen. (Die Studie müsste die Abschnitte von nicht in die Superstruktur eingeweihten Lesern in eine optimale Reihenfolge bringen lassen. In dieser Pilotstudie beeinflussten die Bezeichnungen der Abschnitte, d. h. die Namen für die Superstrukturelemente, das Gefühl für eine optimale Reihenfolge der Abschnitte im Text, z. B. klingt "Bilanz" nach einer Position am Schluss des Textes.)

Tab. 4.5.1.4: Verteilung der 168 Zuordnungen (6 Experten und 28 Abschnitte) zu den vier Positionsgruppen innerhalb eines Artikels

	Position im Artikel				
	erste	zweite	mittlere (3. + 4. + evtl. 5.)	letzte	Total der zugeordneten Abschnitte
Hauptereignis *)	(26)	2	2	-	30
Ablauf	3	(16)	10	1	30
Hintergründe	1	12	(52)	13	78
Bilanz	-	-	14	(16)	30
					168

4.5.2 Die Leserbefragung **)

Dieser Pilotstudie lagen die Fragen zugrunde, 1. ob Zeitungsleser ein Schema für Zeitungsartikel vom Typ Auslandmeldungen haben, das bestimmte Leerstel-

---

*) vgl. S. 70
**) Die Pilotstudie wurde von Regula Isenring 1982 im Rahmen einer Seminararbeit durchgeführt.

len für Informationskategorien in den Artikeln aktualisiert, und 2. ob die Leerstellen übereinstimmen mit den Elementen der in Kap. 4.4 entwickelten Superstruktur (vgl. Kap. 4.1 zur Schema-Theorie). Diese Fragen wurden hier über <u>Leser-Erwartungen</u> abgeklärt. In den Experimentalteilen I und II werden die Fragen weiter verfolgt und über gedächtnispsychologische Befunde geprüft.

Die Hypothesen der Studie waren:

1. Zeitungsleser haben <u>übereinstimmende</u> Erwartungen an Informationskategorien in Zeitungsartikeln vom Typ Auslandmeldungen,

2. Die erwarteten Informationskategorien decken sich mit den Elementen der Superstruktur in Kap. 4.4

   Die Autorin untersuchte die Frage an 28 Vpn; ca. zwei Drittel davon waren Studenten, die andern stammten aus verschiedenen nichtakademischen Berufen. Ihr Alter war zwischen 20 und 50 Jahren. Den Vpn wurde einer der drei folgenden Titel vorgelegt:

   1. "Arme Landbewohner suchen in Peking Gerechtigkeit"

   2. "Verworrene Lage in Afghanistan nach Sturz Nur Mohammed Tarakis"

   3. "Gespanntes soziales Klima in Holland"

   Die Titel waren drei Originalartikeln einer Schweizer Tageszeitung entnommen. Die Artikel waren ca. ein Jahr vor dem Experiment erschienen (1. Artikel: Tages Anzeiger vom 15.9.79; 2. Artikel: Tages Anzeiger vom 18.9.79; 3. Artikel: Tages Anzeiger vom 15.9.79). Alle Vpn erhielten die gleiche Versuchsanweisung: "Ich gebe Ihnen den Titel eines Auslandartikels aus einer Zeitung. Schreiben Sie nun bitte Fragen auf, die Ihnen beim Lesen des Titels in den Sinn kommen und die Sie gerne beantwortet haben möchten im zum Titel gehörenden Artikel."

Die Frage 1, ob Zeitungsleser übereinstimmende Erwartungen an den Inhalt der Artikel haben, wurde darüber geprüft, ob sich die produzierten Fragen anhand gemeinsamer Kriterien kategorisieren lassen. Die Frage 2, ob die Erwartungen mit den Superstrukturelementen übereinstimmen, wurde darüber geprüft, ob die gewählten Kategorien mit den Elementen der Superstruktur übereinstimmen. Tab. 1 im Anhang A gibt eine Uebersicht über die Kategorisierung der Fragen. Von allen 163 Fragen konnten den gewählten Kategorien 143 gut zugeordnet werden, und 20 wurden in eine Restkategorie "andere" zusammengefasst. Die Hauptkategorie "Hauptereignis" stimmt in ihrer Struktur ziemlich genau mit den Superstrukturelementen Hauptereignis: Setting (wer, wo, wann Quelle) und Ablauf (was, wie) überein. Die Tatsache, dass nach dem "wann" nie gefragt wurde, ist erstaunlich, doch trägt u. U. die mangelnde Aktualität der in den Titeln erwähnten Ereignisse dazu bei (die Ereignisse hatten sich ein Jahr vor dem Experiment abgespielt). Die Zusatzkategorie "Quelle" wurde darum aufgenommen, weil jeder Artikel diese Angaben enthält. Doch keine Vp stellte eine Frage zur Quelle, die der Journalist benützte. - In der Hauptkategorie "Hintergründe" stimmen die Unterkategorien "Motive/Ursachen" und "Reaktionen" mit denjenigen der Superstruktur überein. Die andern Fragen waren schlechter zu differenzieren, sie wurden in der Klasse "allgemeiner Hintergrund" zusammengefasst. Die Hauptkategorie "Bilanz" stimmt wiederum gut mit der Beschreibung der Superstrukturkategorie "Bilanz" überein.

Tab. 4.5.2: Prozentsatz der Fragen zu den drei Hauptelementen der Superstruktur und tatsächliche Gewichtung in den Artikeln
(% Propositionen der Originalartikel über alle drei Artikelinhalte zusammengefasst)

	Element				
	Hauptereignis	Hintergründe	Bilanz	Rest	Total
% Fragen zum Titel	31 %	50 %	6 %	13 %	100 %
% Propositionen in den Artikeln	34 %	51 %	15 %	-	100 %

Die Verteilung der 163 Fragen auf die drei Hauptkategorien Ereignis, Hintergründe und Bilanz stimmt mit der Gewichtung der Aussagen in den Originalartikeln gut überein. Tab. 4.5.2 zeigt, dass die Vpn am meisten Hintergrundinformationen erfragten, an zweiter Stelle Hauptereignisinformationen und an dritter Stelle Bilanzinformationen. Dies entspricht der Gewichtung in den tatsächlichen Artikeln.

Die unterschiedliche Verteilung der Fragen auf das wer, was, wo, wie innerhalb des "Hauptereignisses" bei den drei Titeln ist auf die durch die Titel selbst gegebene Information zurückzuführen. Die drei Titel sprachen einerseits unterschiedliche Inhalte an und fokussierten die Erwartungen und Interessen demzufolge in unterschiedliche Richtungen. Andererseits gaben die Titel bereits mehr oder weniger Vorinformationen über die Unterkategorien wer, was, wo, wie, so dass nach den bereits im Titel gegebenen Unterkategorien nicht mehr so viel gefragt wurde. Auf diese Titel-Einflüsse wird hier nicht weiter eingegangen (vgl. Seminararbeit Isenring, 1982).

Die Pilotstudie zu den Lesererwartungen konnte zeigen, dass Zeitungsleser ziemlich gut übereinstimmende Erwartungen an Inhalte haben, über die ein auslandpolitischer Artikel informieren soll. Die Erwartungen liessen sich auch gut mit den Hauptelementen der in Kap. 4.4 enwickelten Superstruktur abdecken. Die meisten Fragen wurden zu Hintergrund-Informationen gestellt, die wenigsten zu Bilanz-Informationen. Die Häufigkeit von Fragen zu Hauptereignis-Informationen war im mittleren Bereich. Diese Verteilung deckt sich recht gut mit der tatsächlichen Gewichtung von Korrespondentenberichten. Die Vpn wussten übrigens nicht, ob es sich um sog. "reine" Nachrichten oder um Korrespondenten- bzw. analysierende Berichte handelt. Ihre starke Gewichtung von Fragen zum "warum" und zu den Hintergründen des Ereignisses bestärkt die von Rundschauredaktor Holzer (Kap. 4.3) geäusserte Forderung nach Ergänzung der reinen Nachricht durch Hintergrund-Informationen. Leser scheinen sich dafür zu interessieren (zu beachten ist natürlich, dass hier nur 28 Leser und davon zu 2/3 Studenten befragt wurden). - Die Lesererwartungen für Einzelinformationen innerhalb der Elemente Hauptereignis, Hintergründe und Bilanz sind am differenziertesten im Element "Hauptereignis". Im Element "Hintergründe" liessen sich die Fragen schlecht in Unterkategorien einteilen. Dieser Befund spricht für ein stärker konventionalisiertes Erwartungsschema im narrativen Teil (Hauptereignis) als im expositorischen Teil (Hintergründe) solcher Zeitungsartikel. Im expositorischen Teil teilen sich die Meinun-

gen der Leser, welche Informationsklassen der Artikel enthalten soll. Die
Chance ist deshalb grösser im expositorischen als im narrativen Teil, dass
ein Leser kein textadäquates Schema aktualisieren kann, um die Informationen
einzuordnen. Dies lässt vermuten, dass der expositorische Teil (die "Hintergründe") schlechter im Gedächtnis behalten wird als der narrative (das
"Hauptereignis"). Diese Vermutung wird u. a. im Experimentalteil I und II
überprüft.

Der Befund, dass verschiedene Leser übereinstimmende Erwartungen haben bezüglich der typischen Information, welche auslandpolitische Artikel vermitteln, kann noch nicht als Beleg für ein Leser-"Schema" interpretiert werden
(vgl. Kap. 4.1). Ebensogut könnte diese Textsorte lediglich eine konventionalisierte Darstellungsform aufweisen. Ein entsprechendes Leser-"Schema"
kann erst angenommen werden, wenn seine Wirkung auf die Gedächtnisprozesse
der Leser nachgewiesen ist (vgl. Experimentalteil I und II).

4.6 Zusammenfassung und Hypothesen

Schemata sind globale, durch Erfahrung erworbene Erwartungsstrukturen. Durch
ihre "Leerstellen" erzeugen sie Erwartungen, welche Informationsklassen eintreten können. Durch ihre hierarchische Struktur erzeugen sie auch Erwartungen über die Beziehungen zwischen den Informationsklassen, z. B. Reihenfolgebeziehungen und Wichtig-unwichtig-Unterscheidungen. Schemata erleichtern
das Organisieren und Einordnen von neuen Erfahrungen in unser Wissen. - Gewisse stereotype Textsorten weisen eine konventionalisierte Darstellungsform
auf. Ihre Struktur kann in einer hierarchischen Organisation von abstrakten
Elementen dargestellt werden. Solche "Superstrukturen" sind z. B. für Geschichten und Märchen entwickelt worden. Bei dieser Textsorte wird vermutet,
dass die Superstruktur gleichzeitig ein Schema in der Wissensstruktur von
Lesern darstellt. Denn, wenn ein konkreter Text alle Superstrukturelemente
in der richtigen Reihenfolge nennt, so wird er besser behalten, als wenn er
einzelne Elemente weglässt oder umstellt. Ferner zeigt sich in den Gedächtnisleistungen für diese Texte ein Hierarchieeffekt der Superstruktur: hierarchisch hohe (wichtige) Aussagen werden besser behalten als hierarchisch tiefe (unwichtige).

Es wird angenommen, dass dieser Forschungszweig aus der Textverarbeitung einen Beitrag liefern kann für die Operationalisierung der Verständlichkeitsdimension "Gliederung". Allerdings müssen folgende Bedingungen erfüllt sein: 1. Es muss sich um eine relativ stereotype Textsorte handeln, und 2. es muss für sie eine Superstruktur gefunden werden, welche gleichzeitig ein Schema darstellt, das die Leserschaft durch häufige Erfahrungen mit dieser Textsorte in ihr Wissen integriert hat. Wenn diese Bedingungen erfüllt sind, kann eine für das Verständnis "optimale" Gliederung dadurch erreicht werden, dass die Superstruktur im Textablauf verdeutlich wird. Verschiedene Mittel sind aufgezählt worden, die dem Textproduzenten dazu zur Verfügung stehen.

Bei Korrespondentenberichten handelt es sich vom journalistischen Standpunkt aus um eine relativ stereotype Textsorte. Vom kognitiv-psychologischen Standpunkt aus ist sie heterogen, weil sie sowohl narrative als auch expositorische Komponenten enthält. Es wurde eine Superstruktur für Korrespondentenberichte vorgeschlagen. Zwei Pilotstudien gaben Hinweise dafür, dass die vorgeschlagene Superstruktur vor allem in ihrem narrativen Teil, etwas weniger in ihrem expositorischen Teil, einem Leser-Schema entsprechen könnte. Folgende aus der Superstruktur ableitbare Hypothesen sollen geprüft werden:

1. Der narrative Teil von Korrespondentenberichten wird besser behalten als der expositorische Teil. Begründung: Leser haben ein text-adäquateres Schema für den narrativen Teil als für den expositorischen.

2. Korrespondentenberichte, die entsprechend ihrer Superstruktur gegliedert werden (Abschnittbildung zur Abgrenzung der Superstrukturelemente und Reihenfolge der Aussagen, so wie sie in der Superstruktur von links nach rechts gelesen werden), werden besser im Gedächtnis behalten, als wenn eine solche Gliederung gestört wird. Begründung: Unter der Annahme, dass die Superstruktur einem Leser-Schema entspricht, erlaubt diese Gliederung ein besseres Einordnen und Organisieren der Artikelinhalte in die Wissensstruktur der Leser.

3. Die Hierarchie der Superstruktur für Korrespondentenberichte schlägt sich in einem sog. Hierarchieeffekt nieder. D. h., hierarchiehohe Aussagen in

der Superstruktur der Korrespondentenberichte werden besser erinnert als hierarchieniedrige. Begründung: Unter der Annahme, dass die Superstruktur einem Leser-Schema entspricht, können hierarchiehohe Aussagen aufgrund ihrer wichtigeren Stellung im Schema besser enkodiert oder leichter abgerufen werden als hierarchietiefe Aussagen.

Diese Hypothesen werden vor allem in den qualitativen Auswertungen der Experimentalteile I und II überprüft.

5. EXPERIMENTALTEIL I:
Der Einfluss von satzinternen und satzübergreifenden Textvariablen auf die Verständlichkeit von Zeitungsartikeln für zwei unterschiedliche Lesergruppen

---

5.1 Problemstellung

Ziel dieser ersten Untersuchung war es, Zeitungsartikel einerseits in ihrem Lesbarkeitswert und anderseits in ihrer Gliederung systematisch zu optimieren und so den relativen Beitrag der beiden Textdimensionen für die Verständlichkeit in bezug auf zwei verschiedene Lesergruppen zu überprüfen.

Wahl der Textdimensionen

Unter der Lesbarkeit eines Textes verstehen wir ein in einer Formel gewonnenes Mass, welches den Text in seinen satzinternen Eigenschaften beschreibt. Solche Eigenschaften sind z. B. die durchschnittliche Satz- und Wortlänge und die Type-Token-Ratio. Unter der Textgliederung verstehen wir die Realisierung der Text-Tiefenstruktur (Superstruktur) in der Text-Oberfläche, was z. B. durch die Reihenfolge der Aussagen in einem Text und das Setzen von Abschnitten erreicht werden kann (vgl. Kap. 4.2). Die Gliederung stellt somit eine satz-übergreifende Eigenschaft von Texten dar. Die Gegenüberstellung gerade dieser zwei Textdimensionen für die Verständlichkeitsüberprüfung ergab sich daraus, dass die Textgliederung in der Praxis der Verständlichkeitsmessung noch wenig Anklang gefunden hat, obwohl sie eine von der Lesbarkeit unabhängige Textdimension erfasst (Tauber & Stoll & Drewek, 1980). Eine Kombination dieser zwei Textdimensionen verspricht deshalb, einen grösseren Varianzanteil der Textverständlichkeit aufzuklären. Es interessieren hier Fragen wie: Was bringt eine Verbesserung der Lesbarkeit (satzinterne Eigenschaften) allein für die Verständlichkeit? Was bringt eine Verbesserung der Gliederung (satzübergreifende Eigenschaft) allein für die Verständlichkeit? Und wie wirken die beiden Textdimensionen zusammen? - An Nachrichtentexten haben Eberspächter & Esche (1978) gezeigt, dass neben einer syntaktischen Vereinfachung eine semantische Komponente - nämlich die Strukturierung des Inhalts durch Explizierung der logischen Relationen - einen zusätzlichen behaltensfördernden Effekt haben kann. Leider haben sie keinen varianzanalytischen Versuchsplan verwendet. Deshalb können die Komponenten Syntax und semantische Struktur nicht in ihrer relativen Bedeutung für die Verständlichkeit abgewogen werden. Wenn Nachrichtentexte in gesprochener Form verarbeitet werden, scheinen syntaktische und semantisch-strukturierende Textoptimierung nach dieser Studie jedenfalls einen additiven Effekt auf die Behaltensleistung zu haben.

Wahl der Lesergruppen
Textverständlichkeit wird heute nicht mehr als statische Eigenschaft von Texten betrachtet, sondern als Produkt einer Leser-Text-Interaktion (Tauber & Gygax, 1980; Miller & Kintsch, 1980; Ballstaedt & Mandl & Schnotz & Tergan, 1981). Deshalb interessiert weiter der Einfluss der beiden Textdimensionen auf die Verständlichkeit für verschiedene Lesergruppen. Als Leserstichprobe wählten wir zwei verschiedene, in sich aber homogene Lesergruppen aus, nämlich Lehrlinge und Mittelschüler. Ohne den Anspruch auf Repräsentativität zu stellen, wollten wir Stichproben aus zwei Populationen erfassen, die sich in Milieu, Schicht, Ausbildung und Interessen unterscheiden.

Ueber die Wirkung von Textmanipulationen bei Personen mit verschiedenem Vorwissen bzw. Ausbildungsniveau ist recht wenig bekannt. Hingegen ist die Rolle dieser Leservoraussetzungen für das Verstehen und Behalten von Texten viel erforscht worden. Aus der Perspektive der Schematheorie von Anderson & Reynolds & Schallert & Goetz (1977) ist die Hauptdeterminante des Wissens, das eine Person durch Lesen erwirbt, ihr Vorwissen (vgl. auch Ausubel 1978). So behalten Personen mit hohem Fachwissen einen Text aus ihrem Fach besser als Personen mit wenig Fachwissen (Chiesi & Spilich & Voss, 1979; Spilich & Vesonder & Chiesi & Voss, 1979). Und Personen mit einem höheren Lernniveau, gemessen in Lese- und Verständnistests, behalten irgendeinen Sachtext besser als Personen mit tieferem Lernniveau (Meyer & Brandt & Bluth, 1980). Kintsch & Greene (1978) beobachteten, dass Geschichten, die der eigenen Kultur entwachsen sind, besser und vollständiger zusammengefasst werden als kulturfremde Geschichten. Auf die Tatsache, dass ein bestimmtes Vorwissen für einen Text nicht nur vorhanden, sondern auch aktualisiert werden muss, damit

·es die Verständnis- und Behaltensleistung fördert, haben Bransford & Johnson (1972) hingewiesen. Und dass spezifisches Vorwissen nicht nur das Verständnis und das Behalten fördert, sondern auch das spätere Abrufen von Textinformationen aus dem Gedächtnis, zeigten die Untersuchungen von Pichert & Anderson (1977) und Anderson & Pichert (1978). Schliesslich determinieren solche Leservoraussetzungen nicht nur, wieviel von einem Text behalten wird, sondern auch, was. So entnahmen z. B. Musikstudenten einem bi-thematischen Text mehr Musikinformationen als Sportstudenten, und Sportstudenten einem anderen bi-thematischen Text mehr Ringkampfinformationen als Musikstudenten (Anderson & Reynolds & Schallert & Goetz, 1977).

Die folgenden Untersuchungen zeigen ferner, dass Personen mit unterschiedlichem Vorwissen bzw. Lernniveau Texte in einer anderen Art und Weise verarbeiten. Deshalb werden sie etwas breiter dargestellt.

Bei Spilich et al. (1979) zeigten Personen mit hohem fachspezifischem Vorwissen nicht nur eine bessere Behaltensleistung für einen gehörten Bericht über einen Baseballmatch, sondern ihre Wiedergaben unterschieden sich auch qualitativ von denen der Personen mit geringem Vorwissen. In dieser Untersuchung war die Wichtigkeit von Aussagen definiert worden durch ihre Bezugsnähe zum Spielziel. Personen mit hohem fachspezifischem Vorwissen (gemessen in einem Vortest über Baseballkenntnisse) behielten wichtige Aussagen besser als Personen mit geringem Vorwissen. In den unwichtigen Aussagen aber, welche keine oder nur eine geringe Beziehung zur Zielstruktur des Spiels hatten, unterschieden sich die beiden Gruppen nicht. Die Resultate wurden so interpretiert, dass Personen mit hohem Vorwissen die Spielhandlungen besser mit der Zielstruktur (Superstruktur) in Beziehung setzen konnten und die wichtigsten Informationen so besser selektionieren und in einem Arbeitsgedächtnissystem behalten konnten.

Zu einer ähnlichen Interpretation kommt Meyer (1979, zit. in Ballstaedt et al., 1981) mit zwei Lesergruppen, die sich in ihren Lesefertigkeiten und ihren Verständnisleistungen (e.g. "Lernniveau") unterschieden. Sie beobachtete die Wirkung von Akzentuierungen im Text (e.g. signaling) auf die Behaltensleistungen. Akzentuierungen sind nicht-inhaltliche Aspekte einer Textorganisation. Sie stellen die Perspektive des Autors dar. Mit Mitteln wie Relationen schaffen, Vorinformationen geben (z. B. Ueberschriften), zusammenfassende Aussagen oder Signalwörter einstreuen, kann der Autor gewisse Aussagen im Text als wichtig hervorheben (vgl. Meyer, 1975). In bezug auf die Superstruktur des Textes beterachtet, hat der Autor im Prinzip drei Möglichkeiten: Er kann Inhalte, die in der Superstruktur des Textes eine zentrale Position einnehmen, hervorheben (= übereinstimmende Akzentuierung), oder - was er in der Praxis selten tut - untergeordnete Informationen hervorheben (= abweichende Akzentuierung), oder gleichbedeutende Informationen unterschiedlich gewichten (= ebenfalls abweichende Akzentuierung). Die Behaltensleistungen zeigten bei Meyer eine Interaktion zwischen dem Fähigkeitsniveau der Leser und der übereinstimmenden bzw. abweichenden Akzentuierung. Leser mit hohem Lernniveau profitieren nur von der abweichenden Akzentuierung, aber nicht von der übereinstimmenden. Nach Meyer sind diese Leser auch ohne Akzentuierung in der Lage, festzustellen, was im Textaufbau vom Autorenstandpunkt her wichtig ist (kein Effekt der übereinstimmenden Akzentuierung). Bei einer abweichenden Akzentuierung können sie hingegen ihre spontane Gewichtung der Inhalte korrigieren, so dass hier ein Effekt der Akzentuierung zu finden ist. Leser mit mittlerem Lernniveau profitierten von beiden Akzentuierungsarten. Nach Meyer fällt es diesen Lesern schwer, Wesentliches von Unwesentlichem zu unterscheiden. Schliesslich profitierten Leser mit geringem Lernniveau weder von der übereinstimmenden noch von der abweichenden Akzentuierung; die Verwendung von Akzentuierungsmitteln bietet dieser Gruppe keine zusätzliche Hilfe.

Aus beiden zitierten Untersuchungen geht hervor, dass Personen mit hohem Vorwissen bzw. Lernniveau Texte besser behalten können, weil es ihnen leichter fällt, die wichtigsten Aussagen in einem Text als solche zu erkennen und Beziehungen zwischen Aussagen herzustellen (vgl. auch Chiesi & Spilich & Voss, 1979). Durch eine grössere Vertrautheit mit dem speziellen Textinhalt oder auch allgemein im Umgang mit Texten scheinen diese Personen mit einer Superstruktur arbeiten zu können, die ihnen hilft, die Aussagen im Text zu organisieren. (Und die Organisation hat sich auch bei anderem Lernmaterial als wichtige Lernhilfe erwiesen [z. B. Baddeley, 1976, Kap. 11]).

Dass die Superstruktur eines Textes auch eine Hilfe für den Abrufprozess bei der Wiedergabe liefert, konnten Meyer & Brandt & Bluth (1980) zeigen. Personen, welche in der Wiedergabe von zwei Informationstexten über Oeltanker und Entwässerung (197 resp. 169 Wörter) die gleiche Gliederung wie der Textautor benützten, erinnerten mehr als Personen, die den Text in einer neuen Gliederung nacherzählten. Erfolgte die Wiedergabe erst nach einer Woche, war der Effekt sogar stärker, so dass sich daraus schliessen lässt, dass Superstrukturen eine besondere Hilfe für das Abrufen aus dem Gedächtnis anbieten. <u>Auch in diesem Aspekt - die Superstruktur als Abrufschema zu verwenden - waren Personen mit hohem Lernniveau solchen mit geringem überlegen,</u> denn in ihren Wiedergaben folgten sie häufiger der Struktur des Textautors. Dieselbe Beobachtung machten Chiesi & Spilich & Voss (1979): Personen mit hohem Vorwissen gaben das Baseballspiel in besserer Reihenfolge wieder als Personen mit geringem Vorwissen.

Von den zitierten Untersuchungen über den Einfluss von Leservoraussetzungen (Vorwissen, Leseleistung, Verständnisleistung) auf das Verstehen und Behalten von Texten befassten sich nur zwei mit der <u>Wechselwirkung zwischen Textoptimierung und Leservoraussetzungen</u> (Meyer, 1979, zit. nach Ballstaedt et al., 1981; und Meyer et al., 1980). In beiden Studien profitierten nur Leser mit mittlerem Lernniveau von einer Verdeutlichung der Superstruktur in der Textoberfläche, nicht aber Leser mit hohem oder tiefem Lernniveau. Leser mit hohem Lernniveau benützten die Superstruktur als Lern- und Abrufhilfe auch ohne Optimierungshilfen, und den Lesern mit tiefem Lernniveau gelang dies trotz den Optimierungshilfen nicht. Auch in der Lesbarkeitsforschung sind mögliche Wechselwirkungen zwischen Leservoraussetzungen (intellektuelles Niveau, Interessen) und Textoptimierung bekannt, doch wenig erforscht worden. Klare (1976) zitiert eine unveröffentlichte Studie (Funkhouser & Maccoby, 1971), in welcher Wissenschaftler mit hohem Fachwissen wissenschaftliche Texte mit unterschiedlichem Lesbarkeitswert nicht mehr oder weniger verständlich empfanden. Allerdings zogen sie die leichteren Texte den schwierigeren vor. Klare (1976) behauptet demnach in seinem Modell der Verständlichkeit, dass das Vorwissen und das intellektuelle Niveau der Leser den Lesbarkeitsunterschieden von Texten eine Grenze setzen kann. Doch es liegen auch Resultate vor, die keine solche Wechselwirkung aufzeigen. Langer et al. (1974) erzielte bei Lesern verschiedenen Alters und in unterschiedlichen Ausbildungswegen gleichermassen lernfördernde Effekte mit seinem Textoptimierungsverfahren. Und Groeben (1978) folgerte aus der gefundenen geringen, sogar negativen Korrelation zwischen Intelligenzniveau und Behaltensleistung, dass seine Befunde zur Textoptimierung auf einen weiten pädagogischen Bereich generalisierbar sind! Trotzdem betont er, dass "die Frage nach einer möglichen kurvilinearen Beziehung zwischen Textverständlichkeit und Lernerfolg mit ihren ATI-Implikationen als eines der wichtigsten zur Lösung anstehenden Probleme des Forschungsprogrammes "Textverstandlichkeit" anzusehen ist" (S. 157).

Erweitert man Groebens Modell der "optimalen" Textschwierigkeit, indem man es auf verschiedene Lesergruppen ausdehnt, so lassen sich auch unterschiedliche Wirkungen der Textoptimierung auf verschiedene Lesergruppen - wie Meyer et al. (1980) beobachteten - erklären. Zu leichte Texte hindern den Lernprozess, weil sie dem Leser zu langweilig erscheinen und u. U. zu schnell und unkonzentriert gelesen werden. Zu schwere Texte hindern den Lernprozess, weil sie einen zu grossen Aufwand vom Leser verlangen und u. U. seine Fähigkeiten überfordern. Optimal wären demnach Texte mit mittlerer Schwierigkeit, weil sie - in Analogie zur invers u-förmigen Kurve in der Motivationspsychologie - noch eine Herausforderung an den Leser stellen, ihn aber nicht überfordern. In dieser von Groeben beobachteten Beziehung sind individuelle Leservoraussetzungen theoretisch impliziert, denn je nach dem Fähigkeitsniveau des Lesers liegt dieser optimale Textschwierigkeitsbereich tiefer oder höher. Fig. 5.1 zeigt einige mögliche Resultate, die durch Textoptimierungen bei Lesern mit unterschiedlichen Voraussetzungen eintreten können. Die Figur zeigt, dass das Umschreiben eines Textes in eine leichtere Form (Optimierungen 1 bis 5) dann einen positiven Effekt auf das Verständnis hat, wenn der Ursprungstext über dem optimalen Schwierigkeitsbereich für sein Leserpublikum liegt, d. h. für die Leser zu schwierig ist. Die Textoptimierung hat dann einen negativen Effekt, wenn der Ursprungstext ohnehin schon zu leicht geschrieben ist für sein Leserpublikum, und keinen Effekt, wenn der Ursprungs- und der optimierte Text um den optimalen Bereich für die Zielgruppe liegen. Da der optimale Schwierigkeitsbereich je nach Lesergruppe woanders liegt, kann die gleiche Textoptimierung sogar gegensätzliche Effekte auf die Verständlichkeit für zwei Lesergruppen haben (vgl. Fall 1 in Fig. 5.1). Die Wirkung einer Textoptimierung für eine spezifische Lesergruppe lässt sich also nur vorhersagen, wenn der optimale Schwierigkeitsbereich bzw. die "Leistungskurve" der Lesergruppe bekannt ist.

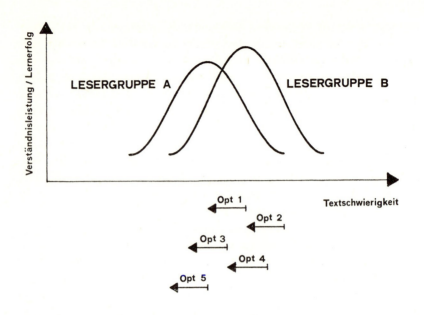

	Optimierungseffekte	
Optimierung	für Gruppe A *	für Gruppe B *
Opt. 1	positiv	negativ
Opt. 2	positiv	positiv
Opt. 3	keine	negativ
Opt. 4	positiv	keine
Opt. 5	negativ	negativ

* Gruppe A: Leser mit tieferen Voraussetzungen (Leseleistung, Vorwissen ...)
  Gruppe B: Leser mit höheren Voraussetzungen (Leseleistung, Vorwissen ...)

Fig. 5.1: Mögliche Resultate bei einer Wechselwirkung zwischen Textoptimierung und Leservoraussetzungen

Wahl der Verhaltensindikatoren für die Verständlichkeit
Eine letzte Vorbemerkung ist der Messung der Verständnisses gewidmet. Von
den zur Verfügung stehenden Verhaltensindikatoren für die Verständlichkeit
(Tauber & Gygax, 1980) wählten wir neben einer Verständlichkeitsbeurteilung
die freie, schriftliche Wiedergabe und einen Fragentest zum Textinhalt, sowie die Lesezeit resp. die Lesegeschwindigkeit. Diese Wahl gründet auf dem
in der Einleitung explizierten Zweikomponentenmodell der Verständlichkeit,
nach welchem nicht nur die Qualität der Informationsaufnahme, sondern auch
ihre Effizienz in das Verständlichkeitskonzept einfliessen. Die Textverständlichkeit für eine Lesergruppe wird also einerseits operationalisiert
durch die auftretenden Verarbeitungsschwierigkeiten während dem Lesen (Lesezeit) und andererseits durch die Behaltensleistung. - Die Wahl der freien
Wiedergabe ist u. a. auch vom Botschaftscharakter der Textsorte beeinflusst.
Ein freies Verfügen über den Inhalt von gelesenen Artikeln verlangt auch
der Tages Anzeiger von seinen Lesern, wenn er Reklame macht mit dem Slogan
"... um mitreden zu können".

Die Lesesituation
Schliesslich bleibt noch der in der Einleitung geforderte Bezug von Verständlichkeitsuntersuchungen zur je spezifischen Lesesituation. Wesentlich
für diese Arbeit war es, mit der Instruktion im Experiment eine Situation zu
schaffen, die dem "Lesen eines interessierenden Artikels" möglichst nahe
kam. Die Lesezeit wurde deshalb nicht kontrolliert, sondern von den Vpn individuell gemessen. Hingegen wussten die Vpn, dass sie später die Artikel
wiedergeben mussten, was sicher eine Verfremdung der natürlichen Lesesituation mit sich brachte. Das so erfasste Textverständnis reflektiert also die
Leistungen von Lehrlingen bzw. Mittelschülern, die einen Text einmal durchlesen mit dem Ziel, den Inhalt so zu verstehen, dass sie ihn später wiedergeben können.

Hauptfragestellungen:
1. Ist ein Zeitungsartikel vom Typ Auslandmeldung, der bekannte, einfache
   und geläufige Wörter sowie kurze, aktive Sätze mit einfachem Satzbau enthält, für Lehrlinge/Mittelschüler besser verständlich als ein Zeitungsar-

tikel mit langen, seltenen Wörtern und langen, komplizierten Sätzen?
(Satzinterne Textvariablen)

2. Ist ein Zeitungsartikel für Lehrlinge/Mittelschüler verständlicher, wenn er in seiner äusseren Gliederung und in seinem Ablauf einem postulierten Erwartungsschema des Lesers entspricht, als wenn dieses im Ablauf des Artikels gestört ist?
(Satzübergreifende Textvariablen)

3. Wie wirken die beiden Optimierungsarten (1, 2) zusammen? Haben sie einen additiven Effekt auf die Verständlichkeit der Lesergruppen oder etwa einen interaktiven Effekt?

Je nachdem, ob wir uns mit unseren Zeitungstexten über oder unter dem optimalen Schwierigkeitsbereich für die zwei Lesergruppen befinden, kann die Optimierung einen positiven, keinen oder sogar einen negativen Effekt auf die Leseleistung haben. Aufgrund der Untersuchungen von Amstad (1978) und Stoll (1974) können wir allerdings vermuten, dass wir uns mit Zeitungsartikeln aus dem Auslandressort eher über dem optimalen Textschwierigkeitsbereich für den Durchschnittsleser befinden. Deshalb sind in Fig. 5.1 die Effekte 2 und 4 eher zu erwarten als die Effekte 1, 3 und 5, das heisst, es sind eher positive oder keine Effekte durch die Textoptimierungen zu erwarten als negative. - Für die Mittelschüler kann man einen positiven Optimierungseffekt der Lesbarkeit dann erwarten, wenn ihnen ein Teil des Textwortschatzes in den nicht optimierten Texten unbekannt ist und/oder wenn die Satzlänge ihr Arbeitsgedächtnis beim syntaktischen Dekodierprozess überfordert (vgl. Kap. 3). Wenn der Wortschatz ihnen aber schon in den nicht optimierten Texten geläufig ist und die Satzlänge ihr Arbeitsgedächtnis nicht überfordert, kann von der Lesbarkeitsoptimierung kein oder sogar ein negativer Effekt auf ihre Verständnis- und Behaltensleistung erwartet werden. Bei den Lehrlingen ist der letztere Effekt weniger wahrscheinlich, da sie aufgrund ihrer praktisch orientierten Ausbildung überhaupt seltener mit Texten umgehen und im Allgemeinfach Deutsch wahrscheinlich weniger auf die Verarbeitung von schwierigen Texten trainiert werden als Mittelschüler. In bezug auf die Optimierung der Lesbarkeit gehen unsere Erwartungen für die

Mittelschüler also in Richtung entweder eines positiven oder keines verständnisfördernden Effekts, für die Lehrlinge aber eher in Richtung eines positiven Effekts.

In bezug auf die Optimierung der Textgliederung zielen die Ueberlegungen in eine etwas andere Richtung. Aufgrund der berichteten Befunde von Spilich et al. (1979) und Meyer et al. (1980) sind Leser mit höheren Leseleistungen und grösserem Vorwissen in der Lage, die Superstruktur eines Textes spontan zu erfassen und die einzelnen Textaussagen in bezug auf ihre Stellung in der Superstruktur zu organisieren. Lesern mit geringeren Voraussetzungen geht diese Fähigkeit ab. Die Frage bleibt deshalb offen, ob Mittelschüler die Superstruktur solcher Zeitungsartikel auch in gliederungsgestörten Textfassungen spontan erfassen und deshalb von der Gliederungsoptimierung nicht profitieren, oder ob ihnen die optimierte Textgliederung beim Organisieren des Textinhaltes behilflich ist. Ebenso bleibt die Frage offen, ob Lehrlinge sowieso keine Superstruktur in solchen Zeitungsartikeln erkennen und deshalb von der Gliederungsoptimierung nicht profitieren oder ob es ihnen durch die Gliederungsoptimierung erst ermöglicht wird, eine Superstruktur im Text zu erkennen und so den Textinhalt zu organisieren. Spekulativ zielen unsere "Erwartungen" in bezug auf die Gliederungsoptimierung also für beide Lesergruppen eher in Richtung entweder eines positiven oder keines verständnisfördernden Effekts.

Interessant - aber noch offen - bleibt die Frage, ob sich die Lesbarkeits- und die Gliederungsoptimierung bei den zwei Lesergruppen additiv (vgl. Eberspächter & Esche, 1978) oder interaktiv auf die Verständnisleistung auswirken.

Nebenfragestellungen
1. Lern- bzw. Positionseffekt:
   Wie wirkt sich die Optimierung der satzübergreifenden Textvariablen auf das Verständnis bei mehreren nebeneinander gelesenen Artikeln aus? Die Erwartung geht in Richtung eines positiven Transfers bei identischem Gliederungsschema für verschiedene Artikelinhalte.

2. Einfluss individueller Leservariablen:
   Welchen Einfluss haben Leservariablen, wie Schullaufbahn, Gewohnheiten des Zeitungslesens und Interessen, auf die Verständnisleistungen?

5.2 METHODE

5.2.1 Material (Texte, Tests)

a) Texte

Drei Zeitungsartikel, "Afghanistan", "Peking" und "Holland" genannt, wurden der Zürcher Tageszeitung "Tages Anzeiger" entnommen (Afghanistan: "Verworrene Lage nach Sturz Nur Mohammed Tarakis", TA vom 18.09.1979; Peking: "Arme Landbewohner suchen in Peking Gerechtigkeit", TA vom 15.09.1979; Holland: "Gespanntes Klima in Holland", TA vom 15.09.1979). Die Artikel waren 10 Monate (Lehrlinge) resp. 18 Monate (Mittelschüler) vor dem Experiment in den Zeitungen erschienen. Sie behandelten einen Umsturz in Afghanistan, einen Streik in Holland und eine Demonstration in Peking. Die drei Originalartikel wurden auf die wesentlichen Inhalte gekürzt, so dass sie 268 resp. 347 resp. 416 Wörter enthielten. <u>Von diesen Ausgangsversionen wurde sodann je eine verbesserte und eine verschlechterte Version auf den Kriterien "Lesbarkeit" (satzinterne Textvariablen) und "Gliederung" (satzübergreifende Textvariablen) erstellt,</u> so dass folgende vier Versionen von jedem Inhalt entstanden:

Tab. 5.2.1: Die vier Textversionen

	\multicolumn{2}{c}{Gliederung}	
Lesbarkeit	optimiert	gestört
hoch	A	B
tief	C	D

In den lesbarkeitsoptimierten Versionen wurden möglichst kurze Wörter benützt, Fremdwörter durch gebräuchliche Wörter ersetzt, Sätze verkürzt und in ihrem Satzbau vereinfacht. - Für die gestörte Gliederung stellte man, ausgehend von der optimierten Gliederung, Sätze so um, dass die fünf im Kap. 4.4 beschriebenen Superstrukturelemente nicht mehr auseinandergehalten, sondern vermischt wurden. Man achtete aber darauf, dass keine sinnlose Zufallsanreihung der Sätze entstand. Textanfang und -schluss wurden nicht verändert. So sollte erreicht werden, dass die Gliederungsstörung den "Sinn" der Artikel nicht entstellte (der Verstehensprozess sollte ja nicht total gestört werden), aber die -der Superstruktur entsprechenden - Abschnitte im Text quasi verwischte. Am ehesten zu vergleichen wäre diese "schlecht gegliederte" Version etwa einem schlecht aufgebauten Referat, dem man zwar folgen kann (man hält den Referenten nicht für verrückt, er scheint noch bei Verstand zu sein), von dem man aber den Eindruck hat, dass er schlecht vorbereitet, sehr nervös oder nicht an die Vortragssituation gewöhnt ist.

Die Prozedur des Umschreibens:

Jeder der drei Artikel wurde zuerst grob auf seine Superstruktur hin nach dem im Kap. 4.4 beschriebenen Schema analysiert. Hierauf wurden an diesen Texten die nachfolgend beschriebenen Manipulationen vorgenommen, und zwar in der Weise, dass jeder neuen Manipulation jeweils die Textfassung der vorangegangen zugrunde lag.

Manipulationen:	Resultierende Textfassung:
a) Umschreiben in kurze Sätze mit kurzen, einfachen und geläufigen Wörtern.	
b) Umordnen der Sätze in die dem Schema entsprechende optimale Reihenfolge.	Fassung "Gliederung optimiert, Lesbarkeit hoch".
c) Umschreiben in lange, z. T. verschachtelte Sätze mit komplizierten, langen Wörtern und Fremdwörtern.	Fassung "Gliederung optimiert, Lesbarkeit tief".
d) Umordnen der Sätze mit Ausnahme jener am Textanfang und -schluss, so dass die Schema-Gliederung nicht mehr ersichtlich war, aber noch ein sinnvoller "roter Faden" im Text vorhanden blieb. Die Aufteilung in 5 resp. 6 Abschnitte wurde beibehalten, die Abschnitte repräsentierten aber nicht mehr die Superstrukturelemente.	Fassung "Gliederung gestört, Lesbarkeit tief".

e) Umschreiben in kurze Sätze mit
kurzen, einfachen und geläufigen   Fassung "Gliederung gestört,
Wörtern.   Lesbarkeit hoch".

Bei der ganzen Prozedur des Umschreibens wurde streng darauf geachtet, dass
(a) die gut und schlecht gegliederten Fassungen die gleichen Sätze und Wörter enthielten, nur in einer andern Reihenfolge (Abweichungen kamen nur dann
vor, wenn in der gestörten Gliederung ein falscher Relativbezug entstand;
dann ersetzte man das Personalpronomen durch ein Substantiv), (b) dass die
Fassungen mit hoher und tiefer Lesbarkeit die gleiche Aussagenreihenfolge
und Abschnittsaufgliederung aufwiesen, nur mit andern Wörtern und Satzabgrenzungen. Die vier Versionen des Artikels "Afghanistan" finden sich im
Anhang B (S. 208 - 211).

Tab. 2 im Anhang A zeigt, dass die lesbarkeitsoptimierten Versionen zwischen
5 und 8 Punkten in der Lesbarkeitsformel über den schlechten Versionen liegen. Von den drei Artikelinhalten ist "Afghanistan" der lesbarste Artikel
(sowohl in der optimierten wie auch in der schlechten Fassung), und "Holland" ist der Artikel mit dem tiefsten Lesbarkeitswert (ebenfalls in seinen
beiden Versionen). Der Clusterindex in Tab. 2 zeigt für die gliederungsoptimierten Versionen ein Maximum von 1.0, für die gliederungsgestörten Versionen Werte zwischen .75 und .80. Es wurde also ein ungefähr gleich starkes
Störungsausmass erreicht bei allen drei Artikelinhalten. (Der verwendete
Clusterindex variiert zwischen 1 bei perfektem Clustern und 0 bei zufälliger
Aussagenreihenfolge. Als Cluster dienten hier die 6 (resp. 5) Superstrukturelemente Hauptereignis, Ablauf, Hintergrundkonflikt 1, 2, (3) und Bilanz.
Dieser Index ist auf die Anzahl Clusters adjustiert, so dass die Werte der
Artikel mit 5 und 6 Clustern vergleichbar sind.)

b) Fragebogen

Der Fragebogen bestand aus 15 Inhaltsfragen zu den drei Artikeln (je 5) und
8 Kurzfragen zu persönlichen Daten. Die Inhaltsfragen hatten Multiplechoice-Form und betrafen nur explizit in den Texten enthaltene Information
(keine Inferenzen). Die 15 Items wurden in einem Vorversuch getestet. Die
8 "persönlichen" Fragen betrafen Gewohnheiten und Interessen beim Zeitungslesen, das Alter und den Bildungsgang.

5.2.2 Versuchspersonen

76 Lehrlinge einer Zürcher Grossfirma der Maschinenbranche und 28 Kantonsschüler von Zürich nahmen am Experiment teil. Alle waren männlichen Geschlechts und 17- bis 18jährig. Das 90minütige Experiment fand während ihrer Arbeits- resp. Schulzeit statt.

Bei der Lehrlingsstichprobe wurden insgesamt 100 Vpn getestet, doch musste die Stichprobe nachträglich auf 76 Vpn reduziert werden. Denn der Schulabschluss (Sekundar- vs. Realschule) wirkte sich signifikant auf die Verständnisleistung aus (s. Kap. 5.3.4). Vor der Untersuchung war der Schulabschluss der Vpn nicht bekannt, und es zeigte sich dann, dass das Verhältnis zwischen Sekundar- und Realschülern in den Experimentalgruppen so ungeschickt lag, dass ein systematischer Fehler die Hauptresultate störte. Durch ein Sampling-Verfahren wurde die Stichprobe so reduziert, dass in jeder Experimentalgruppe schlussendlich 15 Sekundar- und 4 Realschüler vertreten waren (Anteil von Realschülern 21 %).

Die 100 getesteten Lehrlinge verteilten sich auf die folgenden Berufszweige:

Tab. 5.2.2: Verteilung der getesteten Lehrlinge auf verschiedene Berufszweige

Berufslehre	Anzahl Lehrlinge N = 100)
kaufm. Angestellte	5
Maschinenzeichner	30
Modellschreiner	5
Maschinenmechaniker	40
Schlosser	10
Maschinenoperateure	7
Giessereitechnologen	3
Total	100

5.2.3 Versuchsplan

Es ergab sich ein 2 x 2 x 3-faktorieller Versuchsplan mit wiederholten Messungen. Es waren zwei Stufen der <u>Gliederung</u> (optimiert und gestört), sowie zwei Stufen der <u>Lesbarkeit</u> (hoch und tief). Die Vpn wurden per Zufall auf diese vier Experimentalgruppen verteilt, so dass 19 Lehrlinge bzw. 7 Mittelschüler auf jede Gruppe fielen. Jede Vp erhielt alle drei <u>Inhalte,</u> "Holland", "Peking" und "Afghanistan", nacheinander zum Lesen, und zwar alle Inhalte in der gleichen Textversion. Damit wollte man durch die Textversion bedingte Lerneffekte erfassen. Die Reihenfolge war ausbalanciert. - Die abhängigen Variablen waren Lesezeit, freie Wiedergabe, Fragentest, Kurzzusammenfassung und die Beurteilung der Textverständlichkeit.

5.2.4 Vorgehen

Das Experiment wurde bei den Lehrlingen in Gruppen von ca. 10 Personen, bei den Mittelschülern im Klassenverband (12 - 18 Personen) durchgeführt. Die Instruktion lautete, dass die Verständlichkeit der Texte im Zentrum der Untersuchung stehe. Die Vpn wurden angehalten, die Texte möglichst kontinuierlich durchzulesen, so wie sie normalerweise einen Artikel lesen, der sie interessiert. Zum <u>Lesen und Wiedergeben</u> bekam jede Vp ein Arbeitsheft mit den drei Artikeln auf je einer Seite und dazwischenliegenden Leerseiten. Nach jedem gelesenen Artikel folgte eine freie schriftliche Wiedergabe (Leerseiten). Es war eine sinngemässe, aber möglichst genaue Wiedergabe verlangt, und die Zeit dafür war unbeschränkt. Für das Lesen des einzelnen Artikels stand jeder Vp eine Stoppuhr zur Verfügung, mit der sie ihre eigene Lesezeit messen musste. Die Aufgabe des Lesens und Wiedergebens nahm zwischen 40 und 50 Minuten Zeit in Anspruch. Nach dieser Aufgabe erhielten die Vpn ein leeres Blatt für die <u>Kurzzusammenfassung</u> mit der schriftlichen Anweisung: "Stellen Sie sich vor, Sie hätten diese drei Artikel tatsächlich in einer Zeitung gelesen. Wenn Sie jetzt einen Kollegen kurz über die wichtigsten Tagesereignisse informieren wollen, was würden Sie ihm erzählen?" Am Schluss wurde der <u>Fragebogen</u> inkl. <u>Verständlichkeitsbeurteilung</u> ausgehändigt. Die Arbeitszeit war in keiner Weise limitiert. Das ganze Experiment mit den Instruktionen dauerte ca. 1 1/2 Stunden. Aeussere Zeichen für mangelnde Motivation bei der ganzen Aufgabe waren in wenigen Fällen zu beobachten. Hingegen bemerkten die Lehrlinge häufig, dass Artikel mit Inhalten ähnlich den verwendeten von ihnen wenig oder kaum gelesen würden (vgl. auch Resultate betr. Lesegewohnheiten und -interessen, Kap. 5.3.4).

5.3 RESULTATE

Dieses Kapitel ist folgendermassen gegliedert: Nach einem Exkurs über die Auswertungsmethode der freien Wiedergabe (Kap. 5.3.1) werden die Hauptresultate getrennt für die Lehrlinge und dann die Mittelschüler dargestellt (Kap. 5.3.2). Nach den Hauptresultaten folgt ein Kapitel über Resultate aus der qualitativen Auswertung der Wiedergaben, Zusammenfassungen und Fragentests beider Lesergruppen (Kap. 5.3.3). Am Schluss werden Einflüsse individueller Lesevariablen auf die Verständnisleistungen behandelt (Kap. 5.3.4).

5.3.1 Die Methode zur Auswertung der Wiedergaben

Die drei Artikel wurden vor dem Experiment nach dem System von Thorndyke (1977) in Propositionen umgeschrieben. (Man ging dabei von den sprachformal und in der Gliederung optimierten Artikelfassungen aus.) In diesem System gilt jeder Satzteil als Proposition, der ein Verb enthält. Die Propositionenliste eines Artikels befindet sich im Anhang B (S. 206).

In der Auswertung nach dem Experiment wurden dann die Propositionen in den Wiedergaben mit der vorgegebenen Propositionenliste verglichen, und zwar mit Hilfe folgender Regeln:

1. Eine Proposition gilt als vorhanden, wenn sie sinngemäss richtig wiedergegeben ist.
2. Ist eine Proposition unvollständig wiedergegeben, die Hauptsache der Proposition ist jedoch enthalten, so wird diese ebenfalls als richtig angerechnet.
3. Auch eine Wiedergabe auf höherer Abstraktionsebene wird als positiver Punkt gezählt.
4. Werden zwei Propositionen in eine zusammengefasst, werden zwei Propositionen als wiedergegeben gezählt.

5. Wird eine Proposition in mehreren Propositionen wiedergegeben, gilt nur eine Proposition als vorhanden.
6. Eine Proposition gilt auch dann als vorhanden, wenn statt der richtigen Namen oder Zahlen leicht abgewandelte, aber ähnliche Formen auftreten, z. B. Tarki statt Taraki.
7. Wird das Subjekt in einer Reihe von Propositionen konsequent verwechselt, so gilt nur eine dieser Propositionen als nicht vorhanden (bzw. falsch).

Die Uebereinstimmung von drei Beurteilern bei der Auswertung von 30 Wiedergabeprotokollen einer Voruntersuchung betrug 84 %. Schwierigkeiten hatten die Beurteiler vor allem bei der Bewertung des Hauptereignis-Teiles der Artikel (sog. Leadsatz). Dieser enthält in wenigen Propositionen sehr viel Information (man denke an die 7 W-Fragen). So war es schwierig zu entscheiden, wieviele Informationen fehlen konnten, damit eine Proposition noch richtig angerechnet wurde. Deshalb veränderte man vor dem Hauptversuch das Thorndyke-System im Hauptereignis-Teil der Artikel. Die Propositionen wurden hier nochmals unterteilt in die Angaben zu den einzelnen W-Fragen. Mit dem abgeänderten System erreichte man im Hauptversuch mit einer Stichprobe von 6 Protokollen und mit 2 Beurteilern eine Uebereinstimmung von 86 %, was keine wesentliche Verbesserung bedeutet. Für die relativ geringe Auswertungsübereinstimmung gegenüber den Angaben aus der Literatur zu den Geschichtengrammatiken mit demselben System (um 95 %) erachten wir die Textsorte und -länge als wesentlichen Faktor. Zeitungsartikel weisen eine grössere Redundanz auf als einfache Geschichten. Ferner sind die Artikel länger als die z. B. von Kintsch verwendeten (ca. 100 - 150 Wörter). Im Hauptereignis-Teil wird z. B. oft zusammengefasst, was im Ablauf erzählt wird. So war es bei der Auswertung oft schwierig, eine Aussage in der Wiedergabe einer von mehreren möglichen Propositionen in der Liste zuzuordnen. Die Redundanz in den Artikeln und die Textlänge führten auch häufig zu zusammenfassenden Aussagen in den Wiedergaben, was das subjektive Moment bei der Anwendung der Beurteilungsregeln 1, 2 und 3 grösser machte.

5.3.2 Hauptresultate

Die Resultate zum Einfluss der Textfassungen werden für die Lehrlinge und für die Mittelschüler der Reihe nach für folgende abhängige Variablen berichtet:
  Lesegeschwindigkeit
  Wiedergabe
  Fragentest
  Verständlichkeitsurteil

Zuletzt werden jeweils die Resultate zum Positions- bzw. Lerneffekt dargestellt. Die Lesegeschwindigkeit und die Wiedergabeleistung wurden getrennt analysiert, da kein Trade-off zwischen diesen Variablen bestand. Für die Lehrlinge korrelieren Lesegeschwindigkeit und Wiedergabeleistung sogar positiv ($r = .28$, $df = 74$, $p < .05$), für die Mittelschüler leicht negativ ($r = -.19$, $df = 26$, $p > .10$). Nicht die Lesezeit, sondern die Geschwindigkeit wird analysiert, da die verschiedenen Texte ungleich lang sind. Dem in der Literatur üblichen Lesegeschwindigkeitsmass "Anzahl Wörter pro Sekunde" wird hier das Mass "Anzahl Buchstaben pro Sekunde" vorgezogen, weil die Textfassungen systematisch variierende Wortlängen aufweisen.

5.3.2.1 LEHRLINGE

In der Mittelwertstabelle (Tab. 5.3.2.1.1) ist die Lesegeschwindigkeit und die Wiedergabeleistung (Anteil wiedergegebener Propositionen am Total der Propositionen im Originaltext) für die Lehrlinge dargestellt. Auf den ersten Blick fällt schon auf, dass sich "Lesbarkeit" und "Gliederung" bei den drei Artikelinhalten ungleich auswirken.

<u>Lesegeschwindigkeit *:</u> Die dreifaktorielle Varianzanalyse mit den between-subjects-Faktoren Gliederung (optimiert vs. gestört) und Lesbarkeit (hoch vs. tief) und dem within-subjects-Faktor Inhalt (Holland, Peking, Afghanistan) zeigt nur für den Faktor Inhalt einen signifikanten Haupteffekt (vgl. Tab. 3 im Anhang A). Die Faktoren Gliederung und Lesbarkeit interagieren signifikant mit dem Faktor Inhalt ($F = 4.56$, $df = 2/144$, $p < .05$ für die Gliederung; $F = 4.30$, $df = 2/144$, $p < .05$ für die Lesbarkeit). Die dreifache Interaktion ist nicht signifikant.

---

* Die Daten wurden logarithmustransformiert ($lg_{10}(x+1)$)

Tab. 5.3.2.1.1: Mittelwerte der Lehrlinge in der Lesegeschwindigkeit und Wiedergabeleistung

	Artikelinhalt		
TEXTFASSUNG	Holland	Peking	Afghanistan
LESEGESCHWINDIGKEIT (Anzahl Bst/s)			
Gliederung optimiert			
Lesbarkeit hoch	13.2	14.7	12.1
Lesbarkeit tief	13.4	14.2	12.6
Gliederung gestört			
Lesbarkeit hoch	12.0	13.6	11.8
Lesbarkeit tief	12.2	12.9	13.3
WIEDERGABELEISTUNG (% wiedergegebene Propositionen)			
Gliederung optimiert			
Lesbarkeit hoch	29.7	26.6	31.2
Lesbarkeit tief	25.1	23.1	19.4
Gliederung gestört			
Lesbarkeit hoch	27.7	18.6	27.2
Lesbarkeit tief	28.8	19.7	19.5

n pro Gruppe = 19
N = 76

Die zweifachen Interaktionen drängen zu einer Ueberprüfung der einfachen Haupteffekte von "Gliederung" und "Lesbarkeit" auf den einzelnen Stufen des "Inhalts". Diese weisen jedoch nirgends signifikante Werte auf ("Holland": $F = 2.85$, $df = 1/74$, $p > .05$; "Peking": $F = 3.28$, $df = 1/74$, $p > .05$; "Afghanistan": $F = .01$, $df = 1/74$, $p > .10$). Genau gleich sieht es für die einfachen Haupteffekte des Faktors Lesbarkeit aus (Holland: $F = .22$, $df = 1/74$, $p > .10$; Peking: $F = .53$, $df = 1/74$, $p > .10$; Afghanistan: $F = 1.72$, $df = 1/74$, $p > .10$). Die Faktoren "Lesbarkeit" und "Gliederung" haben also bei keinem der drei Artikelinhalte einen signifikanten Effekt auf die Lesegeschwindigkeit. Die zweifachen Interaktionen kommen nur dadurch zustande, dass die drei Inhalte in den optimierten Fassungen unterschiedlich schnell gelesen werden, während sie in der komplizierten resp. gestörten Fassung gleich schnell gelesen werden.

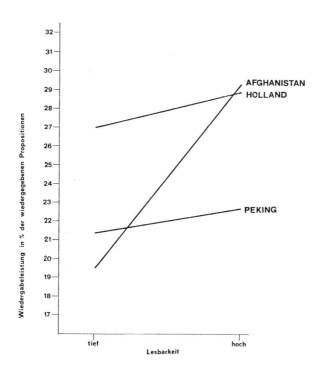

Fig. 5.3.2.1: Interaktion zwischen "Lesbarkeit" und "Inhalt" in der Wiedergabeleistung der Lehrlinge

Wiedergabe *: In der gleich strukturierten Varianzanalyse auf die Wiedergabeleistung (Tab. 4 im Anhang A) hat der Faktor "Lesbarkeit" einen signifikanten Haupteffekt (F = 5.75, df = 1/72, p >.05) und interagiert signifikant mit dem Faktor "Inhalt" (F = 4.72, df = 2/144, p >.05). Der Faktor "Gliederung" ist nicht signifikant und interagiert mit keinem der andern Faktoren signifikant. Der Faktor "Inhalt" ist wiederum signifikant. Die

---

* Die Daten wurden wurzeltransformiert ($\sqrt{x+.5}$)

einfachen Haupteffekte der "Lesbarkeit" auf den drei Stufen des "Inhalts" zeigen, dass der Inhalt "Afghanistan" bei hoher Lesbarkeit hochsignifikant besser wiedergegeben wurde als bei tiefer Lesbarkeit ($F = 12.12$, $df = 1/74$, $p < .001$), während "Holland" und "Peking" nicht signifikant besser wiedergegeben wurden ($F = 1.20$, $df = 1/74$, $p = > .10$ resp. $F = .27$, $df = 1/74$, $p > .10$). Fig. 5.3.2.1 veranschaulicht diese Interaktion. Sie zeigt, dass der Haupteffekt der "Lesbarkeit" nur duch den starken Anstieg der Wiedergabeleistung im optimierten Afghanistan-Artikel zustandekommt. In der tiefen Lesbarkeitsversion ist "Afghanistan" der schwierigste der drei Inhalte, in der hohen Lesbarkeitsversion der leichteste.

Fragentest: Die Resultate des Fragentests zeigen keine Textfassungseffekte. Die zweifaktorielle Varianzanalyse mit den Faktoren "Lesbarkeit" und "Gliederung" hat keine signifikanten Haupteffekte ($F = .49$, $df = 1/72$, $p > .10$ für die Lesbarkeit und $F = .35$, $df = 1/72$, $p > .10$ für die Gliederung) und keine signifikante Interaktion.

Verständlichkeitsurteil: Die dreifaktorielle Varianzanalyse mit den Faktoren Lesbarkeit, Gliederung und Inhalt zeigt nur für den letzten Faktor einen signifikanten Haupteffekt ($F = 19.21$, $df = 2/142$, $p < .001$) und keine signifikanten Interaktionen. Obwohl die Lehrlinge den Inhalt "Afghanistan" schlechter erinnerten, wenn seine Lesbarkeit tief war, reagierten sie offenbar nicht auf diese Veränderung in ihrem Urteil. Die drei Inhalte beurteilten sie aber differenzierter, denn ganz wie es ihren Erinnerungsleistungen entspricht, beurteilten sie den Inhalt "Peking" am schwierigsten und "Holland" am leichtesten. Tab. 5.3.2.1.2 zeigt die übereinstimmende Rangierung der drei Inhalte in der Wiedergabeleistung und im Verständlichkeitsurteil. Zudem kann man ihr eine interessante Beziehung zur Textlänge entnehmen: Je kürzer der Artikel, desto besser wird er behalten und beurteilt.

Tab. 5.3.2.1.2: Rangierung der drei Artikel in Länge, Wiedergabe und
Verständlichkeitsurteil (Lehrlinge)

	Artikelinhalt		
	Holland	Afghanistan	Peking
Textlänge in Wörtern	266	331	416
Wiedergabeleistung in Prozent	28	24	22
Verständlichkeitsurteil (5 = leicht, 1 = schwer)	4.0	3.2	3.0

Positions- bzw. Lerneffekt: In einer zweifaktoriellen Varianzanalyse mit den Faktoren Textfassung (4 Stufen entsprechend den zwei Gliederungs- und den zwei Lesbarkeits-Versionen) und Positionen des Artikels (erste, zweite, dritte Position) auf die Wiedergabeleistung zeigt sich ein signifikanter Positionseffekt (F = 14.24, df = 2/144, p <.001) in Richtung einer besseren Wiedergabeleistung mit fortschreitender Position. Der Faktor Textfassung interagiert nicht signifikant mit dem Faktor Position (F = .48, df = 6/144, p >.10), so dass gefolgert werden muss, dass bei allen Textfassungen gleichermassen ein Lerneffekt mit zunehmender Position stattfand.

Zusammenfassung der Lehrlingsresultate: Von den drei Faktoren "Lesbarkeit", "Gliederung" und "Artikelinhalt" ist der "Inhalt" weitaus der stärkste Prädiktor für alle drei abhängigen Variablen Wiedergabe, Lesetempo und Verständlichkeitsurteil (im Fragentest konnte der Faktor "Inhalt" nicht beobachtet werden, da er zu wenige Items enthielt). Von den zwei Textfassungsfaktoren brachte die Lesbarkeitsoptimierung immerhin für den Inhalt "Afghanistan" signifikant bessere Wiedergabeleistungen, während die Gliederungsoptimierung gar nichts bewirkte. Wenn die Lehrlinge auf eine Textmanipulation reagierten, reagierten sie in ihrer Wiedergabeleistung, aber nicht in ihrer Lesegeschwindigkeit. Die komplizierten und gliederungsgestörten Fassungen lasen sie nicht langsamer als die optimierten Fassungen. Ein Lerneffekt war bei allen Textabfassungen gleichermassen zu beobachten.

5.3.2.2 MITTELSCHUELER

In der Tab. 5.3.2.2 ist die Lesegeschwindigkeit und die Wiedergabeleistung für die Mittelschüler dargestellt. Im Unterschied zu den Lehrlingen fallen hier schnellere Lesezeiten, höhere Wiedergabeleistungen und weniger starke Wechselwirkungen der Textfassungsfaktoren mit dem Artikelinhalt auf. Das Lesetempo liegt im Durchschnitt bei 17 Buchstaben pro Sekunde gegenüber 13 Bst/s bei den Lehrlingen. Die Wiedergabeleistung liegt im Durchschnitt bei 35 % wiedergegebenen Positionen gegenüber 25 % bei den Lehrlingen.

Tab. 5.3.2.2: Mittelwerte der Mittelschüler in der Lesegeschwindigkeit und Wiedergabeleistung

TEXTFASSUNG	Artikelinhalt		
	Holland	Peking	Afghanistan
LESEGESCHWINDIGKEIT (Anzahl Bst/s)			
Gliederung optimiert			
Lesbarkeit hoch	19.2	21.0	19.7
Lesbarkeit tief	14.6	15.8	16.0
Gliederung gestört			
Lesbarkeit hoch	14.7	19.0	14.1
Lesbarkeit tief	16.4	19.6	16.0
WIEDERGABELEISTUNG (% wiedergegebene Propositionen)			
Gliederung optimiert			
Lesbarkeit hoch	35.3	32.7	32.9
Lesbarkeit tief	47.5	40.2	42.1
Gliederung gestört			
Lesbarkeit hoch	30.3	29.5	31.8
Lesbarkeit tief	37.4	36.7	29.3

n pro Gruppe = 7
N = 28

Lesegeschwindigkeit *: In der Mittelwertstabelle (Tab. 5.3.2.2) wird ersichtlich, dass die Mittelschüler die nach beiden Kriterien - Lesbarkeit und Gliederung - optimierten Fassungen schneller lasen als die andern Fassungen. Diese Wechselwirkung zwischen "Lesbarkeit" und "Gliederung" wird in der dreifaktoriellen Varianzanalyse bestätigt (Tab. 5, Anhang A). Weder der

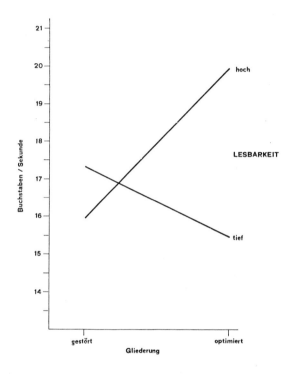

Fig. 5.3.2.2: Interaktion zwischen "Lesbarkeit" und "Gliederung" in der Lesegeschwindigkeit der Mittelschüler

---

* Die Daten wurden wie bei den Lehrlingen logarithmustransformiert

Faktor "Lesbarkeit" noch der Faktor "Gliederung" zeigen einen signifikanten Haupteffekt, doch interagieren sie signifikant (F = 4.42, df = 1/24, p <.05). Der Faktor "Inhalt" erreicht einen signifikanten Haupteffekt (F = 4.76, df = 2/48, p <.05), interagiert aber mit keinem Textfassungsfaktor. Die Interaktion zwischen "Lesbarkeit" und "Gliederung" ist in Fig. 5.3.2.2 dargestellt. Die Prüfung der einfachen Haupteffekte bestätigt das Bild, dass die Gliederungsoptimierung das Lesetempo anhebt, wenn die Lesbarkeit hoch ist (F = 5.76, df = 1/12, p <.05), aber nicht, wenn die Lesbarkeit tief ist (F = .69, df = 1/12, p >.10). Wie die folgende Auswertung zeigt, konnten die Mittelschüler die nach beiden Kriterien optimierten Textfassungen schneller lesen, ohne eine Einbusse in ihrer Wiedergabeleistung in Kauf nehmen zu müssen.

Wiedergabeleistung [*]: Die Mittelwerte in Tab. 5.3.2.2 zeigen ein interessantes Bild: Die Gliederungsoptimierung erhöhte die Wiedergabeleistung, die Lesbarkeitsoptimierung senkte sie aber, d. h. die Textfassungen mit tiefer Lesbarkeit wurden durchwegs besser wiedergegeben als diejenigen mit hoher Lesbarkeit, einzige Ausnahme bildet der "Afghanistan"-Artikel in seiner gliederungsgestörten Fassung. Dieses Bild kann jedoch in der dreifaktoriellen Varianzanalyse statistisch nicht bestätigt werden. Hier zeigt sich überhaupt kein signifikanter Effekt (vgl. Tab. 6, Anhang A). Die Streuung innerhalb der Gruppen ist so gross, dass die Faktorvarianz im Vergleich zur Fehlervarianz keine signifikanten Effekte erreicht.

Fragentest: Wie bei den Lehrlingen zeigen sich auch bei den Mittelschülern keine signifikanten Haupteffekte der Faktoren "Lesbarkeit" (F = .02, df = 1/24, p >.10) und "Gliederung" (F = 3.37, df = 1/24, p = .08) und auch keine Interaktion (F = .59, df = 1/24, p >.10). Die Tendenz des Faktors Gliederung zeigt für die Gruppe mit gliederungsoptimierten Fassungen leicht bessere Leistungen ($\bar{x}$ = 11.4) als für die Gruppe mit gliederungsgestörten ($\bar{x}$ = 9.7).

---

[*] Die Daten wurden wie bei den Lehrlingen wurzeltransformiert

Verständlichkeitsurteil: Die dreifaktorielle Varianzanalyse zeigt keine signifikanten Haupteffekte für die Faktoren "Lesbarkeit" ($F = .07$, $df = 1/23$, $p > .10$) und "Gliederung" ($F = 1.42$, $df = 1/23$, $p > .10$) und "Inhalt" ($F = .78$, $df = 2/46$, $p > .10$). Von den Interaktionen ist nur die zweifache zwischen "Lesbarkeit" und "Inhalt" knapp signifikant ($F = 3.20$, $df = 2/46$, $p = .05$). Die Prüfung der einfachen Haupteffekte des Faktors "Lesbarkeit" auf den drei Stufen des Faktors "Inhalt" zeigt, dass der "Afghanistan"-Artikel in der hohen Lesbarkeitsfassung besser beurteilt ist als in der tiefen ($F = 8.42$, $df = 1/25$, $p < .01$); die andern Artikelinhalte sind in den zwei Fassungen gleich beurteilt. Wie bei den Lehrlingen wirken sich die Textfassungen erstaunlicherweise kaum auf das Verständlichkeitsurteil aus. Nur der "Afghanistan"-Artikel wurde in seiner schlecht lesbaren Fassung als schwieriger beurteilt. Die drei Artikelinhalte beurteilten die Mittelschüler im Unterschied zu den Lehrlingen als gleich gut verständlich.

Positions- bzw. Lerneffekt: Auch die Mittelschüler zeigen mit zunehmender Position einen Lerneffekt für die drei hintereinander gelesenen Artikel ($F = 9.18$, $df = 2/54$, $p < .001$). - Der Effekt der Textfassungen konnte leider wegen der kleinen Stichprobe nicht geprüft werden.

Zusammenfassung der Mittelschülerresultate: Im Unterschied zu den Lehrlingen gaben die Mittelschüler alle Artikelinhalte und Textfassungen gleich gut wieder, passten aber ihre Lesegeschwindigkeit systematisch - d. h. unabhängig vom Artikelinhalt - der Textverständlichkeit an. Die Faktoren "Lesbarkeit" und "Gliederung" wirken sich interaktiv auf ihre Lesegeschwindigkeit aus: nur wenn die Lesbarkeit optimiert war, konnten die Mittelschüler die gliederungsoptimierten Texte schneller lesen als die -gestörten. Ihre Leseleistung hing weniger von dem Artikelinhalt ab, als dies bei den Lehrlingen der Fall war. Erstaunlich wenig reagierte ihr Verständlichkeitsurteil auf die Textfassungen: nur der "Afghanistan"-Artikel wurde in seiner lesbarkeitsoptimierten Fassung verständlicher beurteilt. Uebrigens war es gerade dieser Artikel, welcher durch die Lesbarkeitsoptimierung einen Anstieg in der Wiedergabeleistung der Lehrlinge erfuhr.

5.3.3 Qualitative Resultate

In diesem Kapitel werden die Daten der Lehrlinge und der Mittelschüler gleichzeitig dargestellt und fortwährend miteinander verglichen. Das hauptsächliche Ziel dieses Kapitels liegt darin, zu zeigen, <u>wie</u> Lehrlinge einerseits und Mittelschüler andererseits die Zeitungsartikel verstanden, wobei das Gewicht auf dem qualitativen Aspekt liegt. Welche Informationen zogen sie aus den Artikeln? Wie gewichteten und wie reduzierten sie die Information in den Artikeln? Es werden einige interessante Unterschiede zwischen den zwei Lesergruppen zu beleuchten sein. Ein zweites Ziel dieses Kapitels ist es, Aufschluss darüber zu bekommen, welche Bedeutung die entwickelte Superstruktur (vgl. Kap. 4.4) für die Gedächtnisprozesse bei der Verarbeitung solcher Zeitungsartikel hatte. Diese Erkenntnisse sind darum wichtig, weil sie wiederum Aufschluss darüber geben können, welche Aspekte der Verstehens- und Behaltensprozesse die Gliederungsstörung und -optimierung (welche ja am Modellraster der entwickelten Superstruktur vollzogen wurde) behindert bzw. erleichtert haben könnte.

Das Kapitel ist in vier Abschnitte unterteilt. Im ersten Abschnitt (5.3.3.1) wird die Erinnerung an Informationen der drei Superstrukturelemente Ereignis, Hintergründe und Bilanz untersucht. Anhand einer Gegenüberstellung von Daten aus Wiedergabe und Fragentest wird auch das Problem erörtert, inwieweit gewisse Elemente aufgrund einer subjektiven Wichtigkeitsskala einfach seltener erwähnt und inwieweit sie tatsächlich vergessen wurden. Im zweiten Abschnitt (5.3.3.2) wird die subjektive Gewichtung der drei Superkstrukturelemente in den Protokollen der Wiedergabe und Zusammenfassung untersucht und der Gewichtung in den Originalartikeln gegenübergestellt. Der dritte Abschnitt "Superstruktur und Gedächtnisprozesse" (5.3.3.3) geht der Frage nach, welche Bedeutung die entwickelte Superstruktur bei der Verarbeitung der Artikel im Gedächtnis einnahm. Auch wird die Frage diskutiert, inwiefern eine andere Superstruktur die Gedächtnisprozesse für solche Artikel besser erklären könnte. Der vierte Abschnitt (5.3.3.4) ist ausschliesslich der Zusammenfassung gewidmet: die Zusammenfassungsprotokolle werden auf verschiedene Arten von Reduktionsprozessen hin analysiert. Am Schluss werden die wichtigsten Resultate aus dem ganzen Kapitel nochmals zusammengefasst (5.3.3.5) und diskutiert.

5.3.3.1 ERINNERUNG AN DIE ELEMENTE EREIGNIS, HINTERGRUENDE UND BILANZ

Im Element "Ereignis" wurden alle Propositionen des Elementes Hauptereignis zusammengefasst, im Element "Hintergründe" alle jene der Hintergrundkonflikte 1, 2 und 3. Ueber alle drei Artikelinhalte konnten so maximal 42 Ereignis-Propositionen wiedergegeben werden, resp. 63 Hintergrund-Propositionen, resp. 18 Bilanz-Propositionen. Im Fragentest konnten maximal 3 Ereignis-Fragen resp. 9 Hintergrund-Fragen resp. 3 Bilanz-Fragen richtig beantwortet werden (auf jeden Artikelinhalt fielen gleich viele Fragen pro Element). Ueber alle Experimentalgruppen zeigt Fig. 5.3.3.1 die durchschnittlichen Prozentwerte wiedergegebener Propositionen pro Element für die Lehrlinge und die Mittelschüler sowie ihre durchschnittlichen Prozentwerte richtig beantworteter Fragen pro Element. Zuerst fällt auf, dass die Lehrlinge und die Mittelschüler im Element "Ereignis" die gleichen Punktwerte erzielten, sowohl in der Wiedergabe als auch im Fragentest. Die höheren Testwerte der Mittelschüler sind nur den Elementen "Hintergründe" und "Bilanz" zuzuschreiben, denn Ereignisinformationen erinnerten die Lehrlinge ebenso gut wie die Mittelschüler. Ferner fällt auf, dass im Fragentest höhere Prozentwerte erreicht wurden als in der Wiedergabe. Dies ist leicht einzusehen, denn im Fragentest stehen den Pbn durch die Frage und durch deren MC-Antwortmöglichkeiten "cues" zur Verfügung, die den Abrufprozess aus dem Gedächtnis erleichtern (vgl. Tulving & Pearlstone, 1966, zit. in Baddeley, 1976). In der Wiedergabe müssen die Pbn aufgrund ihrer Gedächtnisspuren den ganzen Text selbst rekonstruieren. Dass Wiedergeben schwieriger ist als Wiedererkennen, ist mehrmals gezeigt worden (z. B. Mandler & Pearlstone & Koopmans, 1969, zit. in Baddeley, 1976).

Um das differentielle Vergessen für die drei Elemente statistisch zu überprüfen, wurden vier Varianzanalysen gerechnet je für die Lehrlinge und Mittelschüler, in der Wiedergabe und im Fragentest getrennt. Da die Gliederung und der Artikelinhalt die Resultate beeinflussen können, wurden bei der Wiedergabe jeweils dreifaktorielle Varianzanalysen gerechnet mit den Faktoren Element (Ereignis, Hintergründe, Bilanz), Artikelinhalt (Holland, Peking, Afghanistan) und Gliederung (optimiert, gestört), wobei die ersten zwei Faktoren within-subjects-Faktoren darstellen, der letzte ein between-subjects-Faktor. Beim Fragentest wurde die gleiche Varianzanalyse durchgeführt, aber ohne den Faktor "Artikelinhalt". In keiner Varianzanalyse erreichte der Faktor "Gliederung" Signifikanz und interagierte auch nie mit einem der andern Faktoren, so dass dieser Faktor im folgenden der Einfachheit halber nicht mehr erwähnt wird.

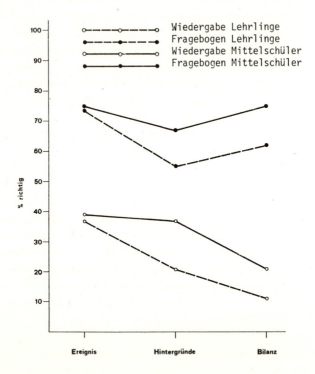

Fig. 5.3.3.1: Erinnerung an die Superstrukturelemente: durchschnittlicher Anteil von wiedergegebenen Propositionen und richtig beantworteten Fragen an den maximal möglichen Propositionen resp. Fragen je Superstrukturelement
(maximal: Ereignis = 42 Propositionen resp. 3 Fragen, Hintergründe = 63 Propositionen resp. 9 Fragen, Bilanz = 18 Propositionen resp. 3 Fragen)

Lehrlinge, Wiedergabe: Der Faktor "Element" erzielt einen signifikanten Haupteffekt ($F = 140$, $df = 2/148$, $p < .001$) sowie der Faktor "Artikelinhalt" ($F = 12.3$, $df = 2/148$, $p < .001$), und die beiden Faktoren interagieren signifikant ($F = 8.4$, $df = 4/296$, $p < .001$). Ein posthoc-Scheffetest zeigt, dass sich bei den Artikeln "Holland" und "Peking" alle drei Elemente signifikant unterscheiden: Ereignis-Informationen wurden am besten behalten, gefolgt von Hintergrund-Informationen und zuletzt Bilanz-Informationen. Im Artikel "Afghanistan" wurden die Ereignis-Informationen signifikant besser behalten als die Hintergrund- und Bilanz-Informationen, welche sich untereinander nicht unterscheiden.

Lehrlinge, Fragentest: Auch diese Varianzanalyse bringt für den Faktor "Element" einen signifikanten Haupteffekt ($F = 12.8$, $df = 2/148$, $p < .001$). Der Scheffetest zeigt, dass die Fragen zum Element "Ereignis" signifikant besser beantwortet wurden als diejenigen zu den Elementen "Hintergründe" und "Bilanz", wobei sich die letzten zwei Elemente untereinander nicht mehr unterscheiden.

Für die Lehrlinge kann zusammengefasst werden, dass Ereignis-Informationen durchwegs besser erinnert wurden als Hintergrund- und Bilanz-Informationen. Bilanz-Informationen hatten eine kleinere Chance als Hintergrund-Informationen wiedergegeben zu werden. Doch befragte man die Lehrlinge nach Bilanz-Informationen, erinnerten sie diese ebenso gut wie Hintergrund-Informationen.

Mittelschüler, Wiedergabe: Der Faktor "Element" erreicht einen signifikanten Haupteffekt ($F = 29.2$, $df = 2/52$, $p < .001$), der Faktor "Artikelinhalt" und die Interaktion nicht. Der Scheffetest zeigt, dass die Elemente "Ereignis" und "Hintergründe" gleich gut wiedergegeben wurden, aber das Element "Bilanz" signifikant schlechter als die andern.

Mittelschüler, Fragentest: Kein signifikanter Haupteffekt und keine signifikanten Interaktionen sind festzustellen.

Für die Mittelschüler kann zusammengefasst werden, dass sie Ereignis- und Hintergrund-Informationen in beiden Gedächtnistests gleich gut erinnerten.

Für die Bilanz-Informationen steht es ähnlich wie bei den Lehrlingen; Bilanz-Informationen hatten eine geringere Chance, wiedergegeben zu werden, doch fragte man die Mittelschüler danach, erinnerten sie diese ebenso gut wie Informationen zum "Ereignis" und den "Hintergründen".

Der Fragentest kann als stichprobenartige Prüfung der tatsächlich im Gedächtnis gespeicherten Information aufgefasst werden, während in der Wiedergabe zusätzlich ein subjektiver Gewichtungsfaktor mitspielt (vgl. nächsten Abschnitt). Beide Lesergruppen gaben weniger Bilanz-Informationen wieder, weil sie diese vermutlich als weniger wichtig taxierten als Hintergrund-Informationen. Denn im Fragentest verschwand dieser differentielle Vergessenseffekt für Bilanz-Informationen. Der wichtigste Unterschied zwischen den Lesergruppen zeigt sich darin, dass sich Lehrlinge durchwegs schlechter an Hintergrund-Informationen erinnerten als an Ereignis-Informationen, während die Mittelschüler von beiden Elementen prozentual gleich viel erinnerten. Dieser Effekt bei den Lehrlingen ist nicht nur auf eine unterschiedliche Gewichtung der Elemente zurückzuführen, sondern auf ein differentielles Vergessen.

5.3.3.2 SUBJEKTIVE GEWICHTUNG DER ELEMENTE EREIGNIS, HINTERGRUENDE, BILANZ

An die hier verwendete Textsorte "Korrespondentenberichte aus dem Ausland" ist auch eine bestimmte Gewichtung der Superstrukturelemente Ereignis, Hintergründe und Bilanz gebunden. In allen analysierten Texten dieser Sorte (vgl. Kap. 4.4) nahm das Element "Hintergründe" das grösste Gewicht ein, gefolgt vom Element "Ereignis" (Hauptereignis) und zuletzt vom Element "Bilanz". D. h., die meisten Aussagen in einem Artikel sind Hintergrund-Aussagen, während nur wenige Bilanz-Aussagen vorkommen.

Leser, die mit einer Textsorte vertraut sind, haben nicht nur bestimmte Erwartungen bezüglich der Superstruktur dieser Textsorte (Elemente und ihre Sequenz), sondern auch bezüglich der Gewichtung der Superstrukturelemente. Die in einer Lesesituation aktuellen Erwartungen kommen aber nicht nur durch Erfahrungen mit ähnlichen Texten zustande, sondern auch durch die Zielsetzungen, die der Leser in der spezifischen Aufgabensituation hat, und durch seine Interessen (vgl. Ballstaedt & Mandl & Schnotz, & Tergan, 1981,

Kap. 1.2). Diese Erwartungen können während dem Lesen und Verstehen erfüllt
oder verletzt werden, je nachdem, ob der zu lesende Text die Erwartungen
erfüllt oder nicht. Weicht der neue Text von den Erwartungen ab, so erfolgt
ein Akommodationsprozess, in welchem der Leser seine Erwartungen modifiziert
und dem neuen Text anpasst, oder ein Assimilationsprozess, in welchem er
den neuen Text so verändert, dass er in seine Erwartungen passt (vgl. 1980;
Schnotz & Ballstaedt & Mandl, 1981). Wie eine Person in ihrer Wiedergabe
bzw. ihrer Zusammenfassung die drei Elemente gewichtet, kann ein Hinweis
sein für abgelaufene Assimilationsprozesse: Stimmt ihre Gewichtung nicht
mit derjenigen des Originaltextes überein, so hat sie den neuen Text an
ein eigenes aktuelles Erwartungsschema assimiliert.

Bevor die subjektiven Gewichtungen der Superstrukturelemente bei Lehrlingen
und Mittelschülern in Wiedergabe und Zusammenfassung dargestellt werden, sei
nochmals an die Instruktionen erinnert. Während bei der sofortigen Wiedergabe eine sinngemässe, aber möglichst genaue Wiedergabe des Textinhalts verlangt wurde, fragte man die Vpn bei der Zusammenfassung, sie sollten sich
vorstellen, sie müssten einen Kollegen über die wichtigsten Tagesereignisse
informieren. Die Instruktion zur Zusammenfassung induzierte demnach im Gegensatz zu derjenigen der Wiedergabe explizit eine subjektive Gewichtung und
auch einen Fokus auf "Ereignisse".

Für die subjektive Gewichtung berechnete man für jede Vp (Wiedergabe/Zusam-
menfassung) den Anteil ihrer Aussagen je Element am Total der Aussagen in
ihrem Protokoll. *) Die durchschnittlichen Prozentwerte über alle drei
Artikelinhalte und alle Experimentalgruppen sind in Fig. 5.3.3.2 dargestellt. Die Resultate werden beschrieben, jedoch nicht statistisch geprüft.
Die Mittelschüler zeigen in ihren Wiedergaben die gleiche Gewichtung der
Elemente wie die Originaltexte. Die Lehrlinge zeigen aber eine Umgewichtung:
Ereignis-Aussagen nehmen in ihren Wiedergaben ein grösseres Gewicht ein als
Hintergrund-Aussagen, während die Originaltexte eine umgekehrte Gewichtung
aufweisen. In der Zusammenfassung sind sich Lehrlinge und Mittelschüler
einig; beide Lesergruppen gewichten Ereignisse am stärksten, gefolgt von den
Hintergründen und zuletzt von der Bilanz.

---
*) Die Methode zur Auswertung der Zusammenfassungen wird ausführlich im
   Kap. 5.3.3.4 behandelt.

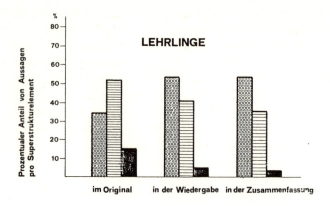

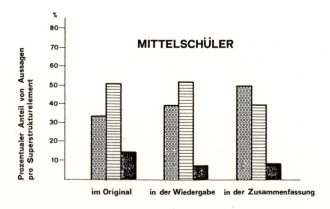

Fig. 5.3.3.2: Gewichtung der drei Superstrukturelemente in den Originalartikeln, Wiedergaben und Zusammenfassungen

 Hauptereignis
Hintergründe
Bilanz

Die originalgerechte Gewichtung der Mittelschüler-Wiedergabe kann auf mehrere Ursachen zurückgeführt werden. Entweder besitzen diese Leser ein Erwartungsschema für auslandpolitische Informationstexte, das dem "Korrespondentenbericht" entspricht, oder sie akkommodieren besser als die Lehrlinge, oder ihre Interessen stimmen mit der vom Text suggerierten Themengewichtung überein, oder sie befolgen die Instruktion besser als die Lehrlinge. Die letzte Interpretation würde mit der Tatsache übereinstimmen, dass die Mittelschüler ihre Gewichtung in der Zusammenfassung veränderten. Bei den Lehrlingen kann aber aufgrund ihrer vom Original abweichenden Gewichtung in beiden Tests vermutet werden, dass ihr Erwartungsschema demjenigen der Artikel nicht entsprach. Sei es aufgrund von Erfahrungen mit grundsätzlich anders gewichteten Auslandpolitikmeldungen (vgl. Fernsehen, Boulevardzeitungen) oder aufgrund ihrer abweichenden Interessenlage.

5.3.3.3 SUPERSTRUKTUR UND GEDAECHTNISPROZESSE

Die Superstruktur für Zeitungsartikel vom Typ Auslandmeldungen (Korrespondentenberichte) wurde mit dem Ziel entwickelt, ein Modell für die Optimierung der Gliederung solcher Artikel zu schaffen. Solche Modelle gäbe es mehrere; Thorndyke (1979) z. B. entwickelte für die Gliederung von Zeitungstexten drei Modelle. Es wurde hier aber nur eines entwickelt, da die Gliederung als verständlichkeitsbeeinflussender Faktor im Zentrum stand und mit dem Faktor Lesbarkeit verglichen werden sollte. - Es soll hier geklärt werden, ob die in dieser Untersuchung gewählte Gliederungsoptimierung eine "optimale" Möglichkeit zur Gliederung solcher Texte darstellt oder nur - im Unterschied zur gestörten Gliederung - eine "normale" (wobei der Normbegriff hier als sehr breite Schreibkonvention aufgefasst wird). Eine "optimale" Möglichkeit zur Gliederung würde dann vorliegen, wenn die Superstruktur, welche in der Gliederung der Artikel verdeutlicht wurde, Eigenschaften von Gedächtnisprozessen bei Zeitungslesern abbilden würde. (Dass es auch mehrere "optimale" Möglichkeiten geben könnte, hat ebenfalls Thorndyke, 1979, gezeigt.) Kurz gefasst: Stellte die hier gewählte Gliederungsoptimierung einfach eine (von mehreren möglichen) normale Reihenfolge von Sätzen und Themen dar, oder erleichterte sie den Einsatz eines (evtl. von mehreren möglichen) spezifischen Schemas im Gedächtnis des Lesers?

Nehmen wir an, die Superstruktur entspräche einem Schema, welches die Leser in ihren Gedächtnisprozessen einsetzen. Wie könnte man sich das vorstellen? Aus den in der Einleitung beschriebenen Befunden ging hervor, dass Leser, die mit einer bestimmten Textsorte vertraut sind, deren Superstruktur beim Speichern von Textinformationen als Organisationshilfe und beim Abrufen der Informationen aus dem Gedächtnis als effiziente Suchstrategie einsetzen können. Die erste Möglichkeit - die Superstruktur als Speicher-Organisation - könnte sich darin zeigen, dass die "chunks", welche eine Vp erinnert bzw. vergisst, den Superstrukturelementen entsprechen würden. Die Superstrukturelemente wären dann die Organisationseinheiten oder "chunks", in welche die Einzelinformationen zusammengefasst würden, ähnlich den Kategorien bei Wortlisten. Und je nachdem, ob eine Vp einen "cue" findet zum "chunk", würde sie den ganzen "chunk" abrufen können oder sie würde den ganzen vergessen (vgl. Tulving & Pearlstone, 1966, zit. nach Baddeley, 1976). Die zweite Möglichkeit - die Superstruktur als effiziente Suchstrategie beim Abrufen - könnte sich in einer positiven Korrelation zeigen zwischen der Gliederung der Wiedergabe nach den Superstrukturelementen und der Erinnerungsleistung. Vpn, welche ihre Wiedergabe nach den Superstrukturelementen gliedern, würden mehr Informationen abrufen können, weil sie eine effizientere Suchstrategie anwenden als Vpn mit einer eigenen, von der Superstruktur abweichenden Gliederung. - Die generelle Hypothese, dass die vorgeschlagene Superstruktur einem Leser-Schema entspricht, sollte sich ferner in einem Hierarchieeffekt zeigen. Da Schemata hierarchisch organisiert sind und damit ihre Leerstellen bezüglich deren Wichtigkeit unterscheiden (vgl. Kap. 4.1), müssten in der Superstruktur hierarchiehohe Textaussagen besser behalten werden als hierarchieniedrige. Diese drei Hypothesen werden nun überprüft: a) die Superstruktur als Speicherorganisation, b) die Superstruktur als effiziente Abrufstrategie, und c) der Hierarchieeffekt.

a) Erinnern/Vergessen ganzer Superstrukturelemente
Als Superstrukturelemente wurden hier die Einzelelemente: Hauptereignis, Ablauf, Hintergrundkonflikt 1, -konflikt 2 (- konflikt 3) und Bilanz definiert. Diese 5 resp. 6 Elemente waren in den gliederungsorientierten Textversionen je durch einen neuen Textabschnitt verdeutlicht worden.

Auf das hier aufgeworfene Problem kann die sogenannte "Quadratic Assignment Procedure" von Hubert & Schultz (1976) angewendet werden. Diese Prozedur wurde übrigens auch von Mathews (1982) für die qualitative Auswertung von Textwiedergaben verwendet, allerdings mit einer andern Fragestellung als hier.

In dieser Prozedur wird eine Datenmatrix mit einer Strukturmatrix verglichen. In die Strukturmatrix fliessen theoretisch postulierte Beziehungen zwischen Items ein, in die Datenmatrix empirisch beobachtete. In diesem konkreten Anwendungsfall stellten die Randzeilen der Strukturmatrix die z. B. 40 Aussagen im Originalartikel dar, die gleichen 40 Aussagen traten auch in den Randspalten auf. Die Zellen der 40 x 40 Strukturmatrix wurden nun mit einer 1 gefüllt, wenn eine Beziehung zwischen zwei Aussagen postuliert wurde, und mit einer 0, wenn keine solche Beziehung postuliert wurde. Eine Beziehung zwischen zwei Aussagen wurde postuliert, wenn die zwei Aussagen zum gleichen Superstrukturelement gehörten. In die Datenmatrix mit den gleichen Zeilen und Spalten wurden Häufigkeiten in Form von Prozentwerten eingetragen. Für jede Zelle wurde der Prozentsatz von Vpn berechnet, die die zwei Items gleichermassen beantwortet hatten, d. h. beide Aussagen erinnert oder beide Aussagen vergessen hatten. Der Prüfwert Gamma stellt die Summe der Multiplikationen aller Zellen der Strukturmatrix mit den je entsprechenden Zellen der Datenmatrix dar und wird maximal, wenn zwischen den Zellen der Strukturmatrix die gleiche ordinale Beziehung besteht wie zwischen denjenigen der Datenmatrix. Er wird geprüft am Mittelwert von Gamma bei sämtlichen Permutationen der Zeilen in der Strukturmatrix.

Im Artikel "Holland" stimmt die Datenmatrix beider Lesergruppen nicht signifikant mit der Strukturmatrix überein (Lehrlinge: $G = 154.13$, $G_{\bar{x}} = 141.67$, $S^2 = 27.14$, $p > .10$, Mittelschüler: $G = 137.57$, $G_{\bar{x}} = 129.59$, $S^2 = 10.85$, $p > .10$). Im Artikel "Afghanistan" stimmt nur die Matrix der Lehrlinge signifikant mit der Strukturmatrix überein (Lehrlinge: $G = 192.97$, $G_{\bar{x}} = 173.37$, $S^2 = 10.80$, $p < .05$, Mittelschüler: $G = 163.60$, $G_{\bar{x}} = 152.94$, $S^2 = 12.27$, $p > .10$). Im Peking-Artikel stimmen die Datenmatrizen beider Lesergruppen signifikant mit der Strukturmatrix überein (Lehrlinge: $G = 276.58$, $G_{\bar{x}} = 253.25$, $S^2 = 15.14$, $p < .05$, Mittelschüler: $G = 235.64$, $G_{\bar{x}} = 211.65$, $S^2 = 11.40$, $p < .05$). Im längsten Artikel Peking kann die Tendenz beobachtet

werden, dass ganze Superstrukturelemente vergessen bzw. erinnert wurden, im
Afghanistan-Artikel ist dies nur bei den Lehrlingen zu beobachten, und im
Holland-Artikel, dem kürzesten, ist keine solche Erinnerungsstruktur festzustellen. Zwischen den Gruppen mit gliederungsoptimierter und gliederungs-
gestörter Artikelversion ergeben sich jeweils keine Unterschiede, d. h. das
Muster der Signifikanzen bleibt sich gleich. Die Gliederungsoptimierung mit
ihren Abschnitten hatte also keinen Einfluss darauf, ob die Artikelinhalte
elementweise erinnert bzw. vergessen wurden oder nicht.

b) Gliederung der Wiedergabeprotokolle und Erinnerungsleistung

In diesem Auswertungsschritt werden die Wiedergabeprotokolle auf die Anordnung der aufgeschriebenen Propositionen untersucht. Die folgenden Fragen
sollen beantwortet werden: Wurden die Aussagen geordnet nach den Superstrukturelementen aufgeschrieben? Zeigen Personen, die in einer solchen Ordnung
nacherzählen, höhere Wiedergabeleistungen?

Das Clustern in den Wiedergaben wurde mit dem ARC-Mass * (adjusted ratio of
clustering) nach Roenker, Thompson & Brown (1971) gemessen. Dieses Mass variiert zwischen 0 (d. i. zufälliges Clustern) und 1 (perfektes Clustern). Es
hat den Vorteil, dass die Anzahl Kategorien, die eine Vp wiedergibt, und die
Anzahl Items in ihrer Wiedergabe berücksichtigt sind, und diese Faktoren bei
der Rechnung jeweils kontrolliert werden. Es misst also das <u>relative</u> Ausmass
des Clusterns für jedes Protokoll.

---

* ARC = $\dfrac{R - E(R)}{\max R - E(R)}$

R = totale Anzahl beobachteter Kategorierepetitionen (d. h. wieviel mal folgt einem Item einer Kategorie ein Item der gleichen Kategorie)

max R = maximal mögliche Anzahl von Kategorierepetitionen

max R = N - K

N = totale Anzahl von wiedergegebenen Items

K = Anzahl im Wiedergabeprotokoll repräsentierte Kategorien

E (R) = beim Zufall erwartete Anzahl von Kategorierepetitionen

$E(R) = \dfrac{\sum_i n_i^2}{N}$

n_i = Anzahl wiedergegebener Items von Kategorie i

Die Lehrlinge ordneten ihre Wiedergaben besser nach den Superstrukturelementen als die Mittelschüler. 66 % der Lehrlinge wiesen ein perfektes Clustern (Clusterindex = 1.0) in der Wiedergabe des Hollandartikels auf, 39 % in der Wiedergabe des Pekingartikels und 51 % im Afghanistanartikel, bei nur 21 % resp. 25 % und 32 % der Mittelschüler. Tab. 5.3.3.3.1 zeigt, dass beide Lesergruppen ihre Wiedergaben im allgemeinen "besser" gliederten, wenn sie den Originalartikel in optimierter Gliederung gelesen hatten, als wenn sie ihn in gestörter Gliederung gelesen hatten. Die Lehrlinge mit gliederungsoptimierten Originalartikeln weisen in 2 der 3 Artikel signifikant häufiger ein perfektes Clustern auf als die Lehrlinge mit gliederungsgestörten Originalartikeln: Holland chi^2 = 4.74, df = 1, p <.05, Peking: chi^2 = 9.31, df = 1, p <.01, Ausnahme Afghanistan: chi^2 = .0, df = 1, p <.10. Die Mittelschüler mit gliederungsoptimierten Originalartikeln clusterten mit ARC = .83 signifikant höher als diejenigen mit gliederungsgestörten Originalartikeln: ARC = ,66, was in einer zweifaktoriellen Varianzanalyse bestätigt wurde. Der Faktor Gliederung im Originalartikel (optimiert vs. gestört) erreichte Signifikanz (F = 8.41, df = 1/26, p <.01), der Faktor Artikelinhalt hatte keinen

Tab. 5.3.3.3.1: Clustern in den Wiedergabeprotokollen: *)
Mittelwerte (Streuungen) im ARC-Mass

	Clusterindex im Originalartikel	Clusterindex in der Wiedergabe der Lehrlinge	Clusterindex in der Wiedergabe der Mittelschüler
HOLLAND			
Gliederung optimiert	1.00	.93 (.16)	.83 (.22)
Gliederung gestört	.77	.79 (.26)	.60 (.23)
PEKING			
Gliederung optimiert	1.00	.85 (.23)	.85 (.16)
Gliederung gestört	.80	.64 (.28)	.67 (.24)
AFGHANISTAN			
Gliederung optimiert	1.00	.86 (.21)	.81 (.25)
Gliederung gestört	.75	.85 (.19)	.72 (.21)

*) (Clustereinheiten: Hauptereignis, Ablauf, Hintergrundkonflikt 1, -konflikt 2 (-konflikt 3), Bilanz

signifikanten Haupteffekt (F = .51, df = 2/52, p >.10) und interagierte auch nicht signifikant mit dem Gliederungsfaktor (F = .81, df = 2/52, p >.10).

Dass das relativ hohe Clustern (vgl. Tab. 5.3.3.3.1) höchstens ein "Editierschema oder eine Schreibkonvention befolgen" bedeutet und an sich keine abruferleichternde Funktion hat, zeigen die folgenden Befunde. Die Tabelle 5.3.3.3.2 zeigt, dass die Lehrlinge mit einer "perfekten" Gliederung in ihrer Wiedergabe durchwegs schlechtere Reproduktionsleistungen aufweisen als Lehrlinge mit nicht perfektem Clustern. Die Mittelwertsunterschiede sind in allen drei Artikelinhalten signifikant (Holland: t = 3.54, df = 74, p<.001; Peking: t = 2.07, df = 74, p<.05; Afghanistan: t = 6.44, df = 74, p<.001). Auch bei den Mittelschülern tritt das unter der Hypothese "Superstruktur als effiziente Abrufstrategie" erwartete Resultat nicht ein: alle Korrelationen zwischen dem Clusterindex in der Wiedergabe und der Wiedergabeleistung sind nicht signifikant (Holland: r = .20, Peking: r = .01, Afghanistan: r = .05, alle n = 28, alle p <.10).

Tab. 5.3.3.3.2: Mittelwerte der Lehrlinge in der Reproduktionsleistung

Artikelinhalt	Lehrlinge mit perfektem Clustern in der Wiedergabe (N) (ARC = 1)		Lehrlinge mit nicht perfektem Clustern in der Wiedergabe (N) (ARC < 1)	
Holland	24.8	(50)	33.3	(26)
Peking	18.2	(30)	23.2	(46)
Afghanistan	17.8	(39)	32.6	(37)

c) der Hierarchieffekt

In Fig. 2 (Anhang A) sind die Wiedergabeprozente für die Propositionen mit unterschiedlichem Hierarchieniveau in der Superstruktur abgebildet. Das Hierarchieniveau der Propositionen leitet sich aus den Figuren 1 a - c im Anhang A ab (s. linker Rand). Die Wiedergabeprozente stellen Durchschnittswerte über die Propositionen eines Hierarchieniveaus dar und sind aus dem

Prozent aller Vpn berechnet, die eine Proposition wiedergegeben hatten. Die
Schema-Hypothese würde eine abfallende Kurve von links (hohe Position in der
Superstrukturhierarchie) nach rechts (tiefe Position in der Superstruktur-
hierarchie) verlangen. Die Figur zeigt keine Hierarchieeffekte für die drei
Artikelinhalte. Die Wichtig-unwichtig-Unterscheidung der Leser, welche sich
in den Behaltensleistungen zeigen sollte, entspricht nicht derjenigen in der
Superstruktur.

Aufgrund der im Teil a) widersprüchlichen und im Teil b) und c) negativen
Befunde muss gefolgert werden, dass die hier entwickelte Superstruktur keine
gedächtnisstützende Funktion eines Schemas hatte. Die einzelnen Aussagen
wurden nicht konsistent nach denjenigen Elementen organisiert wiedergegeben,
welche in der Superstruktur definiert sind. Und Versuchspersonen, die ihre
Wiedergaben nach diesen Superstrukturelementen gliederten, erinnerten nicht
mehr als Versuchspersonen, welche eine eigene Gliederung wählten. Auch der
Hierarchieeffekt trat nicht ein. Nun stellt sich natürlich die Frage, ob
eine andere Superstruktur die Gedächtnisprozesse der Leser leitete. Dieser
Frage ging man dadurch nach, dass man unvoreingenommen, d. h. ohne Theorie
im Hintergrund, die Wiedergaben auf die am häufigsten genannten Propositionen hin analysierte. Daraus wird u. U. eine lesereigene Wichtigkeitsskala
ersichtlich, woraus evtl. eine von den Lesern selbst aktualisierte Superstruktur abgeleitet werden kann.

In Tab. 7 (Anhang A) sind die von 75 % und 50 % der Lehrlinge bzw. Mittelschüler wiedergegebenen Propositionen aufgelistet. Zuerst fällt auf, dass
unter diesen am häufigsten genannten Aussagen immer mindestens eine das
Hauptereignis beschreibt. Einige der 75-%- und 50-%-Listen gehen sogar überhaupt nicht über die das Ereignis betreffenden Aussagen hinaus (z. B. 75-%-
und 50 %-Liste der Lehrlinge im Artikel "Peking", 75-%-Listen der Lehrlinge
und Mittelschüler im Artikel "Afghanistan"). Diejenigen Aussagen, welche
nicht das "Ereignis" betreffen, stammen fast ausschliesslich aus dem Element
"Hintergründe" (nur einmal erscheint eine Bilanz-Aussage: in der 50-%-Liste
der Mittelschüler im Hollandartikel). Unter den über das "Ereignis" hinaus-
gehenden Aussagen nennen fast alle entweder Motive der Parteien oder Reaktionen der Parteien auf das Ereignis. Diese Listen wirken wie eine sinnvol-
le Zusammenfassung, geben sie doch die wichtigsten Ereignisfakten, ihre Ur-

sachen und Folgen wieder (Bsp.: alle Listen bei Holland, Mittelschüler-Listen bei Peking und Afghanistan). Diese Beobachtung legt die Interpretation nahe, dass tatsächlich eine dominante Superstruktur die Gedächtnisprozesse der Leser leitete. Und zwar eine Superstruktur, welche die Einzelinformationen der Artikel in einer Kausalkette organisiert, wie es von Schank & Abelson (1977) im conceptual-dependency-Simulationsmodell postuliert wird, oder in einem Handlungsablauf mit den Elementen Absicht/Ziel, Aktion und Konsequenz/Ausgang, wie es im Rote-Faden-Modell von Glowalla (1981) postuliert wird. Beide Modelle sagen vorher, dass Text-Informationen, welche die Kausalkette bzw. den Handlungsablauf weiterführen (sog. Rote-Faden-Informationen), besser behalten werden als Textinformationen, welche die Kausalkette oder den Handlungsablauf nicht weiterführen (sog. Sackgassen-Informationen). Die von den Artikeln am häufigsten genannten Aussagen betreffen fast durchwegs das Motiv, das Ereignis und die Reaktionen, so dass gefolgert werden kann, dass die Leser sich an einer Kausalkettenstruktur bzw. an einer handlungstheoretischen Struktur orientierten, was dazu führte, dass sie Rote-Faden-Aussagen besser erinnerten als Sackgassen-Aussagen.

Welche Schlussfolgerungen können in bezug auf die Gliederungsstörung und -optimierung gezogen werden, die ja auf der Grundlage der entwickelten Superstruktur vollzogen wurde? Sicher legte die gliederungsoptimierte Artikelversion nicht eine Organisationsform nahe, welche die Leser beim Memorieren tatsächlich benützten. Eine solche "optimale" Organisationsform müsste aufgrund der vorausgegangenen Ueberlegungen eine Ursachen-Ereignis-Folgen-Struktur verdeutlichen und möglichst viele, im optimalen Falle alle Artikelaussagen an diese Strukturkette "binden". Ob dieses Ziel mit einer reinen Gliederungs-Manipulation erreicht werden kann, ohne Veränderung der inhaltlichen Aussagen in einem Artikel, bleibt eine offene Frage. In bezug auf die hier gewählte "optimierte Gliederung" kann lediglich gefolgert werden, dass sie eine Art "Gliederung nach Themen" oder eine thematische Gliederung darstellte. Durch die damit erreichte "normale" Satz- und Themenreihenfolge erleichterte sie die Einbettung unmittelbar benachbarter Sätze oder Aussagen in eine kohärente Wissensstruktur. Sie erleichterte aber nicht den Einsatz eines spezifischen themen-übergreifenden Schemas im Gedächtnis der Leser. Entsprechend zeichnete sich die Gliederungsstörung lediglich dadurch ab, dass sie durch die Umstellung einzelner Sätze die satzverbindenden Koreferenzen erschwerte (vgl. Kap. 2.5). Ob es sich dabei um eine gravierende Störung handelt, hängt dann allerdings auch von den Kapazitätsgrenzen der Leser ab (Kintsch & van Dijk, 1978) - eine Grösse, die in unserem Zusammenhang nicht erhoben wurde.

5.3.3.4 REDUKTIONSPROZESSE IN DEN ZUSAMMENFASSUNGEN

Schnotz & Ballstaedt & Mandl (1981) entwickelten ein Modell der reduktiven Verarbeitungsprozesse beim Textlernen und -wiedergeben. Ihr dort vorgeschlagenes Auswertungssystem für Zusammenfassungen liess sich mit einigen Aenderungen gut auf unsere Situation übertragen. Uns ging es um die Fragen, ob 1) von den Zusammenfassungen der Lehrlinge und Mittelschüler auf prinzipiell unterschiedliche reduktive Prozesse der beiden Lesergruppen geschlossen werden kann, und ob 2) die gliederungsoptimierten und -gestörten Artikelfassungen gewisse reduktive Verarbeitungsprozesse erleichterten oder behinderten. Im folgenden wird zuerst das Modell, welches hinter dem Auswertungssystem von Schnotz et al. (1981) steht, erläutert. Sodann werden unsere Resultate zur Auswerterobjektivität mit ihrem hier leicht abgeänderten System berichtet. Am Schluss folgen die Resultate zu den Fragestellungen.

Im Modell von Schnotz et al. (1981) laufen beim Enkodieren und beim Dekodieren von Textinformationen "reduktive" und "konstruktive" Prozesse ab. Reduktive oder vertikale Prozesse haben damit zu tun, dass der Inhalt eines längeren Textes auf hierarchisch höhere Bedeutungseinheiten reduziert wird. Konstruktive oder horizontale Prozesse meinen, dass der Leser aufgrund seines Vorwissens (Schemata, Frames, Interessen, Perspektive, Situation) auch Inhalte ergänzt und verändert. (Vertikale Prozesse beinhalten natürlich auch konstruktive Elemente.) Als vertikale Prozesse werden in Anlehnung an die Makrooperatoren von Kintsch & van Dijk, 1978) folgende Arten aufgezählt:
    A Weglassen
    B Selektion
    C Generalisation/Abstraktion
    D Bündelung

Bei einem vertikalen Prozess werden semantische Informationseinheiten im Text (Mikrostruktur) mit Hilfe dieser Makrooperatoren in eine Makrostruktur von übergeordneten Bedeutungseinheiten übersetzt.

Weglassen von Bedeutungseinheiten ist die einfachste Makrooperation. Für das Weglassen kommen verschiedene Gründe in Frage. Z. B. werden Einheiten weggelassen, die nicht zur Kohärenz des Textes beitragen bzw. nicht für die Interpretation anderer Aussagen eine Rolle spielen.

Selektion ist eigentlich die Umkehrung des Weglassens und eine Null-Operation. Eine im Text unmittelbar gegebene Bedeutungseinheit wird direkt in die übergeordnete Bedeutungsstruktur aufgenommen.

Generalisation/Abstraktion bedeutet das Ersetzen von einer oder mehreren Bedeutungseinheit(en) durch eine übergeordnete allgemeinere und/oder abstraktere Bedeutungseinheit.

Bündelung ist ein von Schnotz et al. (1981) neu hinzugefügter Makrooperator. Bedeutungseinheiten höherer Ordnung werden auch gebildet, für welche die Sprache keinen geeigneten Ausdruck mehr zur Verfügung stellt, oder für die der Lernende keinen passenden Ausdruck kennt, er muss sie folglich umschreiben. Aeusserer Befund hierzu ist, dass inhaltlich eng zusammenhängende, aber im Text oft sehr verstreute Bedeutungseinheiten bei der Zusammenfassung oder Wiedergabe auf einmal bzw. als Ganzes reproduziert werden.

Als horizontale Prozesse nennen die Autoren folgende Arten:

    intendierte Inferenzen
    Elaborationen
    Umstrukturierungen

Intendierte Inferenzen sind Konstruktionen von Bedeutungseinheiten, die im Text nicht genannt sind, von denen der Autor des Textes aber erwartet, dass sie vom Leser inferiert werden (vom Autor intendierte Inferenzen).

Elaborationen sind Konstruktionen von Bedeutungseinheiten, die weder im Text enthalten noch vom Textautor gemeint sind. Elaborationen umfassen in diesem Auswertungssystem auch "nicht-intendierte Inferenzen".

Umstrukturierungen vollzieht der Leser, wenn er im Text enthaltene Konzepte in anderer Form als im Text miteinander verknüpft. Der Leser bleibt in den Begriffen, die der Text anbietet, doch gelangt er durch eine Neuverbindung zu einer Interpretation, die vom tatsächlich Gemeinten mehr oder weniger abweicht.

Beim Enkodieren wird mit Hilfe der vertikalen und horizontalen Prozesse sowie mit Hilfe eines Textschemas eine Textrepräsentation erstellt. Das Resultat ist eine (interindividuell variierende) hierarchische Bedeutungsstruktur, in welcher hierarchisch niedrige und höhere Bedeutungseinheiten enthalten sind. Beim Dekodieren muss man auf fragmentarische Bedeutungsstrukturen zurückgreifen. Mit Hilfe der horizontalen Prozesse wird wiederum ein sinnvoller und ganzheitlicher Text rekonstruiert (vgl. Bartlett, 1932). Mit Hilfe der vertikalen Prozesse werden die höheren Bedeutungseinheiten wiederum in niedrige zurückübersetzt. Die Makrooperatoren laufen invers ab:

A Inferieren fehlender Einheiten
B Weitergabe von Makroeinheit zur Mikroebene
C Spezialisierung/Konkretisierung
D Ausdehnung zur ausführlichen Darstellung

Enkodieren kann nicht mit Lernen, Dekodieren nicht mit Wiedergeben gleichgesetzt werden. Denn schon beim Lernen werden früher enkodierte Bedeutungsstrukturen wieder dekodiert, um neue Inhalte verstehen und einordnen zu können (Kohärenzbildung bei Kintsch z. B.). Und beim Wiedergeben werden rekonstruierte Bedeutungseinheiten wiederum enkodiert. Was in einer Zusammenfassung erscheint, kann auf das Resultat von vertikalen und horizontalen Prozessen sowohl beim Einprägen aber auch beim Behalten und Wiedergeben zurückgeführt werden. Eine Unterscheidung dieser Phasen ist aufgrund des Resultats der Zusammenfassung nicht möglich.

Hier interessieren die Fragen, ob Lehrlinge und Mittelschüler verschiedene vertikale und horizontale Prozesse einsetzen, und ob die Gliederungsstörung/ Optimierung gewisse dieser Prozesse behindert bzw. erleichtert. <u>Lesergruppenunterschiede</u> kann man darum erwarten, weil horizontale Prozesse auf der einen Seite stark von der Vorwissensstruktur der Leser abhängig sind, und weil vertikale Prozesse auf der andern Seite natürlich auch von der Uebung im Umgang mit längeren (Lehr-)Texten beeinflusst werden. Einen <u>Gliederungseffekt</u> kann man dann erwarten, wenn die Sequenzierung von Informationen in der gestörten Gliederungsversion eine Generalisation/Abstraktion von benachbarten Aussagen zu einer umfassenden übergeordneten Aussage mangels thematischer Zugehörigkeit erschwert.

Wir adaptierten für die Auswertung der Zusammenfassungen das System von Schnotz et al. (1981). Nur wurden in Abänderung "Elaboration" und "Inferenzen" unter die Kategorie "Elaborationen " zusammengefasst. Zur Ueberprüfung des Verfahrens wurden zwei Auswerter beigezogen. Sie bearbeiteten unabhängig voneinander die Zusammenfassungsprotokolle von 6 Versuchspersonen zu je 3 Artikelinhalten. Die Rater mussten die schon eingeteilten Propositionen in den Protokollen folgenden Kategorien zuordnen:

1) <u>Semantischer Einzugsbereich</u>: Alle Propositionen im Originaltext mussten bestimmt werden, auf welche die Proposition im Protokoll zurückgreift. 84 % resp. 58 % der von einem Beurteiler angegebenen Propositionen wurden jeweils auch von andern als semantischer Einzugsbereich genannt. Der grosse Unterschied kommt dadurch zustande, dass ein Rater meistens mehr Bedeutungseinheiten nannte als der andere. Schnotz et al. (1981) geben für zwei Rater 73 % resp. 71 % an. Diese Kategorie wurde übrigens nicht weiter ausgewertet.

2) <u>Thematischer Block</u>: Derjenige thematische Block bzw. das Superstrukturelement musste bestimmt werden, zu welchem die Proposition im Protokoll gehörte. In Frage kommen: Hauptereignis, Ablauf, Hintergrundkonflikt 1, 2, (3) und Bilanz. 88 % der Propositionen in den Protokollen wurden von beiden Beurteilern dem gleichen thematischen Block zugeordnet. Allerdings kam es vor, dass eine Proposition zwei thematischen Blöcken zugeordnet wurde, besonders wenn es sich um Bündelungen oder Umstrukturierungen handelte. In diesem Falle zählte der erste vom Beurteiler angegebene thematische Block. Schnotz et

al. geben 68 % (resp. 75 % bei einem vereinfachten Kategoriensystem) an.
Diese Auswertungskategorie wurde für die im Abschnitt 3.3.3.2 berichteten
Resultate benötigt.

3) <u>Vertikale Prozesse:</u> Jede Proposition in den Protokollen musste einer der
folgenden vier Kategoriestufen zugeordnet werden:

    kein vertikaler Prozess
    Selektion
    Generalisation/Abstraktion
    Bündelung

70 % der Propositionen in den Protokollen wurden von beiden Beurteilern der
gleichen Stufe zugeordnet. Dabei fiel auf, dass ein Beurteiler die Stufe
"Generalisation/Abstraktion" praktisch nie verwendete. Die meisten Beurteilerdifferenzen gingen deshalb auf diese Stufe zurück.

4) <u>Horizontale Prozesse:</u> Jede Proposition in den Protokollen musste folgenden Stufen zugeordnet werden:

    kein horizontaler Prozess
    Elaboration (inkl. Inferenzen)
    Umstrukturierung

93 % der Propositionen wurden von beiden Beurteilern der gleichen Stufe zugeordnet. Die hohe Uebereinstimmung ist z. T. dem seltenen Vorkommen horizontaler Prozesse zuzuschreiben, was eine grosse Uebereinstimmung in der häufigen Nennung der ersten Kategoriestufe verursachte.

Für die Prozentwerte in Tab. 5.3.3.4.1 wurden die Propositionen aus Protokollen aller Vpn einer Lesergruppe zu allen drei Artikeln zusammengefasst.
Bei total 801 Propositionen der Lehrlinge fallen auf einen Lehrling durchschnittlich 10,5 Propositionen; bei total 344 Propositionen der Mittelschüler fallen auf einen Mittelschüler durchschnittlich 12,3 Propositionen.

Tab. 5.3.3.4.1 Zusammenfassungen: Verteilung der Propositionen
aller Lehrlinge bzw. aller Mittelschüler
auf horizontale und vertikale Prozesskategorien

	vertikale			horizontale		Total
	Selektion	Bündelung	Generalisation	Umstrukturierung	Elaboration	
Lehrlinge	76 %	3 %	7 %	3 %	11 %	100 %
Mittelschüler	60 %	5 %	20 %	3 %	12 %	100 %

Fasst man die einzelnen Kategorien zusammen, so fallen 86 % der Propositionen der Lehrlinge auf vertikale Prozesse und nur 14 % auf horizontale; ebenso sieht es bei den Mittelschülern aus bei 85 % resp. 15 %. Unterschiede

Tab. 5.3.3.4.2 Zusammenfassungen: Verteilung der Propositionen
aller Lehrlinge bzw. aller Mittelschüler
auf horizontale und vertikale Prozesskategorien
bei optimierter und gestörter Gliederung

	vertikale			horizontale		Total
	Selektion	Bündelung	Generalisation	Umstrukturierung	Elaboration	
Lehrlinge (N=76)						
Gliederung						
- optimiert	76 %	5 %	6 %	1 %	12 %	100 %
- gestört	76 %	3 %	7 %	4 %	10 %	100 %
Mittelschüler (N=28)						
Gliederung						
- optimiert	60 %	4 %	22 %	4 %	10 %	100 %
- gestört	60 %	4 %	18 %	4 %	14 %	100 %

zwischen den Lesergruppen sind darin ersichtlich, dass die Lehrlinge höhere Prozentzahlen von Selektionen zeigen als die Mittelschüler, die letzteren aber höhere Prozentzahlen von Generalisationen als die Lehrlinge. Die Unterschiede zwischen den Lesergruppen in ihren Propositionen sind signifikant (Selektion: chi^2 = 28.5, df = 1, p <.001, Generalisation: chi^2 = 39.3, df = 1, p <.001).

Die Tabelle 5.3.3.4.2 zeigt, dass unter den Experimentalbedingungen optimierte und gestörte Gliederung keine wesentlichen Unterschiede in den Propositionskategorien festzustellen sind.

5.3.3.5 ZUSAMMENFASSUNG UND INTERPRETATION DER QUALITATIVEN RESULTATE

In diesem Kapitel wurden zwei Fragen verfolgt: 1) Wie verstanden und erinnerten die Lehrlinge und die Mittelschüler die Zeitungsartikel? und 2) Welche Bedeutung nahm die entwickelte Superstruktur für Zeitungsartikel in den Gedächtnisprozessen der Leser ein?

Zur ersten Frage sind folgende Lesergruppenunterschiede aufzuzählen. Die Lehrlinge erinnerten Ereignis-Fakten ebenso gut wie die Mittelschüler, aber Aussagen, welche Fragen zum "warum?" betreffen, welche also die Hintergründe des Ereignisses beleuchten, sowie die Interpretationen und Folgerungen, die der Journalist zieht, erinnerten sie schlechter als die Mittelschüler. Fragen, die Ereignis-Fakten betreffen, beantworteten die Lehrlinge besser als Fragen, die Hintergrund- und Bilanzinformationen betreffen, während die Mittelschüler Fragen zu allen Bereichen gleich gut beantworteten. Die Gewichtung der drei Superstrukturelemente Ereignis, Hintergründe und Bilanz in den Wiedergabeprotokollen zeigt dasselbe Bild: Die Lehrlinge widmeten den Ereignis-Informationen mehr Aussagen als den Hintergrund- und Bilanz-Informationen, während die Mittelschüler die gleiche Gewichtung wie der Originaltext wählten, wonach die Hintergrund-Informationen den grössten Platz einnehmen. Die Resultate schliessen aus, dass die Lehrlinge Ereignis-Informationen nur häufiger nannten, weil sie diese als wichtiger empfanden als Hintergrund- und Bilanz-Informationen. Sie erinnerten die letzteren tatsächlich schlechter als Ereignisinformationen. Die Schlussfolgerung liegt nahe, dass Lehrlinge über Erfahrung und/oder über ihre Interessen ein "Schema" für auslandpolitische Meldungen erworben haben, welches ihnen das Memorieren von Ereignis-Fakten leichter macht als das Memorieren von Hintergrund- und Bilanz-Informationen. Doch muss dieses Resultat mit Vorsicht interpretiert werden. Denn die bessere Erinnerung für Ereignis-Informationen könnte durch einen sog. Primacy-Effekt bedingt sein. Die Lehrlinge hätten demnach diejenigen Informationen am besten erinnert, über die im ersten Teil der Artikel berichtet wird. In einer Nachauswertung zeigte es sich nämlich, dass diejenigen Ereignispropositionen, die (in der gliederungsgestörten Version) nicht im ersten Textabschnitt standen, sondern im ganzen Text verteilt waren, nicht viel besser erinnert wurden als Hintergrund- und Bilanzinformationen. (Die Wahrscheinlichkeit, dass eine Proposition wiedergegeben wurde, betrug bei Ereignispropositionen, die am Textanfang standen, 45 %, bei Ereignispropositionen, die im Text verstreut waren, nur 24 % und bei Hintergrund- und Bilanzpropositionen 18 %.) Die Schlussfolgerung, dass Lehrlinge prinzipiell Ereignis-Informationen besser erinnern als Hintergrund- und Bilanz-Informationen, hat hier also erst Hypothesencharakter. Sie müsste in einer Studie geprüft werden, welche die Variablen "Position im Text" und "Informationskategorie" systematisch variiert. Was trotzdem auffällt, ist, dass die Mittelschüler nicht durch einen solchen Primacy-Effekt beeinflusst wurden und alle Informationskategorien gleich gut erinnerten.

Die Zusammenfassungen der Mittelschüler und Lehrlinge enthielten zu ca. 85 % Aussagen, die auf sog. vertikale Prozesse wie Selektion, Bündelung und Generalisation/Abstraktion zurückzuführen sind, und nur zu ca. 15 % Aussagen, die auf sog. horizontale Prozesse wie Elaboration und Umstrukturierung zurückgehen. Dies zeigt, dass beide Lesergruppen im gleichen Ausmass fähig sind, Zeitungsmeldungen verhältnismässig objektiv, mit wenig Verfremdungen und Ausschmückungen aus der eigenen Phantasie, zusammenzufassen. Die Mittelschüler verwendeten für ihre Zusammenfassung mehr generalisierende, abstrahierende Aussagen und weniger explizite im Originalartikel genannte Aussagen als die Lehrlinge.

Zur zweiten Frage (welche Bedeutung die Superstruktur in den Gedächtnis- und Verstehensprozessen einnahm) ist zu sagen, dass die entwickelte Superstruktur für Zeitungsartikel dieses Typs keine Funktion in den Gedächtnisprozessen der Leser hatte. Zwar gliederten die Leser ihre Wiedergaben häufig vollkommen oder annähernd nach den fünf oder sechs postulierten Superstrukturelementen. Doch sprachen die Befunde mehrheitlich gegen die Interpretation, dass sie die Artikelinformationen nach diesen Elementen organisierten, um sie im Gedächtnis zu speichern und aus dem Gedächtnis abzurufen. Vielmehr sprechen die Daten für eine andere Superstruktur, welche die Gedächtnisprozesse der Leser leitete. Aufgrund der Tatsache, dass die am häufigsten erinnerten Artikelaussagen Motive/Ursachen, Ereignisse oder Reaktionen/Folgen beinhalteten, wurde gefolgert, dass die Leser ein Kausalketten- oder Handlungsablaufschema mit den Komponenten Absicht/Ziel, Handlung und Ausgang/Konsequenz aktualisierten, um die Artikelinformationen zu organisieren.

Daraus wurde weiter gefolgert, dass die hier gewählte "optimierte" Gliederung nicht eine optimale Art ist, solche Zeitungsartikel zu gliedern. Doch sollte sie im Vergleich zur "gestörten" Gliederung über eine übliche Satzreihenfolge und eine Gliederung nach "Themen" die Einbettung unmittelbar benachbarter Sätze in eine kohärente Wissenstruktur begünstigen.

5.3.4 Der Einfluss von Lesegewohnheiten, Interessen und Schullaufbahn

Im Fragebogen wurden die Lehrlinge und Mittelschüler nach ihren Gewohnheiten beim Zeitungslesen (Fragen 1 und 2), ihren Interessen für Auslandereignisse und Politik (Fragen 3 und 4) und ihrer Schullaufbahn (Frage 5) befragt. Die Antworten der beiden Lesergruppen werden nun für jede Frage dargestellt. Anschliessend wird der Einfluss dieser individuellen Leservariablen auf die Verständnisleistungen behandelt.

a) Gewohnheiten des Zeitungslesens

1 Lesen Sie eine oder mehrere Tageszeitungen?	Lehrlinge N = 76	Mittelschüler N = 28
täglich	38 %	43 %
fast jeden Tag	36 %	32 %
manchmal	24 %	25 %
nie	2 %	0 %
Total	100 %	100 %

Die beiden Lesergruppen geben ähnliche Antworten: fast alle Lehrlinge/ Schüler lesen mindestens manchmal Zeitung, und mehr als ein Drittel lesen täglich Zeitung.

2 Wie lesen Sie im allgemeinen Artikel über Politik?	Lehrlinge N = 76	Mittelschüler N = 28
Ich lese keine Artikel über Politik	7 %	0 %
Ich überfliege nur Titel	18 %	5 %
Ich lese Titel und Vorspann (Fettgedrucktes)	45 %	33 %
Ich überfliege meistens den ganzen Artikel	18 %	47 %
Ich lese häufig ganze Artikel vom ersten bis zum letzten Wort durch	12 %	15 %
Total	100 %	100 %

Die Verteilung der Prozentwerte der Antworten der Mittelschüler ist gegenüber derjenigen der Lehrlinge auf der Ratingskala nach unten verschoben, d. h. sie lesen solche Artikel eher gründlicher. Die meisten Lehrlinge geben an, im allgemeinen Titel und Vorspann zu lesen. Die meisten Mittelschüler überfliegen nach ihren Angaben den ganzen Artikel. Erstaunlich ist, dass nur wenige Lehrlinge/Mittelschüler "häufig" ganze Artikel vom ersten bis zum letzten Wort durchlesen" (15 resp. 12 %).

b) Interesse für Auslandereignisse und Politik

3 Wie interessiert Sie die Sparte Auslandereignisse?	Lehrlinge N = 76	Mittelschüler N = 28
grosses Interesse	29 %	46 %
mittleres Interesse	55 %	50 %
geringes Interesse	16 %	4 %
Total	100 %	100 %

In den Extremklassen "grosses" und "geringes" Interesse unterscheiden
sich die beiden Lesergruppen, während beide zu ca. 50 % "mittleres Interesse" angeben. Mehr Mittelschüler als Lehrlinge sagen von sich, sie hätten grosses Interesse für Auslandereignisse, und weniger Mittelschüler
als Lehrlinge geben "geringes Interesse" an.

4 Interessiert Sie Politik?	Lehrlinge N = 76	Mittelschüler N = 28
ja	34 %	55 %
ein wenig	43 %	37 %
nein	23 %	8 %
Total	100 %	100 %

Mehr Mittelschüler geben an, sich für Politik zu interessieren als Lehrlinge. 30 % der Lehrlinge interessieren sich nach ihren Angaben nicht für
Politik, bei nur 8 % der Mittelschüler.

c) Schullaufbahn
5 Die Lehrlinge befragte man nach ihrem Schulabschluss (Sekundar- oder
Realschule), die Mittelschüler nach ihrer Deutschnote im letzten Zeugnis.
In der gewichteten Stichprobe der Lehrlinge (vgl. Kap. 5.2.2) befanden
sich 79 % mit Sekundarschulabschluss und 21 % mit Realschulabschluss. Die
Deutschnoten der Mittelschüler streuen nur wenig, so dass für die folgenden Auswertungen drei Klassen gebildet wurden "unter fünf" (37 %),
"fünf" (41 %) und "über fünf" (22 %); "sechs" ist die beste Note.

Der Einfluss dieser Leservariablen auf die Verständniskriterien "Wiedergabeleistung" und "Lesezeit" wurde mit t-Tests bzw. einfachen Varianzanalysen überprüft. Die Wiedergabeleistung wurde als Summe der wiedergegebenen Propositionen zu den drei Artikelinhalten operationalisiert,
die Lesezeit als Summe der einzelnen Lesezeiten für die drei Artikelinhalte. Die folgende Tabelle 5.3.4.1 gibt einen Ueberblick über die
Resultate.

Tab. 5.3.4.1: Der Einfluss der Leservariablen auf die Verständniskriterien

(+ signifikant, - nicht signifikant)

Frage	Lehrlinge		Mittelschüler	
	Wiedergabe	Lesezeit	Wiedergabe	Lesezeit
1 (Zeitunglesen)	-	+	-	-
2 (Artikellesen)	-	-	+	-
3 (Interesse für Auslandereignisse)	+	+	-	+
4 (Interesse für Politik)	-	-	-	-
5 (Schullaufbahn)	+	-	(-)	(-)

Das <u>Interesse für Auslandereignisse in den Zeitungen</u> (Frage 3) ist die einzige Variable, die sich signifikant auf die Verständnisleistungen der Lehrlinge <u>und</u> der Mittelschüler auswirkt. Lehrlinge mit grossem und mittlerem Interesse für Auslandereignisse erinnerten die Artikel besser als solche mit geringem Interesse (F = 3.43, df = 2/73, p $<$.05). Zudem lasen

Tab. 5.3.4.2: Wiedergabeleistung und Lesezeit der Lehrlinge mit unterschiedlichem Interesse an Auslandereignissen (N = 76)

INTERESSE	n	Wiedergabeleistung 1)	Lesezeit 2) in Sek.
gross	23	31.1	502
mittel	39	32.1	517
gering	14	23.5	615

1) Anzahl Positionen summiert über die drei Artikelinhalte
2) Anzahl Lesezeitsekunden summiert übert die drei Artikelinhalte

sie die Artikel auch schneller (F = 3.15, df = 2/73, p <.05). In Tab.
5.3.4.2 sind die Mittelwerte in Wiedergabeleistung und Lesezeit für Lehrlinge mit grossem, mittlerem und geringem Interesse abgebildet.

Die Tabelle 5.3.4.2 zeigt, dass Lehrlinge mit geringem Interesse langsamer lasen, ohne dadurch in ihrer Behaltensleistung einen Gewinn zu erzielen. Im Gegenteil, sie erinnerten auch weniger als Lehrlinge mit mittlerem/grossem Interesse. - Da praktisch alle Mittelschüler mittleres und grosses Interesse an Auslandereignissen angaben (nur eine Vp gab geringes Interesse an), konnten hier nur die zwei ersten zwei Stufen verglichen werden.

<u>Tab. 5.3.4.3</u>: Wiedergabeleistung und Lesezeit der Mittelschüler mit unterschiedlichem Interesse (N = 28)

INTERESSE	n	Wiedergabe-leistung 1)	Lesezeit 2) in Sek.
gross	13	43.9	461
mittel	14	43.0	354
(gering)	(1)	-	-

1) Anzahl Positionen summiert über die drei Artikelinhalte
2) Anzahl Lesezeitsekunden summiert übert die drei Artikelinhalte

Tab. 5.3.4.3 zeigt, dass die beiden Interessengruppen gleich viel erinnerten (t = .16, df = 25, p >.10), während aber die Mittelschüler mit grossem Interesse signifikant langsamer lasen als diejenigen mit mittlerem Interesse (t = 3.20, df = 25, p <.01). Wenn man die Resultate der entsprechenden zwei Gruppen der Lehrlinge in Tab. 5.3.4.2 mit denjenigen der Mittelschüler in Tab. 5.3.4.3 vergleicht, so sieht man, dass die Lehrlinge mit grossem Interesse bei gleicher Erinnerungsleistung nicht wie die Mittelschüler langsamer, sondern gleich schnell lasen wie diejenigen mit mittlerem Interesse.

Das Interesse für Politik (Frage 4) hatte gar keinen Einfluss auf die Verständniskriterien der beiden Lesergruppen.

Die Häufigkeit des Zeitunglesens (Frage 1) beeinflusste die Lesezeit der Lehrlinge. Lehrlinge, die nur manchmal eine Tageszeitung lesen, lasen mit $\bar{x}$ = 605 s Lesezeit langsamer als Lehrlinge, die fast jeden Tag ($\bar{x}$ = 507 s) oder jeden Tag ($\bar{x}$ = 494 s) Zeitung lesen. (F = 4.48, df = 2/73, p <.05). In der Wiedergabeleistung zeigen die Lehrlinge, welche nur manchmal Zeitung lesen, zwar leicht niedrigere Werte ($\bar{x}$ = 26.9) gegenüber denjenigen, welche fast jeden Tag ($\bar{x}$ = 31.7) oder jeden Tag ($\bar{x}$ = 31.5) Zeitung lesen, doch ist der Unterschied nicht signifikant (F = 1,44, df = 2/73, p >.10). Das Zeitunglesen hatte keinen Einfluss auf Lesezeit und Wiedergabeleistung der Mittelschüler.

Die Art des Artikellesens (Frage 2) beeinflusste die Wiedergabeleistung der Lehrlinge nur tendenzweise (F = 2.94, df = 2/73, p = .06). Lehrlinge, die keine Artikel über Politik lesen oder nur die Titel überfliegen ($\bar{x}$ = 29.2), und diejenigen, die Titel und Vorspann lesen ($\bar{x}$ = 27.8), erinnerten die Artikel im Experiment leicht schlechter als diejenigen, welche meist ganze Artikel überfliegen oder durchlesen ($\bar{x}$ = 34.8). In der Lesezeit unterschieden sich die Gruppen nicht signifikant (F = .71, df = 2/73, p >.10). - Bei den Mittelschülern ist die bei den Lehrlingen aufgefundene Tendenz signifikant (t = 2.35, df = 25, p <.05), d. h., die Mittelschüler, welche Artikel im allgemeinen ganz überfliegen oder durchlesen, erinnerten die Artikel im Experiment besser als diejenigen, welche keine Artikel über Politik lesen oder nur Titel bzw. Vorspann lesen, und zwar bei gleicher Lesezeit (t = .50, df = 25, p >.10).

Die Resultate zur Schullaufbahn (Frage 5) der Lehrlinge sind bereits bekannt (vgl. Kap. 5.2.2): die Lehrlinge mit Sekundarschulabschluss erinnerten die Artikelinhalte mit $\bar{x}$ = 31.7 besser als solche mit Realschulabschluss: $\bar{x}$ = 24.7 (t = 2.32, df = 74, p <.05) Dabei lasen beide Gruppen gleich schnell (t = .06, df = 74, p >.10). - Die Resultate der Mittelschüler sind anderer Art, da hier die Deutschnote als Variable der Schulleistung beigezogen wurde. Sie hatte keinen Einfluss auf die Wiedergabeleistung (F = .78, df = 2/24, p >.10) und die Lesezeit (F = 1.07, df =

2/24, p >.10). Sie war zudem ein schlecht differenzierendes Kriterium für
die Schulleistung, da die meisten Mittelschüler die Noten 4,5 oder 5,0
angaben.

Zusammenfassung

Die Lehrlinge lesen nach ihren Angaben gleich häufig Tageszeitung wie die
Mittelschüler, allerdings lesen sie von Artikeln über Politik im allgemeinen
nur Titel und Vorspann, während die Mittelschüler häufiger noch den ganzen
Artikel überfliegen. Mittelschüler geben mehr Interesse an für Auslandereignisse in den Zeitungen und mehr für Politik als Lehrlinge. - Die Verständnisleistungen werden am stärksten von der Variable "Interesse für Auslandereignisse" beeinflusst. Interessant ist, dass die Lehrlinge mit geringem Interesse langsamer lasen und weniger erinnerten als die Lehrlinge mit mittlerem und grossem Interesse. Der bekannte trade-off wird hier nicht bestätigt,
der besagt, dass langsamer lesen mit besserer Behaltensleistung zusammenhängt. Auch bei den Mittelschülern nicht, welche bei mittlerem Interesse
schneller lasen als bei grossem Interesse, und zwar bei gleichbleibender
Wiedergabeleistung. - Ferner erinnerten Lehrlinge, welche im allgemeinen
Artikel über Politik gründlicher lesen, tendenzweise besser als Lehrlinge,
welche solche Artikel nur flüchtig betrachten, und bei den Mittelschülern
ist dieser Unterschied signifikant. Häufiges Zeitunglesen hängt bei den
Lehrlingen mit schnelleren Lesezeiten zusammen, bei gleichbleibender Wiedergabeleistung. Und die Realschulabsolventen lasen gleich schnell, aber erinnerten weniger als die Sekundarschulabsolventen.

5.4 Diskussion

Das Hauptresultat betrifft die Auswirkung der Lesbarkeits- und Gliederungsoptimierung auf die Verständnisleistung der beiden Lesergruppen: Die Lehrlinge profitierten von der Lesbarkeitsoptimierung in ihrer Behaltensleistung, und ihre Lesegeschwindigkeit blieb unbeeinflusst. Die Mittelschüler profitierten von der Lesbarkeits- und Gliederungsoptimierung in ihrer Leseeffizienz (die nach beiden Dimensionen optimierte Fassung erlaubte ein schnelleres Lesen), und ihre Behaltensleistung blieb unbeeinflusst. Ein wichtiger Prädiktor für die Behaltensleistung der Lehrlinge war der Textinhalt, er moderierte auch den Lesbarkeitseffekt. Die Mittelschüler lasen zwar die drei Textinhalte unterschiedlich schnell, aber der Textinhalt moderierte nicht den Textfassungseffekt. Dieses komplexe Hauptresultat wird in vier Fragen aufgegliedert, die nacheinander diskutiert werden.

1) Warum wirkte sich die Textschwierigkeit bei den Lehrlingen auf die Behaltensleistung, bei den Mittelschülern aber auf die Lesegeschwindigkeit aus?

2) Warum profitierten nur die Mittelschüler von der Textgliederung?

3) Warum wirkten sich "Lesbarkeit" und "Gliederung" nicht additiv, sondern interaktiv auf die Lesegeschwindigkeit der Mittelschüler aus?

4) Warum waren die Verständnisleistungen der Lehrlinge stärker vom Textinhalt abhängig als diejenigen der Mittelschüler?

Diesen vier Fragen sei eine Bemerkung zur Mächtigkeit des statistischen Tests vorausgestellt. Im Unterschied zu einem für die experimentelle Forschung recht grossen Stichprobenumfang der Lehrlingsstichprobe (N = 76) umfasste die Mittelschülerstichprobe lediglich 28 Personen. Diese kleine Stichprobe beeinträchtigt aber die Mächtigkeit der statistischen Tests, da die Chance, einen - durch die Gliederung oder Lesbarkeit bedingten - Effekt zu entdecken, kleiner ist bei kleinen Stichproben. Signifikante Resultate haben wir allerdings auch bei den Mittelschülern erhalten: In ihrer Lesegeschwindigkeit zeigte sich eine signifikante Interaktion zwischen den beiden Faktoren Gliederung und Lesbarkeit (s. Diskussion zur Frage 3). Doch bei der Wiedergabeleistung folgerten wir, dass die Mittelschüler von keiner der Textdimensionen beeinflusst waren. Diese Schlussfolgerung hat einen Beigeschmack des Beta-Fehlers, denn aufgrund der kleinen Stichprobe ist die Chance ziemlich gross, dass wir einen Effekt verpasst haben. Dies lässt sich an einem Beispiel folgendermassen veranschaulichen: Die Wahrscheinlichkeit, einen mittleren Effekt (fünf Propositionen Mittelwertsdifferenz, resp. ca. 13 % Wiedergabeprozente-Differenz in Tab. 5.3.2.2 und 5.3.2.1.1) zu entdecken, beträgt bei einer Signifikanzschranke von 5 % im Fall der Lehrlingsstichprobe 94 %, im Fall der kleineren Mittelschülerstichprobe jedoch nur 42 %. Bei den Mittelschülern würden wir also einen mittleren Effekt in zwei von fünf Fällen verpassen. Betrachten wir in Tab. 5.3.2.2 die Wiedergabeprozente der Mittelschüler, fällt uns eine Tendenz auf, dass die Artikel mit der tiefen Lesbarkeit besser erinnert wurden als diejenigen mit hoher Lesbarkeit. Möglicherweise würde sich diese Tendenz bei einer grösseren Mittelschülerstichprobe als signifikant erweisen. Sie wäre im Rahmen unseres Textoptimierungsmodells (S. 86) gut interpretierbar (für die Mittelschüler wäre eben die "Optimale Verständlichkeit" in einem schwierigeren Bereich zu plazieren, und zu leichte Texte unterfordern sie). Diese Möglichkeit ist jedenfalls aufgrund unserer Resultate nicht auszuschliessen und müsste in weiteren Forschungsarbeiten weiterverfolgt werden.

1) <u>Warum wirkte sich die Textschwierigkeit bei den Lehrlingen auf die Behaltensleistung, bei den Mittelschülern aber auf die Lesegeschwindigkeit aus?</u>

Im ersten Kapitel dieser Arbeit wurde ein Zweikomponentenmodell der Verständlichkeit entworfen, in welches sowohl die Leseeffizienz als auch die Qualität der Informationsübertragung vom Text zum Leser einfliesst. Dieses Modell führte dazu, dass im Experiment sowohl die Lesezeit als auch die Behaltensleistung erhoben wurden.

Auch andere Autoren erachten es als notwendig, als Kriterien der Verständlichkeit beide Variablen zu erheben (z. B. Kintsch & Vipond, 1979; Vipond, 1980; Jackson & McClelland, 1975). Diese Autoren beobachteten, dass schnelles Lesen mit schlechterem Behalten zusammenhängt. In unserer Untersuchung zeigte sich aber kein solcher trade-off. Ihre Korrelation zwischen Lesegeschwindigkeit und Wiedergabeleistung war bei den Mittelschülern zwar wie erwartet leicht negativ, aber nicht signifikant. Bei den Lehrlingen war die Korrelation sogar positiv. Diese Resultate zeigen, dass zwischen der Lesezeit und der Lernleistung kein trade-off bestehen muss. Schnelle Leser müssen nicht unbedingt weniger vom Text lernen als langsame Leser, sie können sogar mehr lernen als langsame Leser! Dieses Resultat schliesst nicht aus, dass bei einem einzelnen Leser ein solcher trade-off wohl bestehen könnte, dass also ein einzelner Leser, wenn er langsamer liest, von einem Text mehr aufnehmen kann, als wenn er schnell liest. Das Resultat bei den Lehrlingen könnte nämlich auch dadurch zustandegekommen sein, dass die Stichprobe heterogen war und aus geübten und schlechten Lesern zusammengesetzt war. Geübte Leser können im Vergleich zu schlechten Lesern schneller lesen und trotzdem viel vom Text aufnehmen. Schlechte Leser können aufgrund ihrer Leistungsgrenze nur wenig aufnehmen, auch wenn sie -im Vergleich zu geübten Lesern - langsam lesen. Ein weiterer Punkt ist, dass die Lesezeit allein noch nicht ausschlaggebend ist für das "Volumen" der Aufmerksamkeit, das ein Leser einem Text widmet. Zur Lesezeit kommt nämlich noch der kognitive Effort, den ein Leser aufbringt (Anderson, 1982). Das Aufmerksamkeitsvolumen kann gleich sein bei einem Leser, der langsam liest und wenig kognitiven Effort aufbringt, wie bei einem Leser, der schnell liest und viel kognitiven Effort aufbringt. Schnelle Leser könnten also einfach mehr kognitiven Effort aufbringen für die Aufgabe und demzufolge gleich viel vom Text erinnern wie langsame Leser, die mit weniger kognitivem Effort lesen. So kann erklärt werden, dass Lesezeit und Lernleistung nicht korrelieren müssen, wie das Resultat bei den Mittelschülern zeigte.

Nun zurück zum Zweikomponentenmodell der Verständlichkeit. Wie bereits erlautert, war in unserer Untersuchung der erwartete trade-off zwischen Lesetempo und Behaltensleistung nicht eingetreten. Im Unterschied zu den genannten Autoren (Kintsch & Vipond, 1979, Jackson & McClelland, 1975) berechneten wir deshalb nicht einen Index über Multiplikation oder Division von Lesetempo und Behaltensleistung, sondern analysierten die zwei Variablen getrennt. Dieses Vorgehen hat - wie die Resultate zeigen - einen Vorteil: Es können nämlich Unterschiede im Leseverhalten verschiedener Lesergruppen beobachtet werden, die bei Verwendung eines Index untergehen würden. Die Mittelschüler passten ihr Lesetempo der Textschwierigkeit an und behielten schwierige Texte ebenso gut im Gedächtnis wie leichte. Schon Rothkopf (1972) und Kintsch & Vipond (1979) konnten eine solche flexible Lesezeitanpassung beobachten. Unser Experiment zeigte aber, dass dieses Resultat nicht auf alle Leser generalisiert werden kann. Es gibt Lesergruppen - wie hier die Lehrlinge -, die eine schlechte Lesbarkeit nicht durch eine Anpassung ihrer Lesegeschwindigkeit kompensieren können. Sie lesen schwierige Texte gleich schnell und behalten sie schlechter im Gedächtnis als leichte Texte.

Warum passten die Lehrlinge ihre Lesegeschwindigkeit der Lesbarkeit nicht an? Drei Begründungen sind möglich, zwischen welchen hier nicht entschieden werden kann. a) Die Lehrlinge waren nicht motiviert, ihre Lesegeschwindigkeit zu verlangsamen, weil ihre Frustrationsgrenze bereits überschritten war. Die Texte waren wenig interessant oder sehr schwer, so dass die Lehrlinge nicht bereit waren, zusätzliche Anstrengungen auf sich zu nehmen. Nach dieser Erklärung hätten die Lehrlinge bei interessanteren oder leichteren Texten ihre Lesegeschwin digkeit den Lesbarkeitsunterschieden anpassen können. b) Eine andere Begründung wäre, dass die Lehrlinge ihre Lesegeschwindigkeit - auch wenn sie motiviert sind - nicht anpassen können, weil sie keine Anzeichen für erhöhte Textschwierigkeit wahrnehmen oder weil sie keine Kontrolle über ihr Leseverhalten haben. Es ist denkbar, dass die Lehrlinge meinten, sie verstünden ungefähr, was in den Artikeln stand, und darum keinen Grund zur Anpassung ihres Leseverhaltens sahen. Oder sie nahmen die Probleme, die ihnen die Texte stellten, wohl wahr, aber sie waren sich nicht daran gewöhnt, ihre Lesestrategie zu ändern und verschiedenen Textqualitäten anzupassen. c) Eine dritte Möglichkeit ist, dass eine zusätzliche Verlangsamung ihres ohnehin schon langsamen Lesetempos den Lehrlingen gar keinen Vorteil oder sogar eher einen Nachteil gebracht hätte, weil die Verlangsamung zu einem totalen "Break-down" im Verarbeitungsprozess geführt hätte. Nach Goldman & Hogaboam & Bell & Perfetti (1980) benützen sowohl geübte als auch weniger geübte Leser Satzgrenzen zur Rekodierung der gelesenen Information. D. h., sie behalten die wörtliche Textinformation (Oberflächenstruktur) im Arbeitsgedächtnis, bis sie auf eine Satzgrenze stossen. Dann rekodieren sie die Oberflächenstruktur in die Tiefenstruktur (z. B. Propositionen, die den Sinngehalt und nicht mehr den wörtlichen Gehalt abbilden) und speichern sie im Langzeitgedächtnis. Durch schwierigere Wörter und lange Sätze wird das kapazitätslimierte Arbeitsgedächtnis der wenig geübten Leser aber überlastet, so dass sie vor der Satzgrenze rekodieren müssen (Goldmann et al., 1980). Da in der deutschen Sprache das Verb oft erst am Schluss eines Satzes erscheint, ist es u. U. gar nicht möglich, vor der Satzgrenze zu rekodieren. Wenig geübte Leser müssten auch bei langen Sätzen bis zur Satzgrenze lesen, bevor sie rekodieren und speichern können, obwohl ihr Arbeitsgedächtnis bereits überlastet ist. Wenn sie dann noch langsamer lesen, würden sie, da das Arbeitsgedächtnis auch zeitlich limitiert ist, den ersten Satzteil bereits vergessen haben, wenn sie auf das Verb am Satzende stossen. Dadurch, dass die Lehrlinge ihr ohnehin schon langsames Lesetempo nicht zusätzlich verlangsamten, hätten sie immerhin einen Teil der gelesenen Information noch im Arbeitsgedächtnis gehabt, wenn sie auf die Satzgrenze stiessen. Diese Erklärung impliziert also, dass ihnen eine Verlangsamung der Lesegeschwindigkeit keinen Vorteil gebracht hätte.

2) <u>Warum profitierten nur die Mittelschüler von der Gliederungsoptimierung?</u>

Die Mittelschüler konnten die Artikel schneller lesen, wenn ihre Gliederung optimiert war, als wenn sie gestört war. (Dieser Effekt trat allerdings nur auf, wenn die Artikel auch eine hohe Lesbarkeit aufwiesen. Auf diese Einschränkung werden wir im Punkt 3 zu sprechen kommen.) Bereits diskutiert wurde der Unterschied im Leseverhalten der Gruppen: Die Mittelschüler passen bei schwierigen Texten eher ihre Lesezeit an, währenddem die Lehrlinge eher ein Behaltensdefizit zeigen. Warum bewirkte aber nur die Lesbarkeit und nicht die Gliederung einen Behaltenseffekt bei den Lehrlingen?

Diese Frage wirft vorerst das Problem auf, welche Verarbeitungsprozesse die Gliederungsstörung überhaupt beeinträchtigen konnte. Aus den qualitativen Wiedergaberesultaten folgerten wir, dass die Gliederungsstörung nicht den Einsatz des spezifischen Superstruktur-Schemas erschwerte (darauf wird später in der Diskussion nochmals eingegangen). Vielmehr erschwerte sie durch eine Zerstörung der "normalen" Satzreihenfolge und der Ordnung nach Themen die bottom-up-Konstruktion einer Makrostruktur für den Text. Nach Kintsch & van Dijk (1978) werden Makropropositionen aus Mikropropositionen gebildet (vgl. Kap. 2.5). Eine Liste von Mikropropositionen wird mit Hilfe von Makrooperationen wie z. B. die sog. "Generalisation" in wenige Makropropositionen reduziert. Das Resultat ist eine Makrostruktur, die den Textinhalt in kondensierter Form darstellt. In diesen Reduktionsprozess fliessen auch Relevant-irrelevant-Entscheidungen ein, die durch ein lesereigenes Schema getroffen werden. Die Makrostrukturbildung wird erschwert, wenn der Text eine schlechte Kohärenz aufweist und eine schlecht ersichtliche Themenstruktur (Kintsch & Vipond, 1979).

Von der Gliederungsoptimierung im Vergleich zur -störung konnte demzufolge nur ein Leser profitieren, der Makrooperatoren zur Konstruktion einer Makrostruktur anwendete. Denn die optimierte Gliederung erleichterte durch ihre kohärenzstiftende thematische Ordnung den Prozess der Makrostrukturbildung. Verschiedene Hinweise führen zur Interpretation, dass die Lehrlinge die Artikel in Form einer linearen Liste von Aussagen speicherten und keine Makrooperatoren anwendeten, die den Text in eine hierarchische Struktur reduzierten, währenddem die Mittelschüler die Artikel in einer hierarchischen Struktur speicherten und Makrooperatoren zur Reduktion und Kondensierung der Informationen anwendeten: a) Die Erinnerung der Lehrlinge war von der Textlänge abhängig, diejenige der Mittelschüler nicht; b) die Lehrlinge brauchten vorwiegend den Makrooperator Selektion für ihre Zusammenfassungen, die Mittelschüler vorwiegend den Makrooperator Generalisation; c) die Lehrlinge zeigten eine selektive Erinnerung für Aussagen der Kategorie "Ereignisse", währenddem bei den Mittelschülern alle Inhalts-Kategorien die gleiche Chance hatten, erinnert zu werden. Auf diese Punkte wird nun im einzelnen eingegangen.

Zu a): Die Lehrlinge erinnerten in absoluten Zahlen vom längsten Artikel mit $\bar{x}$ = 11 Propositionen gleich viel wie vom kürzesten Artikel mit $\bar{x}$ = 10 Propositionen, in Prozenten aber signifikant weniger vom längsten Artikel (11 von 49 Propositionen = 22 %) als vom kürzesten (10 von 34 Propositionen = 29 %). Die Mittelschüler hingegen erinnerten in absoluten Zahlen vom längsten Artikel mit $\bar{x}$ = 17 Propositionen mehr als vom kürzesten Artikel mit $\bar{x}$ = 13 Propositionen, und ihre Prozentwerte unterschieden sich nicht signifikant (35 % vs. 38 %). Die Lehrlinge zeigten also einen Textlängeneffekt, der vergleichbar ist mit einem Listenlängeneffekt. Die Mittelschüler zeigten keinen Textlängeneffekt, was auf ein hierarchisches Lernen mit Hilfe von "chunks" hinweist. Black & Bower (1979) stellten fest, dass die Erinnerungswahrscheinlichkeit für eine Aussage in Geschichten von zunehmender Länge nicht abnimmt, wenn die Geschichten in der gleichen Anzahl von "chunks" gespeichert werden können. Die Autoren nannten diesen Effekt in Abhebung vom Listenlängeneffekt den "chunk-independence-Effekt". Die Argumentation lautet hier, dass die Mittelschüler keinen Textlängeneffekt zeigten, weil sie die Artikel hierarchisch in einer festen Anzahl "chunks" speicherten, währenddem die Lehrlinge einen Textlängeneffekt zeigten, weil sie die Artikel als lineare Listen von Aussagen speicherten.

Zu b): Die Lehrlinge verwendeten für ihre Zusammenfassungen vorwiegend den Makrooperator "Selektion", welcher eigentlich ein Null-Operator ist in der vertikalen Dimension der Reduktionsprozesse. Ihre Zusammenfassungen enthielten vorwiegend explizite Textaussagen, während diejenigen der Mittelschüler vorwiegend "Generalisationen" enthielten. Von den drei vertikalen Makrooperatoren Selektion, Bündelung und Generalisation lassen nur die letzten zwei auf eine chunk-Bildung schliessen: Sie weisen darauf hin, dass der Leser eine Reihe von Mikropropositionen in einem chunk gruppiert hat, welcher durch eine einzige Makroproposition in der Zusammenfassung repräsentiert ist. Dass in den Zusammenfassungen der Lehrlinge "Selektionen" überwogen, ist ein weiterer Hinweis dafür, dass sie im Unterschied zu den Mittelschülern die Artikel als eine lineare Liste von Mikropropositionen speicherten und diese nicht weiter in eine hierarchische Makrostruktur verarbeiteten.

Zu c): Die Lehrlinge gewichteten die Inhaltskategorie "Hauptereignis" in ihren Wiedergaben stärker als die Kategorie "Hintergründe", obwohl die "Hintergründe" in den Originalartikeln den grössten Platz einnahmen. Dass sie Ereignis-Informationen auch im Fragentest besser erinnerten als Hintergrund-Informationen, zeigt, dass der Unterschied nicht nur auf eine differenzielle Gewichtung, sondern auch auf ein differenzielles Erinnern für die Kategorien zurückzuführen ist. Es wurde gefolgert, dass die Lehrlinge Ereignis-Fakten leichter erinnern als Hintergrund-Informationen oder dass die Lehrlinge im Unterschied zu den Mittelschülern einen Primacy-Effekt zeigen. Beide Interpretationen sind möglich. Zwischen den beiden Interpretationen könnte nur eine Untersuchung entscheiden, welche Ereignis- und Hintergrund-Informationen über verschiedene Textabschnitte bzw. Positionen im Text variieren würde. Doch lassen beide Interpretationen die Folgerung zu, dass den Lehrlingen ein adäquates Schema für diese spezifische Textsorte fehlte, welches ihnen erlaubt hätte, die Aussagen zu organisieren. Eine selektive Erinnerung für narrative Textteile (erste Interpretationsmöglichkeit) würde dafür sprechen, dass die Lehrlinge nur über ein Teilschema verfügten, welches dem narrativen, aber nicht dem expositorischen Teil der Artikel gerecht wurde. Der Primacy Effekt (zweite Interpretationsmöglichkeit) würde dafür sprechen, dass die Lehrlinge den Text ähnlich wie eine Liste von unzusammenhängenden Sätzen speicherten. Denn Primacy-Effekte sind durchwegs beim Lernen von Listen unzusammenhängender Wörter oder Silben beobachtet worden, doch weniger oft bei zusammenhängenden Texten (Meyer & McConkie, 1973; Meyer, 1977).

Alle drei Hinweise aus den qualitativen Auswertungen stützen die Interpretation, dass die Lehrlinge im Unterschied zu den Mittelschülern nicht von der Gliederungsoptimierung profitieren konnten, weil sie die Texte als eine Liste von Sätzen bzw. Propositionen speicherten und diese nicht in eine Makrostruktur hierarchischer Art rekodierten. Auch Chiesi & Spilich & Voss (1979, Experiment 3) beobachteten, dass Leser, die einen Text nach einem Schema organisieren, stärker beeinträchtigt werden durch eine Störung der Textgliederung als Leser, die den Text nicht nach einem Schema organisieren.

3) Warum wirkten sich "Lesbarkeit" und "Gliederung" nicht additiv, sondern interaktiv auf die Lesegeschwindigkeit der Mittelschüler aus?
Für das Resultat, dass die Gliederungsoptimierung nur ein schnelleres Lesen erlaubte, wenn auch die Lesbarkeit optimiert war, kommen zwei Interpretationen in Frage. Die Interpretationen sprechen zwei mögliche Typen von Interaktionen zwischen Prozesskomponenten in der Textverarbeitung an (vgl. Kap. 3.4). a) Die Verarbeitung der satzinternen Struktur (Mikroprozesse) und die Verarbeitung der satzübergreifenden Kohärenz (Makroprozesse) brauchen die gleichen Aufmerksamkeitsresourcen. b) Mikro- und Makroprozesse laufen parallel, aber mit eigenen Resourcenquellen.

Zu a) Eine Art von unspezifischer Interaktion zwischen Prozesskomponenten
(vgl. Kap. 3.4) wird von Lesgold & Perfetti (1978) in ihrem interaktiven Lesemodell vorgeschlagen. In diesem Modell arbeiten Mikro- und Makroprozesse
mit dem gleichen "aktiven Gedächtnis", dessen Kapazität limitiert ist. Wenn
die Wortkodierungs- und Satzverstehensprozesse beim Leser sehr viel Zeit
brauchen, wird der Inhalt des aktiven Gedächtnisses - die Information aus
vorher gelesenen Sätzen -deaktiviert und vergessen. Dieser Inhalt wird aber
benötigt, wenn die satzübergreifende Kohärenz verarbeitet werden muss. Dieses Modell liefert für unser Resultat folgende Erklärung. Bei schlechter
Lesbarkeit hätte die Verarbeitung der satzinternen Struktur so viel Resourcen gebraucht, dass die Verarbeitung der satzübergreifenden Struktur gar
nicht zum Zuge kam. Die Gliederungsoptimierung hätte demnach nur einen positiven Effekt auf die Verständnisleistung, wenn die Lesbarkeit optimiert wäre, denn dann erst kämen Makroprozesse zum Zuge. Diese Break-down-Erklärung
für Makroprozesse bei schlechter Lesbarkeit wird aber von den bereits genannten Hinweisen widerlegt, dass die Mittelschüler in allen Textfassungs-
Bedingungen Makroprozesse erfolgreich durchführten (vgl. Punkt 2).

Zu b) Eine plausiblere Interpretation ist deshalb ein Modell, nach welchem
Mikro- und Makroprozesse unabhängige Resourcenquellen brauchen und parallel
laufen. Auch wenn Makroprozesse aufgrund der optimierten Textgliederung
schneller ablaufen, bleibt die totale Lesegeschwindigkeit langsam, wenn
Mikroprozesse aufgrund der schlechten Lesbarkeit länger brauchen. Erst wenn
satzinterne und satzübergreifende Textmerkmale ein schnelleres Ablaufen
beider Prozesse gestatten, wird die gesamte Lesegeschwindigkeit schneller.
(Computertechnisch kann man sich das Modell so vorstellen, dass der eine
Prozess auf den andern warten muss.) Dieses Modell kann zudem erklären, warum die schlechteste Textfassung mit gestörter Gliederung und tieferer Lesbarkeit nicht langsamer gelesen wurde als die Textfassungen, in welchen nur
eine der zwei Textdimensionen gestört war. Die gesamte Lesezeit ist bei parallelen Prozessen gleich lang, ob nun einer oder ob nun beide Prozesse länger brauchen. Der Unterschied läge nur in der Beanspruchung der Resourcen:
wenn nur ein Prozess länger braucht, wären die Gesamtresourcen weniger ausgelastet als wenn beide Prozesse länger brauchen. Das Modell der parallelen
Subprozesse könnte über die Resourcenauslastung geprüft werden, z. B. mit

dem Paradigma von Britton & Westbrook & Holdredge (1978), welches die gesamthafte Kapazitätsauslastung über einen Index aus der Lesezeit und der Menge der freien Kapazität für sekundäre Aufgaben misst.

4) Warum waren die Verständnisleistungen der Lehrlinge stärker vom Textinhalt abhängig als diejenigen der Mittelschüler?

Der Faktor "Textinhalt" war in diesem Experiment leider konfundiert mit der Variable "Textlänge", denn die drei Artikelinhalte wiesen gleichzeitig eine unterschiedliche Länge auf. Daraus erwächst das Problem, dass ein Effekt dieses Faktors sowohl auf die Textlänge als auch auf den Textinhalt zurückgeführt werden kann. Eine Möglichkeit, zugunsten der Textlänge zu entscheiden, eröffnet sich dann, wenn die Verständnisleistungen einen linearen Trend entsprechend der Textlänge aufweisen. Die Behaltensleistungen der Lehrlinge entsprachen einem solchen Trend: je länger der Text war, desto kleiner wurde ihr Wiedergabeprozent. Und in absoluten Zahlen blieb sich die Wiedergabeleistung bei den drei Texten gleich. Eine plausible, wenn auch nicht gesicherte Interpretation ist, dass diese Daten eine Grenze in der Aufnahmekapazität der Lehrlinge spiegeln, bzw. einen Textlängeneffekt ähnlich wie beim Lernen von Wortlisten (vgl. Punkt 2a). Wenn aber die Verständnisleistungen keinen linearen Trend entsprechend der Textlänge aufweisen, ist es wahrscheinlich, dass der Inhalt der Texte den Effekt zumindest mitbedingte. Diesen Fall konnten wir bei den Lehrlingen ebenfalls beobachten, nämlich in ihrer Lesegeschwindigkeit. Eine plausible Interpretation ist deshalb, dass ihre Verständnisleistungen nicht nur von der Textlänge, sondern auch vom Inhalt der Zeitungsartikel abhängig sind. Die Abhängigkeit der Verständnisleistungen vom Textinhalt ist mit heutigen Textverarbeitungsmodellen vereinbar, die "Verstehen" vorwiegend als einen semantischen Integrationsprozess definieren, in welchem die Textinhalte in die Struktur unseres Vorwissens eingebaut werden müssen. Wie wir in Kap. 3.3 sahen, hebt de Beaugrande (1980) in seinem Modell sogar ausdrücklich hervor, dass die Verarbeitung lexikalischer und syntaktischer Variablen gegenüber der Konstruktion eines semantischen Netzwerks aus Vorwissens- und Textinhaltanteilen eine nebensächliche Rolle spielt. Wichtiger als formale Texteigenschaften ist die Frage, welches Vorwissen ein Leser an einen bestimmten Textinhalt bringt, denn je differenzierter das Vorwissen, desto besser gelingt die Integration der neuen Textinhalte (vgl. Kap. 3.4). Warum war dann der Textinhalt für das Verständnis der Mittelschüler weniger entscheidend? Die Mittelschüler gaben an, mehr auslandpolitische Zeitungsartikel zu lesen als Lehrlinge, zudem lesen sie solche Artikel häufiger ganz durch, und die Lehrlinge überfliegen nach ihren Angaben nur deren Titel und Vorspann. Deshalb liegt die Interpretation nahe, dass der Textinhalt für die Mittelschüler darum weniger wichtig war, weil sie für alle drei Inhalte ein gewisses Mass an allgemeinem Vorwissen mitbrachten, an welches sie die neuen Informationen anknüpfen konnten. Dieses Vorwissen kann entweder konkrete auslandpolitische Inhalte betreffen, die in den Experiment-Artikeln angesprochen wurden, oder - wie wir bereits diskutiert haben - ein Schema, das der Textsorte "Korrespondentenberichte" gerecht wird. Beide Vorwissensaspekte helfen zur Integration neuer auslandpolitischer Inhalte. Lehrlinge haben aufgrund ihrer selteneren Lektüre von auslandpolitischen Artikeln und ihrer geringen Erfahrung mit dieser speziellen Textsorte sowohl weniger spezifisches Vorwissen als auch ein weniger adäquates Schema für die Texte (vgl. Punkt 2). Was geschieht nun, wenn diese zwei Lesergruppen auf einen neuen Inhalt stossen, zu welchem sie wenig spezifisches Vorwissen haben? Währenddem die Mittelschüler ein allgemeines Schema für diese Textsorte aktualisieren können, das ihnen auch die Integration des unbekannten Materials in ihr Vorwissen ermöglicht, verfügen die Lehrlinge nur über ein Teilschema für solche Artikel. Nach dieser Interpretation wären Lehrlinge in ihrem Verständnis anfälliger auf die Dimension "Bekanntheit/Unbekanntheit" des Inhalts von solchen Zeitungsartikeln. Da die subjektive Einschätzung der "Bekanntheit" der Artikelinhalte in diesem Experiment nicht erhoben wurde, kann diese Interpretation nicht überprüft werden und hat Hypothesencharakter.

Es bleibt noch zu klären, warum der Artikel "Afghanistan" durch die Lesbarkeitsoptimierung für die Lehrlinge leichter wurde und die andern zwei Artikelinhalte nicht. Eine Erklärung wäre, dass durch die Optimierung ein grösserer Anstieg im Lesbarkeitswert des Afghanistan-Artikels - gemessen in der Lesbarkeitsformel - erzielt wurde. Tab. 2 im Anhang A zeigt die Optimierungswerte: der Artikel "Afghanistan" stieg durch die Optimierung um 8 Punkte in der Lesbarkeitsformel, "Peking" ebenfalls um 8 Punkte und "Holland" um 6 Punkte. "Afghanistan" erfuhr also keine bessere Optimierung. Hingegen weist er - absolut betrachtet - mit 15 und 22 Punkten die höchsten Lesbar-

keitswerte von allen drei Artikeln auf; "Peking" hat 2 resp. 10 Punkte und
"Holland" 8 resp. 14 Punkte. Die von Groeben (1972) postulierte invers u-
förmige Beziehung zwischen Textschwierigkeit und Verständnisleistung wurde
in Kap. 5.1 behandelt. Sie hat auch Implikationen für mögliche Optimierungs-
effekte (Fig. 5.1). Fällt die Optimierung in einen für die Leser extremen
Schwierigkeitsbereich, so erzielt sie keinen oder nur einen geringen Effekt
auf die Verständnisleistung. Diese Bedingung könnte die fehlenden Optimie-
rungseffekte bei den Texten "Holland" und "Peking" mit ihrer generell tiefen
Lesbarkeit erklären. Fällt die Optimierung in einen schwierigen bis mittleren Bereich, so übt sie einen positiven Effekt auf die Verständnisleistung
aus. Diese Bedingung könnte den positiven Optimierungseffekt beim leichteren
Artikel "Afghanistan" erklären.

Die Hypothesen zur Bedeutung der vorgeschlagenen Superstruktur für Gedächtnisprozesse (Kap. 4.6) haben sich nur zum Teil bestätigt. Die erste Hypothese zur Superstruktur postulierte, dass der narrative Teil der Artikel, welcher in der Superstruktur im Element "Hauptereignis" abgebildet ist, besser
erinnert wird als der expositorische Teil (Element "Hintergründe" und "Bilanz"). Denn in der Pilotstudie 2 (Kap. 4.5) war beobachtet worden, dass
Leser differenziertere Erwartungen an den narrativen Teil solcher Artikel
hegen als an den expositorischen Teil. Die Resultate der Lehrlinge sprachen
für diese Hypothese. Doch kann - wie bereits erwähnt - die Alternativerklä-
rung eines Primacy-Effekts nicht ausgeschlossen werden. Die Frage müsste
deshalb weiter untersucht werden. Bei den Mittelschülern kann die Hypothese
verworfen werden. Ihnen gelang es offenbar, ein allgemeines Schema, das
nicht spezifisch auf diese Textsorte zugeschnitten ist, zu aktualisieren, um
die Informationen einzuordnen. Aus den qualitativen Resultaten vermuten wir,
dass dies ein "Ursache-Ereignis-Folgen-Schema" ist. Denn "Motive" und "Reaktionen" von Parteien waren die aus dem expositorischen Teil am häufigsten
erinnerten Informations-Klassen. Vermutlich haben Mittelschüler in ihrer
Ausbildung häufiger mit Lerntexten zu tun, die eine argumentatorische bzw.
eine Kausalkettenstruktur aufweisen. Im Unterschied zu narrativen Prosastrukturen, die hoch generalisierbare Schema-Effekte hervorbingen (vgl.
Kap. 4.1), benützen nur bestimmte Lesergruppen die Kausalkettenstruktur in
expositorischen Texten, um deren Inhalte im Gedächtnis zu organisieren
(Meyer & Brandt & Bluth, 1980). Unsere Resultate lassen vermuten, dass die

erfolgreiche Benützung einer Kausalkettenstruktur zum Memorieren von expositorischen Prosastrukturen vom schulischen Ausbildungsweg abhängig ist (vgl. auch Marshall & Glock, 1978-79).

Die zweite Hypothese zur Superstruktur lautete, dass eine Störung im durch die horizontalen Beziehungen in der Superstruktur vorgeschriebenen Ablauf der Texte (die Gliederungsstörung) sich negativ auf die Verständnisleistung auswirkt. Sie beruhte auf der Annahme, dass die Superstruktur ein Leser-Schema darstellt für solche Textsorten. Diese Annahme wurde widerlegt. Sämtliche Resultate aus den qualitativen Auswertungen sprachen mehrheitlich dafür, dass sowohl die Lehrlinge als auch die Mittelschüler kein Schema einsetzten, das der Superstruktur entsprach, um die Artikel zu memorieren: 1. Der in der dritten Hypothese zur Superstruktur postulierte Hierarchieeffekt trat nicht ein. Das heisst, die in der Superstruktur abgebildeten vertikalen Beziehungen zwischen den Aussagen entsprachen nicht den Wichtig-unwichtig-Entscheidungen, welche die Leser für die Aussagen trafen, und hierarchiehohe Aussagen in der Superstruktur wurden demzufolge nicht besser erinnert als hierarchieniedrige. 2. Die Leser benützten zur Speicherung und Erinnerung der Inhalte nicht die in der Superstruktur definierten "chunks". (Die Mittelschüler zeigten in ihren Zusammenfassungen, dass sie wohl "chunks" benützten, um die Aussagen zu organisieren. Doch kann aus der Analyse ihrer Wiedergaben gefolgert werden, dass ihre "chunks" nicht den in der Superstruktur definierten entsprachen.) Trotz der Widerlegung der Annahme, dass die Superstruktur ein Leser-Schema darstellt, wirkte sich die Gliederungsstörung negativ auf die Verständnisleistung der Mittelschüler aus. Dieses Resultat wurde bereits unter Punkt 2) diskutiert und als Folge einer Erschwerung der Makrostrukturbildung im Verarbeitungsprozess interpretiert. Die Gliederungsstörung hatte nicht ein spezifisches Erwartungs-Schema in der "top-down-Verarbeitung" der Leser verletzt. Durch die Störung eines normalen, nach Themen geordneten Textablaufs hatte sie vielmehr die satzübergreifende Kohärenz im Text verschlechtert und hatte dadurch die Konstruktion einer Makrostruktur im "bottom-up-Verarbeitungsprozess" der Leser erschwert.

Erstaunlich ist aber, dass die Mittelschüler durch diese Störung in der Textkohärenz lediglich ihre Lesegeschwindigkeit verlangsamen mussten, aber kein Behaltensdefizit erlitten. Warum konnten die Mittelschüler die Gliederungsstörung so leicht kompensieren? Liegt es an der Kürze der Texte? Oder liegt es am Vorwissen der Mittelschüler zu dem Textthema? Liegt es daran, dass die Wiedergabe sofort nach dem Lesen erfolgte, und hätte sich die Gliederungsstörung erst nach einer Ablenkungszeit bemerkbar gemacht? Im Experimentalteil II wird der Einfluss der Textkohärenz auf das Verständnis weiteruntersucht. Störungen der Textkohärenz und Kompensationsprozesse der Leser sollen an einem längeren Text mit einem fiktiven Inhalt untersucht werden.

6. EXPERIMENTALTEIL II:
Textkohärenz bei einem fiktiven Zeitungsartikel:
der Einfluss einer vorangestellten Zusammenfassung und der Behaltenszeit

6.1 Problemstellung

Im ersten Experiment hatte die Textgliederung lediglich einen Einfluss auf die Lesegeschwindigkeit der Mittelschüler, nicht aber auf ihre Behaltensleistung. In ihren Wiedergaben zeigten sie quantitativ und qualitativ äquivalente Leistungen bei optimierter und gestörter Gliederung: In beiden Fassungen erinnerten sie die Artikel gleich gut und in einer originalgerechten Gewichtung der Elemente "Ereignis", "Hintergründe" und "Bilanz". Die Art ihrer Zusammenfassungen liess den Schluss zu, dass es den Mittelschülern gelang, auch mit einer gliederungsgestörten Artikelversion eine Makrostruktur für den Inhalt zu konstruieren.

Da die Makrostrukturbildung nach dem Textverarbeitungsmodell von Kintsch & van Dijk (1978) erschwert wird, wenn die Mikropropositionen eine schlechte Kohärenz aufweisen, muss angenommen werden, dass die Mittelschüler Kompensationsprozesse einsetzten, um eine kohärente Wissensstruktur für die schlecht gegliederten Texte aufzubauen.

Solche Kompensationsprozesse können im Prinzip während dem Lesen oder nach dem Lesen ablaufen. Kintsch und seine Mitarbeiter (vgl. Kap. 2.5) beschrieben Kompensationsprozesse während dem Lesen. Dazu gehören sog. "Reinstatements", das sind Suchprozesse im Langzeitgedächtnis, die den Zweck haben, eine früher gelesene Proposition zu finden, unter welche die neu gelesene Proposition subsumiert werden kann. Ferner gehören dazu Inferenzen, das sind durch Schlussfolgerungen kreativ erfundene Propositionen, die eine Kohärenzbildung mit der neu gelesenen Proposition erlauben. Und zum dritten finden sich noch Reorganisationen, das sind Umorganisationen des ganzen bisher erstellten Kohärenzgraphen, so dass auch die neu gelesene Proposition in den Graphen eingebaut werden kann. Kintsch und seine Mitarbeiter postulierten für solche Kompensationsprozesse einen grösseren Aufwand, der sich entweder in einer längeren Lesezeit äussert oder - falls die Kompensationen nicht gelingen oder zu aufwending sind - in einem schlechteren Verständnis für den Text. Den ersten Fall - gelungene Kompensation - beobachteten Kintsch & Mandel & Kozminsky (1977). Schlecht gegliederte Texte wurden langsamer gelesen als gut gegliederte, aber gleich gut zusammengefasst. Ein Hinweis dafür, dass die Kompensationsprozesse während und nicht nach dem Lesen erfolgten, war, dass das Schreiben der Zusammenfassung für gliederungsgestörte Texte nicht längere Zeit in Anspruch nahm als für gut gegliederte Texte. Auch unsere Resultate aus dem ersten Experiment sprechen aufgrund der längeren Lesezeiten bei schlecht gegliederten Artikeln dafür, dass Kompensationsprozesse schon während dem Lesen erfolgten.

Es gibt aber Befunde, die zeigen, dass eine Reorganisation von gelesenen Textinhalten auch nach dem Lesen noch stattfinden kann. So haben z. B. Titel, die eine Makrostrukturbildung erleichtern, auch wenn sie sofort nach dem Lesen des Textes präsentiert werden, noch einen positiven Effekt auf die Behaltensleistung. Werden sie allerdings erst nach einem Ablenkungsintervall präsentiert, bleibt dieser Effekt aus (Schwarz, 1981). Auch die Befunde zum Perspektivenwechsel (vgl. Kap. 4.1) zeigen, dass gelesene Texte beim Wiedergeben noch reorganisiert werden können (Anderson & Pichert, 1978), allerdings gelingt diese Reorganisation nach 24 Stunden Behaltenszeit nicht mehr (Fass & Schumacher, 1981). Die Resultate von Flammer & Tauber (1982) lassen ferner vermuten, dass ein Reorganisieren der Textinhalte nach dem Lesen bei längeren Texten nicht mehr gelingt, denn sie konnten mit dem gleichen, aber verlängerten Text die Resultate von Anderson & Pichert (1978) nicht mehr replizieren.

Eine Umorganisation gelesener Texte ist also im allgemeinen auch nach dem Lesen noch möglich. Allerdings scheint dies nicht mehr zu gelingen, wenn entweder der Text relativ lang ist, oder wenn zwischen Lesen und Wiedergeben eine längere Zeit verstreicht. Offenbar setzt sich eine in der Kodierungsphase gewählte Organisation der Inhalte einmal fest und kann bei zunehmender Informationsmenge und/oder zunehmendem zeitlichen Abstand von der Kodierungsphase nicht mehr beliebig geändert werden.

Vorinformationen zum Text können dem Leser helfen, eine schlechte Textkohärenz zu kompensieren. So stellen sog. "advance organizers" besonders bei schlecht kohärenten Texten eine effektive Lernhilfe dar (Mayer, 1978). Und vorausgegebene Titel, welche die Makrostruktur des Textes verdeutlichen, können für Texte mit einer leichten Gliederungsstörung eine Lernhilfe sein (Schwarz & Flammer, 1981). Auch bei einer starken Gliederungsstörung, wie sie durch eine Zufallsordnung der Sätze im Text erreicht wird, haben solche Titel nach Schwarz & Flammer einen lernfördernden Effekt, aber nur, wenn ausreichende Zeit zum Lesen der Texte zur Verfügung steht. Dieser Befund spricht dafür, dass die vorausgegebenen Titel Kompensationsprozesse während dem Lesen ermöglichten.

Im folgenden Experiment werden nun Kompensationsprozesse für eine schlechte Textkohärenz untersucht, und zwar bei einem längeren Artikel mit einem fiktiven Inhalt. Der Artikel hat die gleichen abstrakten Inhaltskategorien in seiner Superstruktur wie die im ersten Experiment verwendeten realen Zeitungsartikel. Als Leserstichprobe dienen hier nur Mittelschüler. Kompensationsprozesse während dem Lesen werden - wie im ersten Experiment - durch die Messung der individuellen Lesezeit untersucht. Kompensationsprozesse nach dem Lesen werden über die Variation der Zeit zwischen dem Lesevorgang und dem Behaltenstest untersucht. Folgende Annahmen und Hypothesen liegen dem Experiment zugrunde:

1. Bei einem langen Artikel mit fiktivem Inhalt wird erwartet, dass eine Gliederungsstörung nicht so leicht durch Prozesse <u>während</u> dem Lesen kompensiert werden kann wie bei kürzeren Artikeln mit realem Inhalt. Das heisst, dass die Gliederungsstörung im Unterschied zum ersten Experiment die Behaltensleistung der Mittelschüler senkt, weil Kompensationsprozesse während dem Lesen wie Inferenzen, Reinstatements und Reorganisationen schwieriger sind bei einem langen und fiktiven Zeitungsartikel. Begründung: Inferenzen sind vom Vorwissen abhängig. Sie können bei einem fiktiven Textinhalt nicht in dem Ausmass vollzogen werden wie bei einem realen Textinhalt. "Reinstatements" und "Reorganisationen" sind bei langen Texten schwieriger, weil für deren erfolgreiches Ablaufen <u>alle</u> im Langzeitgedächtnis gespeicherten Propositionen aufgesucht werden müssen (Kintsch & van Dijk, 1978). Für kürzere Texte ist eine solche erschöpfende Suche

im Langzeitgedächtnis noch möglich, doch bei langen Texten nicht mehr, denn von langen Texten (über ca. 400 Wörter) werden kaum alle Mikropropositionen einzeln gespeichert.

2. Kompensationsprozesse nach dem Lesen sind in einem zeitlich verzögerten Behaltenstest schlechter möglich als in einem sofort nach dem Lesevorgang angeordneten Behaltenstest. Eine Gliederungsstörung sollte sich also - wenn die Kompensation nicht schon während dem Lesen erfolgt - stärker auf einen verzögerten Behaltenstest auswirken als auf einen sofort nach dem Lesen angeordneten. Begründung: eine in der Kodierungsphase (Leseprozess) angetroffene Organisation kann nicht beliebig reorganisiert werden. Im Verlauf der Zeit nach dem Kodieren legt sie sich fest, und nicht in die Organisation integrierte Bestandteile des Textinhalts sind zu einem späteren Zeitpunkt vergessen.

3. Kompensationsprozesse für eine schlechte Textkohärenz werden durch eine vorangestellte Zusammenfassung erleichtert. Begründung: eine Zusammenfassung, welche die Makrostruktur eines Textes verdeutlicht (vgl. Kap. 6.2), stellt dem Leser Makropropositionen zur Verfügung, unter welche er die Mikropropositionen während dem Lesen einordnen kann. Dies sollte besonders dann eine Hilfe sein, wenn die Mikropropositionen eine schlechte Kohärenz aufweisen, weil dann die Ableitung von Makropropositionen erschwert ist.

Neben diesen Haupthypothesen wird der Hierarchieeffekt für die vorgeschlagene Superstruktur (Kap. 4) nochmals geprüft. Ferner wird die Beobachtung aus dem ersten Experiment, dass die am häufigsten genannten Aussagen aus dem Element "Hintergründe" Motive der Parteien waren, hier statistisch überprüft. Eine weitere Frage für das neue Experiment ergibt sich aus der besonderen Struktur des fiktiven Artikels, in welcher sich eine Hauptfigur durch das Element "Hintergründe" zieht. Es wird erwartet, dass aus diesem Element Informationen, welche die Motive, Strategien und Reaktionen der Hauptfigur treffen, besser erinnert werden als diejenigen seiner Gegenspieler. Diese Erwartung gründet auf Beobachtungen in der Untersuchungsreihe von Bower (1978), dass sich Leser oft mit dem Hauptdarsteller einer Geschichte identifizieren und Informationen besser erinnern, die den Hauptakteur in seinen

Handlungen und Zielen darstellen, als solche, die für ihn eine negative
Konsequenz haben.

6.2 Begriffsbestimmung: Was ist eine Zusammenfassung?

Geeignet scheint uns eine Definition, welche Zusammenfassungen in ihrer Beziehung zum Text beschreibt, ähnlich wie dies Schwarz & Flammer (1979) und Kozminsky (1977) für Titel vorgeschlagen haben. Schwarz & Flammer (1979) unterscheiden thematische von nicht-thematischen Titeln. Nicht-thematische Ueberschriften haben keinen Bezug zum Textthema, thematische Ueberschriften beschreiben aber die Textstruktur: sie repräsentieren Makropropositionen eines Textes. Thematische Ueberschriften unterscheiden sich graduell in dem Ausmass, in dem ihre Propositionen die Textstruktur abdecken, in diesem Sinne werden vollthematische und teilthematische Ueberschriften unterschieden.
- Für Zusammenfassungen schlagen wir nun eine feinere Differenzierung innerhalb der Klasse "thematisch" vor, denn nicht-thematische Zusammenfassungen, d. h. solche ohne Bezug zum Textthema, scheint es nicht zu geben.

Wir schlagen folgende Definition und Klassifikation von Zusammenfassungen vor: Eine Zusammenfassung zum Text X nennt die Superstrukturelemente des Textes X (leere Superstruktur) oder die Makropropositionen des Textes (volle Superstruktur). Das erste entspricht einer Nennung der abstrakten Inhaltsklassen, das zweite einer Nennung der konkreten Inhalte in diesen Klassen (vgl. Kap. 4.1). Eine Zusammenfassung kann die ganze oder nur einen Teil der Superstruktur nennen (vollthematisch vs. teilthematisch). Sie kann auf verschiedenen Ebenen der Superstruktur formuliert werden, je tiefer sie ansetzt, desto detaillierter wird sie. Eine Zusammenfassung kann ferner zusätzliche Aussagen enthalten, z. B. im Text implizite Relationen (Akzentuierungen vom Typ Relationen) oder Aussagen betreffend die Autorenperspektive (Akzentuierungen vom Typ Autorenperspektive).

Diese Klassifikation von Zusammenfassungen enthält also folgende Kategorien:

1. gefüllte vs. leere Superstruktur beschreibend
2. Hierarchieniveau der Superstruktur

3. vollthematisch vs. teilthematisch
4. mit vs. ohne Akzentuierungen
   (betr. Relationen oder Autorenperspektive)

ad 1): Ein Beispiel für eine Zusammenfassung, welche die leere Superstruktur eines wissenschaftlichen Artikels beschreibt, wäre: "Im ersten Teil der Einleitung wird die Fragestellung genannt, im zweiten die wichtigsten unabhängigen und abhängigen Variablen, zuletzt die Hypothesen ..." Ein Beispiel für eine Zusammenfassung, welche die gefüllte Superstruktur des gleichen Textes beschreibt, wäre etwa: "Die Fragestellung lautet: Sind Brillenträger im Strassenverkehr gefährdeter als Nicht-Brillenträger? ..." Natürlich sind Mischformen zwischen "leerer" und "gefüllter" Superstruktur möglich.

ad 2): Das höchste Hierarchieniveau einer Superstruktur (Niveau I) enthält nur die Hauptelemente des Artikels. Eine Zusammenfassung auf diesem Niveau fällt knapp aus. Je tiefer das Hierarchieniveau in der vertikalen Dimension der Superstruktur, desto ausführlicher wird die Zusammenfassung, weil die den Hauptelementen untergeordneten Elemente auch genannt werden.

ad 3): Eine vollthematische Zusammenfassung wird in der horizontalen Dimension der ganzen Superstruktur gerecht, eine teilthematische wird nur einem Teil der horizontalen Dimension gerecht.

ad 4): Hier sind Akzentuierungen im Sinne von Meyers (1975) "signaling" gemeint. Sie vermitteln keine neuen Aussagen in bezug zum Text, sie akzentuieren aber die expliziten oder impliziten Aussagen im Text. Akzentuierungen können z. B. mit Signalwörtern realisiert werden (vgl. Meyer, 1975). Ein Beispiel für die Akzentuierung der Autorenperspektive ist: "Die wichtigste Schlussfolgerung des Artikels lautet: ... Ein Beispiel für die Akzentuierung einer Relation ist: "Im Unterschied zu ..."

Diese Definition von Zusammenfassungen entspricht ziemlich genau derjenigen von Ballstaedt & Mandl & Schnotz & Tergan (1981): "In der Regel enthalten sie (die Zusammenfassungen, Anm. des Autors) eine kurze, zusammenfassende Darstellung der im Text verwendeten Makropropositionen, eine explizite Nennung von Inhaltskategorien der dem Text zugrundeliegenden Superstruktur sowie gelegentlich definitorische Abgrenzungen zwischen verschiedenen Konzepten, Regeln, Prinzipien." (S. 131, 132). Nur müssen nach unserer Definition die Makropropositionen in der Zusammenfassung nicht notwendigerweise "im Text verwendet", bzw. im Text genannt sein. Betrachten wir als Beispiel eine Zusammenfassung des Artikels "Holland" auf dem Hierarchieniveau I. Müssten wir eine vollthematische Zusammenfassung konstruieren, welche die gefüllte Superstruktur beschreibt, so würden wir die folgenden Textaussagen direkt in die Zusammenfassung aufnehmen (vgl. Fig. 1 a im Anhang A): 1 a, 1 b, 23 - 27. Zusätzlich müssten wir für die Superstrukturelemente Setting, Ablauf und Konflikt neue Makropropositionen generieren, die im Text nicht explizit genannt sind. Dieses Beispiel zeigt, dass unsere Definition von derjenigen der Autoren Ausubel & Novak & Hanesian (1980) abweicht. Diese Autoren grenzen Zusammenfassungen folgendermassen von "advance organizers" ab: "Diese Uebersichten (d. h. Zusammenfassungen, Anm. des Autors) werden immer auf der gleichen Ebene der Abstraktion, der Generalität und der Reichweite geschrieben wie der Lehrstoff selbst, ..." (S. 431). In unserem Beispiel würde diese Definition nur auf einen Teil der Zusammenfassung zutreffen, denn für die Elemente Setting, Ablauf und Konflikt waren die zusammenfassenden Aussagen auf höherem Abstraktionsniveau zu lokalisieren als die Textaussagen. *) - Nach unserer Definition ist es ferner nicht mehr möglich, sog. voll- und teilthematische Titel (vgl. Schwarz & Flammer, 1979) von Zusammenfassungen abzugrenzen.

Im folgenden Experiment verwenden wir eine teilthematische Zusammenfassung, welche die gefüllte Superstruktur beschreibt auf dem Hierarchieniveau I (vgl. Fig. 3 im Anhang A) und keine Akzentuierungen enthält. Die an diese Zusammenfassung gebundenen Hypothesen sind bereits in Kap. 6.1 genannt worden.

---

*) Ausubel et al. (1980) geben aber neben dem Abstraktionsniveau noch ein anderes Kriterium zur Abgrenzung von advance organizern: im Unterschied zu Zusammenfassungen sind diese auf Merkmale der Wissensstruktur des Lesers bezogen. Zur Diskussion dieses Unterscheidungsmerkmals sei auf Ballstaedt et al. (1981, S. 131) verwiesen.

6.3 Methode

6.3.1 Material

a) Der Text

Ein 743 Wörter langer Text wurde konstruiert, der ein Hauptereignis, Hintergründe und eine Bilanz enthielt, wie es der in Kap. 4.1 entworfenen Superstruktur entspricht. Alle Namen waren erfunden, ebenso die Inhalte. Der Text befindet sich im Anhang B, S. 212, und seine Superstruktur im Anhang A (Fig. 3). Vier Fassungen des gleichen Textes wurden erstellt, eine gliederungsoptimierte und drei gliederungsgestörte. In der gliederungsoptimierten Fassung folgte die Satzreihenfolge der Superstruktur, so wie sie von links nach rechts gelesen wird. Die Elemente Hauptereignis, Hintergrundkonflikt 1, -konflikt 2, -konflikt 3 und Bilanz wurden durch Abscnitte abgegrenzt. In den drei gliederungsgestörten Fassungen wurde jeder vierte Satz an eine andere Position im Text umgestellt, einmal der 1., 5., 9. ... n Satz, einmal der 2., 6., 10. ... (n + 1). Satz, einmal der 3., 7., 11. ... (n + 2). Satz. Zufallszahlen entschieden, auf welche Position der umgestellte Satz jeweils kam. Dabei wurde aber darauf geachtet, dass auf jeden der fünf Textabschnitte zwei oder drei neue Sätze fielen und dass ein Satz nicht nur innerhalb seines Abschnittes umgestellt wurde, sondern in einen andern Abschnitt kam. Ferner durften nicht zwei Sätze auf die gleiche Position fallen, und ungefähr gleich viele Sätze mussten Richtung Textanfang wie Richtung Textschluss umgestellt sein. Ferner wurden in den drei gliederungsgestörten Fassungen noch die Abschnitte verändert. Nach dem Zufallsprinzip wurde die Abschnittgrenze entweder nach oben oder nach unten verlegt, entweder um einen oder um zwei Sätze. Mit dieser Strategie der Gliederungsstörung wollte man eine über den ganzen Text gleich starke Gliederungsstörung erreichen. Dadurch musste man aber eine stärkere Störung der Textkohärenz in Kauf nehmen als im ersten Experiment, in welchem man darauf geachtet hatte, dass der "rote Faden" noch erhalten blieb. Innerhalb der Sätze mussten nur geringfügige Aenderungen vorgenommen werden: Personalpronomina wurden dort durch das Subjekt ersetzt, wo durch die Umstellung ein falscher oder unklarer Rückbezug entstand. Damit die gliederungsgestörten Versionen nicht mehr Subjekt-Substantive enthielten als die optimierten Versionen, wurden Subjekt-Substantive wieder ersetzt durch Personalpronomina, wo ein richtiger Rückbezug möglich war.

b) Die Zusammenfassung

Eine Experimental- und eine Kontrollversion wurden konstruiert. Beide enthalten 51 Wörter. Die Experimentalversion besteht aus je einer Aussage zu den Superstrukturelementen Hauptereignis, Hintergrundkonflikt 1, -konflikt 2 und -konflikt 3. Sie klärt folgende Fakten: 1. das Hauptereignis und 2. die Beziehungen zwischen den Parteipaaren der Konflikte 1, 2 und 3. Sie enthält keine expliziten Textaussagen. Die Kontrollversion enthält alle in der Experimentalversion genannten Namen (Land, Parteien), im Gegensatz zu dieser nimmt sie aber keinen Bezug zur Handlung, sondern sie schildert geographische Eigenschaften des Landes. Beide Versionen befinden sich im Anhang B (S. 214).

c) Der Fragentest

18 Multiple-choice-Fragen mit je 4 Antwortalternativen zum Ankreuzen wurden in einem Vortest aus 26 konstruierten selektioniert. Sie verteilten sich auf Inhalte über den ganzen Text und erfragten explizit im Text genannte Fakten. Die Fragen und ihre Antworten waren Paraphrasierungen der jeweiligen Textstellen.

d) Ablenkungstest

Vier Subtests aus dem sprachlichen Leistungstest SASKA von Riegel (1967) wurden ausgewählt: die drei Synonymtests und ein Antonymtest. Die Tests wurden zur Ablenkung für die Zeit zwischen Lesen und späterer Wiedergabe benützt.

e) Verständlichkeitsbeurteilung, Fragen zu Leservariablen

Eine Beurteilungsskala mit 5 Stufen für die Verständlichkeit des Artikels wurde erstellt. Ferner wurden fünf Fragen zur Erhebung von Alter, Geschlecht, Lesegewohnheiten und Interessen aus dem Experimentalteil I übernommen.

6.3.2 Versuchspersonen

80 Mittelschüler, 52 weiblichen, 28 männlichen Geschlechts, aus der 5. und 6. Klasse zweier Kantonsschulen von Zürich nahmen am Experiment teil. Rektor und Schullehrer gaben die Erlaubnis, das Experiment während einer Doppelstunde der Schulzeit durchzuführen. Die 80 Vpn wurden per Zufall, aber gewichtet nach Geschlecht, auf die 8 Experimentalgruppen verteilt.

6.3.3 Versuchsplan

Ein 2x2x2-Versuchsplan mit den Faktoren Gliederung (optimiert vs. gestört), Zusammenfassung (Experimental- vs. Kontrollversion) und Zeitpunkt der Wiedergabe (sofort vs. später) erforderte 8 Experimentalgruppen. Die spätere Wiedergabe erfolgte 15 Minuten nach dem Lesen. Die 15 Minuten waren gefüllt mit einer Ablenkungsaufgabe. - Als abhängige Variablen wurden die Lesezeit, die schriftliche Wiedergabe und ein Fragentest sowie eine Kovariable (Synonymtest) erhoben.

6.3.4 Vorgehen

Die Vpn wurden im Klassenverband getestet. Es wurde ihnen mitgeteilt, dass es in dieser Untersuchung um die Verständlichkeit von Zeitungsartikeln und um den Vergleich verschiedener Texte gehe und nicht darum, ihre persönliche Leistung zu messen. Jede Vp bekam eine Stoppuhr und nacheinander ein Leseheft und zwei Arbeitshefte. Das Leseheft enthielt zuerst den Vorspann, welchen die Vpn abschreiben mussten. Als zweites eine Instruktionsseite, wie der folgende Artikel gelesen werden sollte; sie sollten den Artikel in dem Tempo lesen, wie sie normalerweise einen Zeitungsartikel lesen würden, der sie interessiert. Sie sollten kontinuierlich lesen und keine Stellen wieder-

holen, denn es gehe ja um die Qualität der Artikel, und schlecht verstandene
Stellen sollten sich eben gerade als schwierig erweisen. Sie sollten so lesen, dass sie über die Tatsachen grob informiert seien. Jede Vp musste ihre
persönliche Lesezeit für den Artikel messen. Im ersten Arbeitsheft mussten
die Vpn mit <u>sofortiger Wiedergabe</u> zuerst den Artikel schriftlich wiedergeben. Die Zeit war frei für die Aufgabe. Sie wurden aufgefordert, den Inhalt
sinngemäss, aber möglichst genau niederzuschreiben. Die Namen seien nicht so
wichtig, auch der Stil müsse nicht ausgefeilt sein. Doch seien <u>keine</u> Zusammenfassungen erwünscht. Im zweiten Arbeitsheft bearbeiteten diese Vpn den
Fragentest ohne Zeitbeschränkung sowie den sprachlichen Leistungstest, aber
nur so weit, wie sie in 15 Minuten kamen. Die Vpn mit <u>späterer Wiedergabe</u>
bearbeiteten im ersten Arbeitsheft zuerst den sprachlichen Leistungstest
während 15 Minuten, an welchen sich die schriftliche Wiedergabe des Artikels
anschloss. Im zweiten Arbeitsheft folgte der Fragentest. Die Vpn arbeiteten
während der 60 - 70 Minuten individuell; dort, wo die Zeit beschränkt war,
waren sie instruiert, mit der Stoppuhr zu arbeiten.

6.4 Resultate

Zuerst werden die Hauptresultate berichtet: der Einfluss von der Gliederung,
Zusammenfassung und Behaltenszeit auf die abhängigen Variablen Lesezeit,
Wiedergabe, Fragentest und Verständlichkeitsurteil. Als zweites folgen die
qualitativen Resultate aus der Wiedergabe und dem Fragentest. Am Schluss
werden die Einflüsse der individuellen Leservariablen auf die Verständnisleistungen berichtet.

6.4.1 Hauptresultate

Die Wiedergabeleistung (Anzahl wiedergegebener Propositionen) korreliert
nicht signifikant mit der Lesezeit (Anzahl Lesezeitsekunden): $r = -.12$,
$n = 83$, $p > .10$. Da kein trade-off zwischen Lesezeit und Wiedergabeleistung
bestehen, werden die beiden abhängigen Variablen getrennt analysiert. Es
folgen die Resultate zu den abhängigen Variablen Lesezeit, Wiedergabeleistung, Fragentest und Verständlichkeitsurteil. Die Varianzanalysen für die
Wiedergabeleistung und den Fragentest wurden mit einer Kovariate gerechnet,

dem Synonymtest aus dem sprachlichen Leistungstest SASKA. Die Mittelwerte in
der Lesezeit und in der Wiedergabeleistung sind in Tab. 6.4.1 abgebildet.

Tab. 6.4.1: Mittelwerte in Lesezeit und Wiedergabeleistung (Experiment II)

	ZEIT	
TEXTVERSION	sofort	später

LESEGESCHWINDIGKEIT (Sekunden)

Gliederung optimiert		
mit Zusammenfassung	304	
ohne Zusammenfassung	281	
Gliederung gestört		
mit Zusammenfassung	286	
ohne Zusammenfassung	308	

WIEDERGABELEISTUNG (Anzahl Propositionen)

Gliederung optimiert		
mit Zusammenfassung	18.5	18.6
ohne Zusammenfassung	14.8	13.3
Gliederung gestört		
mit Zusammenfassung	12.8	11.3
ohne Zusammenfassung	10.2	12.6

n pro Gruppe = 10
N = 80

Lesezeit: In der zweifaktoriellen Varianzanalyse erreichen die Faktoren
"Gliederung" (optimiert vs. gestört) und "Zusammenfassung" (Experimental-
vs. Kontrollversion) keine signifikanten Haupteffekte, interagieren aber
signifikant ($F = 4.29$, $df = 1/76$, $p < .05$). Die Tafel der Varianzanalyse ist
in Tab. 8 im Anhang A abgebildet. Fig. 6.4.1 zeigt die Interaktion: die
Zusammenfassung (Experimentalversion) verlängerte die Lesezeit bei optimierter Gliederung, währenddem sie die Lesezeit verkürzte bei gestörter
Gliederung. Die einfachen Haupteffekte des Faktors "Zusammenfassung" auf den

zwei Stufen des Faktors Gliederung sind aber nicht signifikant (optimierte Gliederung: F = 1.91, df = 1/38, p >.10, gestörte Gliederung: F = 2.47, df = 1/38, p >.10).

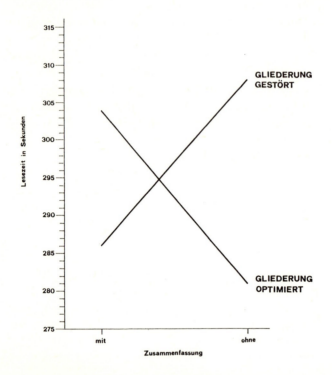

Fig. 6.4.1: Interaktion zwischen "Gliederung" und "Zusammenfassung" in der Lesezeit (Experiment II)

In der Bedingung "ohne Zusammenfassung" wurde die gliederungsgestörte Textfassung tendenzweise signifikant langsamer gelesen als die gliederungsoptimierte Textfassung (F = 3.14, df = 1/38, p <.10).

Wiedergabeleistung: Die Mittelwertstabelle (Tab. 6.4.1) zeigt einen positiven Effekt der Gliederungsoptimierung und der Zusammenfassung, d. h., die gliederungsoptimierte Textfassung mit der Zusammenfassung (Experimentalversion) wurde am besten wiedergegeben. Die Behaltenszeit spielte keine Rolle, d. h. die Wiedergabeleistung war nach 15 Minuten genauso gut wie direkt nach dem Lesen. Die dreifaktorielle Varianzanalyse (Tab. 9 im Anhang A) zeigt aber nur einen signifikanten Haupteffekt für den Faktor "Gliederung" ($F = 14.67$, $df = 1/71$, $p < .001$), sowohl die "Zusammenfassung" als auch die "Behaltenszeit" haben keine signifikanten Haupteffekte (Zusammenfassung: $F = 1.66$, $df = 1/71$, $p > .10$, Behaltenszeit: $F = 1.05$, $df = 1/71$, $p > .10$). Keine der Interaktionen erreicht Signifikanz. Die Gliederungsoptimierung wirkt sich also unabhängig von der Zusammenfassung und vom Zeitpunkt des Behaltenstests positiv auf die Wiedergabeleistung aus.

Fragentest: Die Resultate bleiben sich gleich wie bei der Wiedergabeleistung. Die gliederungsoptimierte Textfassung bewirkt mit $\bar{x} = 12$ richtig beantworteter Fragen signifikant bessere Erinnerungsleistungen als die gliederungsgestörte mit $\bar{x} = 10$ ($F = 4.71$, $df = 1/71$, $p < .05$), und zwar unabhängig von der Zusammenfassung und der Behaltenszeit. Weder die "Zusammenfassung" ($F = .52$, $df = 1/71$, $p > .10$) noch die "Behaltenszeit" ($F = .30$, $df = 1/71$, $p > .10$) erreichen signifikante Effekte und die Interaktionen ebenfalls nicht.

Verständlichkeitsurteil: Die Versuchspersonen reagierten in ihrem Urteil weder auf die "Gliederung" ($F = .18$, $df = 1/76$, $p > .10$) noch auf die "Zusammenfassung" ($F = .11$, $df = 1/76$, $p > .10$). Auch die Interaktion ist nicht signifikant ($F = .78$, $df = 1/76$, $p > .10$).

Als Kontrolle wurden die drei verschiedenen Versionen der Gliederungsstörung verglichen in bezug auf ihre Verständlichkeit (vgl. Kap. 6.3.1). Sie unterschieden sich weder in der durchschnittlichen Lesezeit ($F = 2.09$, $df = 2/37$, $p > .10$), noch in der Wiedergabeleistung ($F = .27$, $df = 2/37$, $p > .10$) noch im Fragentest ($F = 1.60$, $df = 2/37$, $p > .10$).

Zusammenfassung der Hauptresultate:
Die Gliederungsstörung wirkte sich auf die Behaltensleistung in der Wiedergabe und im Fragentest aus. Die Mittelschüler verlangsamten ihre Lesegeschwindigkeit bei schlechter Textkohärenz nicht: zwar konnte eine leichte Verlangsamung in der Bedingung "ohne Zusammenfassung" beobachtet werden, doch war sie nicht signifikant. Die Behaltenszeit hatte entgegen den Erwartungen keinen Effekt auf die Erinnerung. Auch im Fragentest zeigte sich kein Effekt der Behaltenszeit. Die Zusammenfassung wirkte sich nicht auf die Behaltensleistung aus. Sie moderierte die Wirkung der Gliederungsstörung auf die Lesezeit leicht, indem der gliederungsgestörte Text mit Zusammenfassung leicht schneller, ohne Zusammenfassung aber leicht langsamer gelesen wurde als der gliederungsoptimierte. Doch war dieser Effekt nicht signifikant.

6.4.2 Qualitative Resultate

Erstens interessiert, ob die in den Hauptresultaten berichtete negative Wirkung der Gliederungsstörung auf die Behaltensleistung für alle Superstrukturelemente gleichermassen zutrifft. Zweitens interessiert, ob die im Experimentalteil I gemachte Beobachtung bestätigt werden kann, dass Aussagen zu den Motiven der Parteien besser erinnert werden als andere Aussagen aus dem Teil "Hintergründe". Drittens interessiert, ob - ebenfalls innerhalb des Teils Hintergründe - Aussagen über den Hauptdarsteller Kele besser erinnert werden als Aussagen zu seinen Gegenparteien. Viertens wird geprüft, ob - wie im Experimentalteil I - kein Hierarchieeffekt für die Superstruktur beobachtet werden kann. (Für die Auswertungen im folgenden Abschnitt wurden Textanfang und -schluss nicht einbezogen, um Primacy- und Recency-Effekte nicht zu tangieren.)

Im Originalartikel waren die drei Superstrukturelemente mit 16 Propositionen (Ereignis), 61 Propositionen (Hintergründe) und 13 Propositionen (Bilanz) vertreten. (Ohne Textanfang und -schluss waren es noch 14 Propositionen für das Element Ereignis resp. 10 Propositionen für das Element Bilanz.) Die "Hintergründe" wurden mit einem Propositionsanteil von $\bar{x}$ = 17 % besser behalten als das "Ereignis" mit $\bar{x}$ = 10 % und die "Bilanz" mit $\bar{x}$ = 11 %. Wie Fig. 6.4.2 zeigt, wirkt sich die Gliederungsstörung nur auf die Behaltensleistung für die "Hintergründe" und für die "Bilanz" negativ aus, währenddem

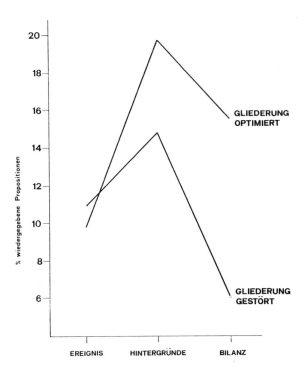

Fig. 6.4.2: Interaktion zwischen "Gliederung" und "Superstrukturelement" in der Wiedergabeleistung (Experiment II)

"Ereignis"-Informationen eine gleich gute Erinnerung zeigen wie in der gliederungsoptimierten Fassung. Diese Beobachtungen bestätigen sich in einer 4faktoriellen Varianzanalyse (vgl. Tab. 10 im Anhang A), in welcher der between-subjects-Faktor "Gliederung" signifikant ist ($F = 5.43$, $df = 1/72$, $p < .05$), sowie der within-subjects-Faktor "Superstrukturelement" ($F = 9.90$, $df = 2/144$, $p < .001$). Der Faktor "Superstrukturelement" interagiert signifikant mit der "Gliederung" ($F = 4.93$, $df = 2/144$, $p < .01$) und auch mit der "Behaltenszeit" ($F = 3.48$, $df = 2/144$, $p < .05$). Die einfachen Haupteffekte des Faktors "Gliederung" sind, wie die Fig. 6.4.2 zeigt, nur in den Superstrukturelementen "Hintergründe" ($F = 4.47$, $df = 1/72$, $p < .05$) und "Bilanz"

(F = 8.18, df = 1/72, p<.01) signifikant, nicht aber im Element "Ereignis"
(F = .20, df = 1/72, p >.10). Die Behaltenszeit wirkt sich etwas stärker auf
die "Bilanz" aus als auf die andern zwei Elemente, doch sind die einfachen
Haupteffekte in keinem der drei Superstrukturelemente signifikant (Ereignis:
F = 1.11, df = 1/72, p >.10; Hintergründe: F = .06, df = 1/72, p >.10; Bilanz: F = 3.26, df = 1/72, p = .08).

Die Gliederungsstörung wirkte sich nur auf die Erinnerung für Hintergrund- und Bilanz-Informationen aus und nicht auf diejenige für Ereignis-Informationen. Um auszuschliessen, dass sich dieser Effekt nur auf die Position der Propositionen zurückführen lässt, wurde geprüft, ob Ereignis-Informationen, die - in den gliederungsgestörten Versionen - erst im mittleren oder im letzten Textbereich erscheinen, schlechter behalten werden als Ereignis-Informationen, die am Textanfang stehen. Eine Nachanalyse zeigt, dass dies nicht zutrifft: Die durchschnittliche Erinnerungswahrscheinlichkeit für eine Ereignis-Proposition beträgt, wenn sie im ersten Textabschnitt steht, 10 % und, wenn sie im mittleren oder letzten Textbereich steht, 18 %. Für diese Berechnung wurden von den 14 Ereignispropositionen - ohne die zwei aus Textanfang, die ja in allen Berechnungen ausgeschlossen wurden - diejenigen 9 ausgewählt, die bei der gliederungsoptimierten Version im ersten Textabschnitt vorkamen und in den gliederungsgestörten Versionen in einem der folgenden Textabschnitte. Von diesen 9 Ereignispropositionen wurden sechs besser, eines gleich gut und nur zwei schlechter behalten, wenn sie nicht im ersten Abschnitt, sondern später, verteilt in Hintergrund- und Bilanz-Informationen, vorkamen. Deshalb kann gefolgert werden, dass narrative Artikelstrukturen trotz der Gliederungsstörung gut verstanden und erinnert wurden, währenddem das Verständnis für expositorische Artikelstrukturen von der Gliederungsstörung beeinträchtigt wurden. Eine zweite Nachanalyse brachte eine zusätzliche Bestätigung für diese Erklärung. Mit zunehmender Position der nicht umgestellten Propositionen im Element "Hintergründe" sinkt ihre Wiedergabewahrscheinlichkeit in der Gruppe mit gliederungsgestörten Versionen gegenüber denjenigen in der Gruppe mit der gliederungsoptimierten Version nicht. Die Korrelation zwischen der serialen Position und der Differenz in der Wiedergabewahrscheinlichkeit zwischen gliederungsoptimierter und -gestörter Version beträgt r = .07 und ist nicht signifikant (df = 15, p >.10). Diese Differenz sollte aber mit zunehmender Position ansteigen bei Annahme eines grösseren Effektes der Gliederungsstörung mit zunehmender Position bzw. Informationsfülle. Also ist es die Art der Information und nicht die Position im Text, welche den differenziellen Effekt der Gliederungsstörung auf die drei Superstrukturelemente erklärt.

Die weiteren Auswertungen betreffen die Frage, welche Informationen innerhalb des (weitaus längsten) Superstrukturelements "Hintergründe" am besten behalten werden. Eine Hypothese aus dem ersten Experiment besagt, dass Motive der Parteien besser erinnert werden als alle anderen Hintergrund-Informationen. Die 19 Motivpropositionen wurden mit $\bar{x}$ = 19 % nur knapp signifikant besser erinnert als die 42 anderen Hintergrund-Propositionen mit $\bar{x}$ = 16 % ($F = 3.93$, $df = 1/72$, $p = .05$). Die zweite Hypothese besagt, dass Informationen über den Hauptdarsteller "Kele" besser erinnert werden als Informationen seiner Gegenparteien. Diese Hypothese erwächst aus der Besonderheit dieses Artikels. In seiner Superstruktur (Fig. 3 im Anhang A) ist ersichtlich, dass in allen drei Hintergrundkonflikten immer die eine Partei konstant ist (Kele), währenddem seine Gegenparteien von Konflikt zu Konflikt wechseln. Diese Struktur von Korrespondentenberichten hebt sich von andern (vgl. Fig. 1 a - c im Anhang A) durch einen konstanten "Hauptdarsteller" ab. Leser identifizieren sich oft mit dem Hauptdarsteller in Geschichten und erinnern demzufolge mehr Informationen über den Hauptdarsteller als über andere Akteure (vgl. Bower, 1978). Folgende Resultate zeigen, dass dies auch im Gondasa-Artikel zutrifft. Von den 22 Propositionen zum Hauptdarsteller Kele und den 31 Propositionen zu seinen Gegenparteien im Teil "Hintergründe" des Originaltexts wurden diejenigen über den Hauptakteur mit $\bar{x}$ = 22.1 % signifikant besser behalten als diejenigen über die andern Parteien mit $\bar{x}$ = 12.9 % ($F = 45.31$, $df = 1/72$, $p < .001$). Die bessere Erinnerung für die Aussagen über den Hauptakteur konnte auch im Fragentest überprüft und bestätigt werden. Von je 6 Fragen zu "Kele" und zu seinen Gegenspielern wurden durchschnittlich 4.15 resp. nur 3.70 richtig beantwortet ($F = 8.10$, $df = 1/72$, $p < .05$).

Die letzte Auswertung betrifft die Frage des Hierarchieffekts. Der Hierarchieffekt für die postulierte Superstruktur kann auch in diesem Experiment nicht beobachtet werden (vgl. Fig. 4 a im Anhang A für den ganzen Artikel und Fig. 4 b im Anhang A für den Teil "Hintergründe"). Die in der Superstruktur postulierten Wichtig-unwichtig-Unterscheidungen für die Textaussagen und die daran anknüpfenden Erwartungen bezüglich deren Erinnerungswahrscheinlichkeit (vgl. Kap. 4.6) können auch im längeren fiktiven Artikel nicht belegt werden. Denn Aussagen auf dem Hierarchieniveau I wurden nicht besser erinnert als hierarchieniedrigere.

6.4.3 Der Einfluss von Lesegewohnheiten, Interessen und Geschlecht

a) Häufigkeit des Zeitunglesens (vgl. Frage 1, Kap. 5.3.4)

Die Versuchspersonen, welche angaben, täglich Zeitung zu lesen, lasen den fiktiven Artikel signifikant schneller als diejenigen, die nach ihren Angaben nur manchmal Zeitung lesen. Dies zeigt der Scheffetest im Anschluss an die einfache Varianzanalyse der drei Stufen des Zeitunglesens ($F = 5.39$, $df = 2/77$, $p < .01$). Auf die Behaltensleistung in der Wiedergabe und im Fragentest hat die Häufigkeit des Zeitunglesens keinen Einfluss.

b) Interessen (vgl. Fragen 3 und 4, Kap. 5.3.4)

Versuchspersonen, die angaben, sich für Politik zu interessieren, haben im Fragentest mit $\bar{x} = 11.9$ mehr richtige Antworten als diejenigen, die nur wenig oder kein Interesse für Politik ankreuzten ($\bar{x} = 10.2$, $t = 2.13$, $df = 78$, $p < .05$). Das Interesse für Politik beeinflusst die Wiedergabeleistung nur tendenzweise signifikant ($t = 1.85$, $df = 78$, $p = .07$), und zwar in der gleichen Richtung wie die Fragentestleistungen. Die Lesezeit ist unbeeinflusst vom Interesse für Politik. - Das Interesse für Auslandereignisse in den Zeitungsberichten hat keinen Effekt auf die Verständnisvariablen Lesezeit, Wiedergabe und Fragentestleistungen.

c) Geschlecht

Das Geschlecht wirkt sich signifikant auf die Verständnisvariablen Lesezeit und Verständlichkeitsurteil aus: die Männer lasen den fiktiven Zeitungsartikel mit $\bar{x} = 277$ Sekunden schneller als die Frauen mit $\bar{x} = 304$ Sekunden ($t = 2.36$, $df = 78$, $p < .05$) und beurteilten ihn als leichter als die Frauen ($t = 1.96$, $df = 78$, $p = .05$). Die Erinnerungsleistung der Männer und Frauen war die gleiche.

6.5 Diskussion

Im Unterschied zum ersten Experiment, in welchem Mittelschüler schlecht gegliederte Zeitungsartikel langsamer lasen und ebensogut erinnerten wie gut gegliederte, lasen hier die Mittelschüler die schlecht gegliederten Versionen nicht langsamer und erinnerten sie schlechter als die gut gegliederte Version. Während es im ersten Experiment den Mittelschülern offenbar gelang, die schlechte Textkohärenz durch vermehrten Einsatz von Verarbeitungsprozessen während dem Lesen zu kompensieren (vgl. auch Kintsch & Mandel & Kozminsky, 1977), gelang dies hier nicht mehr. Im Vergleich zum ersten Experiment war a) die Gliederungsstörung stärker (jeder vierte Satz war an eine zufallsbestimmte neue Position umgestellt worden), b) die Texte länger (743 vs. 260 bis 460 Wörter) und c) der Inhalt des Textes fiktiv statt real. Dies lasst sich so interpretieren, dass in solchen erschwerten Bedingungen Kompensationsprozesse während dem Lesen schon gar nicht mehr vollzogen werden, was sich in keiner Verlängerung der Lesezeit und in einer Verschlechterung der Behaltensleistung zeigt.

Auch Kompensationsprozesse nach dem Lesen waren nicht erfolgreich durchgeführt worden: die Behaltensleistung für schlecht gegliederte Versionen des Artikels blieb schlechter als diejenige für die gut gegliederte Version, sowohl im sofortigen als auch im verzögerten Behaltenstest. Offenbar war der Effekt der Textlänge bereits so gravierend, dass auch die Verlängerung der Zeit zwischen Lesen und Wiedergeben keine Verschlechterung mehr brachte. Es ist anzunehmen, dass bei diesem langen Text bereits während dem Leseprozess Informationen definitiv vergessen oder gar nicht aufgenommen worden sind. Auch Flammer & Tauber (1982) konnten beobachten, dass Inhalte eines langen Textes (ca. 700 Wörter) nach dem Lesen nicht mehr beliebig reorganisiert werden können. Die schlechte Textgliederung setzte bereits während der Informationsaufnahme (Kodierungsphase) eine Limite für die Gedächtnisleistung und nicht erst während der Speicherphase.

Die Gliederungsstörung wirkte sich aber nicht auf alle Elemente des Zeitungsartikels im gleichen Ausmass aus. Die narrativen Prosastrukturen des Textes (Ereignis-Informationen) wurden gleich gut erinnert, ob sie nun in der normalen oder in einer gestörten Reihenfolge, d. h. verteilt und an umgestellter Position im Text, berichtet wurden. Hingegen litt die Erinnerung der expositorischen Prosastrukturen (Hintergründe und Bilanz) unter der Gliederungsstörung. Es ist denkbar, dass narrative Prosastrukturen aufgrund ihrer linearen Struktur (zeitlichen Kontinuität) auch in einer gestörten Gliederung noch leicht aufgenommen und gespeichert werden können, währenddem expositorische Prosastrukturen aufgrund von komplexeren Relationen zwischen den Aussagen schlechter verstanden werden, wenn die Aussagen im Text verteilt dargeboten werden.

Die Annahme, dass eine vorangestellte Zusammenfassung Kompensationsprozesse für eine schlechte Textkohärenz erleichtert, hat sich nicht bestätigt. Die Zusammenfassung moderierte die Lesezeit nur in Interaktion mit dem Faktor Gliederung: bei optimierter Gliederung verlangsamte sie die Lesezeit tendenzweise, bei gestörter Gliederung verschnellerte sie die Lesezeit tendenzweise. Die einfachen Haupteffekte waren nicht signifikant, so dass gefolgert werden muss, dass die Zusammenfassung weder bei optimierter noch bei gestörter Textgliederung einen Effekt auf die Lesezeit hatte, jedoch eine gegenläufige Tendenz bei den zwei Gliederungsformen bewirkte. Die Behaltensleistung wurde ebenfalls nicht signifikant von der Zusammenfassung beeinflusst, obwohl die Mittelwerte in die erwartete positive Richtung zielten. - Für die ausbleibende Wirkung der Zusammenfassung sind mehrere Ursachen denkbar:
1) Die Zusammenfassung verdeutlichte nicht die Makrostruktur, welche die Leser dem Text auferlegten. Dadurch verwirrte sie eher, da sie mit der lesereigenen Makrostrukturbildung interferierte. Durch diesen negativen Effekt der Interferenz würde der positive Effekt der vorausgegebenen zusätzlichen Information wieder ausgeglichen. 2) Die Zusammenfassung war nicht wirksam, weil sie über den Verlauf des Lesens vergessen wurde. Diese Interpretation würde implizieren, dass die Zusammenfassung einen positiven Effekt hätte, wenn sie erst am Schluss des Textes präsentiert würde. Sie hätte dann nicht wie eine vorangestellte Zusammenfassung den Sinn, eine Organisation zum Einordnen der kommenden Information zur Verfügung zu stellen, sondern würde ein Reorganisieren der Inhalte nach dem Lesen oder ein Rekonstruieren der Inhalte in der Wiedergabe begünstigen. Genau diese Beobachtung machten Vezin & Berge & Mavrellis (1973-74). Eine vorangestellte Zusammenfassung war bei einem 476 Wörter langen Text keine effiziente Lernhilfe, doch bewirkte die gleiche Zusammenfassung, wenn sie erst nach dem Lesen präsentiert wurde, bessere Behaltensleistungen. Ihre Daten zeigten ferner, dass dieses Resultat

nicht auf einen Recency-Effekt zurückzuführen ist, sondern auf die Tatsache, dass die nachgestellte Zusammenfassung ein nachträgliches Organisieren der gelesenen Informationen erleichterte.

Ein Hierarchieeffekt für die im Kap. 4 vorgeschlagene Superstruktur konnte auch bei diesem Textbeispiel nicht beobachtet werden. Dadurch wird die Interpretation gestützt, dass die Leser nicht das in der Superstruktur vorgeschlagene Schema aktualisierten, um die Textinhalte zu organisieren. Die Resultate brachten vielmehr eine Bestätigung der Vermutung, dass die Leser ein Kausalketten-Schema aktualisierten (vgl. auch Black & Bern, 1981), weil Informationen zu den "Motiven" aus dem Element Hintergründe tendenzweise besser erinnert wurden als andere Informationen. Ferner wirkte auch die Hauptfigur im Element Hintergründe als organisierendes Element: Aussagen zur Hauptfigur wurden signifikant besser erinnert als Aussagen zu seinen Gegenspielern (vgl. Bower, 1978). Konnektivität im expositorischen Teil des Artikels bildeten die Leser also einerseits über Kausalzusammenhänge und andererseits über das Referenzobjekt des Hauptakteurs.

7. ALLGEMEINE DISKUSSION

Es ist bekannt, dass Zeitungsartikel aus dem Ressort "Ausland" in Schweizer Tageszeitungen im allgemeinen eine schlechtere Verständlichkeit aufweisen als Artikel aus andern Ressorts (Amstad, 1978; die Verständlichkeit wurde in der Lesbarkeitsformel von Flesch gemessen). Diese Arbeit wollte in einer Art Feinanalyse und an wenigen Beispieltexten a) abklären, wie Artikel mit auslandpolitischem Inhalt überhaupt verstanden werden von verschiedenen Lesergruppen. Und b) wollte sie Lösungsmöglichkeiten für eine Verbesserung der Verständlichkeit solcher Artikel aufzeigen, und zwar differenzierte Lösungsmöglichkeiten für verschiedene Lesergruppen. Als Lesergruppe berücksichtigte sie zwei Stichproben, eine Stichprobe von Lehrlingen und eine Stichprobe von Mittelschülern. Als Texte berücksichtigte sie Beispiele von realen und fiktiven Korrespondentenberichten, bzw. sog. "analysierende Nachrichten".

a) Wie werden solche Artikel überhaupt verstanden?

In der speziellen Lesesituation, wie sie sich im Experiment verwirklichte, konnten die Mittelschüler im Durchschnitt 35 % der Aussagen aus den realen Beispielartikeln aufnehmen, die Lehrlinge 25 %. In natürlichen Situationen des Zeitunglesens ist anzunehmen, dass eher weniger aufgenommen wird, denn im Experiment lasen die Personen mit dem Ziel, die Artikel später nacherzählen zu können. In der Literatur wird von narrativen Texten, wie es Geschichten darstellen, von ähnlicher Länge und unter ähnlichen Lesebedingungen ein Wiedergabeprozent zwischen 56 und 67 % angegeben, für expositorische Texte, ähnlich den hier verwendeten Artikeln aber ein Wiedergabeprozent von 32 bis 44 % (z. B. Graesser & Hauft-Smith & Cohen & Pyles, 1980). Diese Vergleichszahlen sind ausschliesslich an Universitätsstudenten gewonnen worden. Man kann daraus schliessen, dass die hier verwendeten Zeitungsartikel zwar schlechter verstanden werden als andere, z. B. narrative Textsorten, aber in bezug auf expositorische Textsorten durchaus im Durchschnitt liegen. Dieses Resultat bezieht sich natürlich nur auf die hier verwendeten drei Zeitungsartikel - es waren drei reale Artikel aus dem Tages Anzeiger vom Jahr 1979 in leicht gekürzter Form - und ist in keinem Fall generalisierbar. Zudem widerspricht es der genannten Untersuchung von Amstad nicht, welche ja zeigte, dass die Lesbarkeit -gemessen im Flesch-Index - im Auslandressort tiefer ist als in andern Ressorts, was bedeutet, dass die Lesbarkeit des Auslandressorts noch stark verbessert werden könnte. Dieses Resultat zeigt nur, dass wir uns mit den Beispielartikeln auf einem Niveau von expositorischen Textsorten bewegen, die im Vergleich zu andern Textsorten schwierig zu behalten sind. Eine Analyse von ca. 30 Zeitungsartikeln vom Typ "analysierende Nachricht" zeigte auch einen strukturellen Aufbau, der aus einem kleineren narrativen Textteil besteht (das Hauptereignis mit den Antworten auf die Fragen wer?, was?, wo?, wie?, wann?) und aus einem grösseren expositorischen Teil (die Hintergründe und die Bilanz mit den verschiedenartigen Antworten auf die Frage warum?).

Die verschiedenen Elemente eines so aufgebauten Artikels wurden unterschiedlich gut verstanden. Der narrative Teil wurde im allgemeinen gut verstanden und erinnert, schlechter steht es aber mit dem expositorischen Teil. Die Mittelschüler verstanden alle Elemente der Artikel gleich gut, doch die Lehrlinge verstanden die "Hintergründe" und die "Bilanz" schlechter als das "Hauptereignis". Es blieb unklar, ob dieser Effekt als Primacy-Effekt zu interpretieren ist (d. h. die Lehrlinge verstanden die Ereignisse besser, weil sie am Textanfang standen) oder als Effekt der unterschiedlichen Textstruktur. Jedenfalls können die "Hintergründe" und die "Bilanz" in der Praxis schon von der Logik her nicht vor dem "Hauptereignis" berichtet werden, so dass die Interpretation bestehen bleibt, dass in diesem logischen Aufbau Hintergrund- und Bilanz-Informationen von gewissen Lesergruppen schlechter verstanden werden als Ereignis-Informationen. - Aus den "Hintergründen" wurden am besten solche Aussagen erinnert, die in einem direkten Kausalzusammenhang mit dem Hauptereignis standen, also Ursachen und Folgen des Hauptereignisses. - Eine spezielle Stellung kommt der "Bilanz" zu. Sie wurde offenbar als weniger wichtig empfunden als die andern Inhalte. Denn sie wurde in der freien Wiedergabe weniger oft genannt als andere Artikelinhalte, aber im Fragentest wurde sie ebensogut erinnert wie andere Artikelinhalte.

Die selektive Erinnerung der Lehrlinge an Ereignis-Informationen hängt unter Umständen auch mit ihren Gewohnheiten des Zeitunglesens und mit ihren Interessen zusammen. Sie lesen nach ihren Angaben zwar gleich oft Zeitung wie die Mittelschüler, doch von Artikeln mit auslandpolitischen Inhalten lesen sie im allgemeinen nur Titel und evtl. Vorspann, während die Mittelschüler nach ihren Angaben im allgemeinen den ganzen Artikel zumindest überfliegen. Auch interessieren sich die Lehrlinge weniger als die Mittelschüler für Auslandereignisse und Politik, wie ihren Angaben zu entnehmen ist.

Gerade diese Leservariable hängt aber am stärksten mit den Verständnisleistungen zusammen. Lehrlinge mit mehr Interesse für Auslandereignisse lasen die Artikel im Experiment schneller und erinnerten sich besser als Lehrlinge mit weniger solchen Interessen. Leser mit mehr Interesse für Auslandereignisse lesen wahrscheinlich auslandpolitische Artikel häufiger und gründlicher, so dass sie einen Lernvorsprung haben gegenüber Lesern mit weniger Interesse. Und Leser, die angaben, auslandpolitische Artikel im allgemeinen gründlich zu lesen, zeigten tatsächlich bessere Erinnerungsleistungen als Leser, welche von solchen Artikeln im allgemeinen nur Titel und Vorspann lesen. Schliesslich spielt auch die Häufigkeit des Zeitunglesens eine Rolle: fleissige Zeitungleser waren in diesen Experimenten effizientere Leser als sporadische Zeitungleser. Innerhalb der Lehrlingsstichprobe zeichnete sich auch der schulische Ausbildungsweg als Einflussvariable ab: Lehrlinge mit Sekundarschulabschluss erinnerten die Artikel im Experiment besser als Lehrlinge mit Realschulabschluss. - Ueber den Einfluss des Geschlechts auf das Verständnis der Zeitungsartikel können wir leider wenig aussagen, weil am Experiment I mit den realen Zeitungsartikeln nur Männer teilnahmen. Im Experiment II mit dem fiktiven Zeitungsartikel hatten sich die Frauen unter den Mittelschülern als weniger effizientere Leser herausgestellt als die Männer. Sie erinnerten aber gleich viel vom Artikel. Dieses Resultat kann nicht auf die reale Zeitunglesesituation übertragen werden, denn das Verständnis für den fiktiven Artikel scheint nicht die gleiche Art von Verständnis zu sein wie dasjenige für reale Artikel: das "Interesse für Auslandereignisse", welche die stärkste Determinante war für das Verständnis der realen Artikel, war für das Verständnis des fiktiven Artikels eine irrelevante Leservariable.

b) Welche Lösungsmöglichkeiten zeichnen sich ab für die Verbesserung der Verständlichkeit solcher Artikel?
Die wichtigste Schlussfolgerung aus dieser Arbeit ist, dass die gleiche Optimierung bei verschiedenen Lesern eine unterschiedliche Wirkung hat. Damit

ist an einem weiteren Beispiel die ATI-Implikation in Groebens Verständlichkeitskonzept nachgewiesen (vgl. auch Meyer & Brandt & Bluth, 1980; Früh, 1980), und die neue Tendenz, Verständlichkeit als ein Resultat einer Leser-Text-Interaktion aufzufassen, wird bestätigt (vgl. Tauber & Gygax, 1980; Miller & Kintsch, 1980; Ballstaedt et al., 1981).

Von den zwei untersuchten Dimensionen "Lesbarkeit" (satzinterne Gestaltung) und "Gliederung" (satzübergreifende Gestaltung) hat sich für die Lehrlinge die Lesbarkeit als dominant erwiesen. Ihre Erinnerungsleistung kann durch ein Umschreiben in einfachere Wörter und kürzere Sätze für einzelne Artikel stark angehoben werden. Dass dieser positive Optimierungseffekt nicht bei allen drei Zeitungsartikeln auftrat, ist vermutlich dem Optimierungsbereich zuzuschreiben. Das heisst, die Optimierung sollte mindestens ein Niveau von 22 Punkten in der Lesbarkeitsformel von Dickes & Steiwer (1977) erreichen, das sind ungefähr 50 Punkte in der von Amstad (1978) adaptierten Flesch-Formel; und Optimierungen im tieferen Bereich - wie sie bei den andern Artikeln im Experiment erreicht wurden - bringen für die Lehrlinge noch keinen effektiven Verständniszuwachs. - Die Optimierung der Textgliederung brachte im Vergleich zu einer leicht gestörten Gliederung keinen Verständniszuwachs für die Lehrlinge. Dieses Resultat wurde darauf zurückgeführt, dass die Lehrlinge im Unterschied zu den Mittelschülern keine Makrostruktur für die Textinhalte bildeten. Das heisst, sie überführten die einzelnen Artikelaussagen in ihrer Gedächtnisrepräsentation nicht in eine kondensiertere Form (wie man sich eine Zusammenfassung vorstellen kann), sondern sie speicherten die Artikel als eine Liste von expliziten Aussagen, wobei sie einzelne Teile des Artikels vernachlässigen mussten und vorwiegend Aussagen zum Ereignis auswählten. Von einer Gliederungsoptimierung können aber nur Leser profitieren, die eine Makrostruktur für den Textinhalt bilden. Denn Makroprozesse leiden unter einer schlechten Textkohärenz (s. Mittelschüler).

Den Mittelschülern kann man eigentlich viel zumuten: sie erinnerten schlecht verständliche Texte ebensogut wie gut verständliche, weil sie ihre Lesezeit der Textschwierigkeit anpassten (vgl. Rothkopf, 1972; Kintsch & Vipond, 1979). Dieses Verhalten kann aber nicht ohne weiteres auf natürliche Situationen generalisiert werden, sind doch Zeitungsleser im Alltag nicht gewillt, viel Zeit zu investieren, um schlecht verständliche Zeitungsartikel zu entziffern. Die Mittelschüler konnten ihre Leseeffizienz steigern, wenn die Artikel eine hohe Lesbarkeit und eine gute Gliederung aufwiesen. Die beiden Dimensionen - Lesbarkeit und Gliederung - haben sich schon früher als zwei eigenständige Textdimensionen erwiesen (Tauber & Stoll & Drewek, 1980). Die Verständnisleistungen der Mittelschüler zeigten nun, dass die Optimierung der einen Dimension allein noch nicht genügte, um eine Steigerung der Leseeffizienz zu erreichen. Nur eine Optimierung beider Textdimensionen brachte eine bessere Leseeffizienz. Im Rahmen bestehender Textverarbeitungsmodelle, welche den Leseprozess als ein Zusammenspiel einzelner Prozesskomponenten auffassen (La Berge & Samuels, 1974; Rumelhart, 1977 a; de Beaugrande, 1980), wurde dieses Resultat dahingehend interpretiert, dass die Verarbeitung der satzinternen Struktur unabhängig und parallel zur Verarbeitung der satzübergreifenden Struktur abläuft. Die beiden Prozesskomponenten sind zeitlich so aufeinander abgestimmt, dass die Textverarbeitung nur schneller ablaufen kann, wenn beide Prozesskomponenten schneller ablaufen können.

Aufgrund der Lehrlingsresultate könnte leicht gefolgert werden, dass die Gliederung als satzübergreifende Dimension weniger wichtig ist als die Lesbarkeit (satzinterne Dimension). Diese Folgerung ist aber voreilig, denn zum Verstehensprozess gehören auch Makroprozesse (Vipond, 1980). Verstehen heisst also auch ein Transformieren der einzelnen Textaussagen (Mikropositionen) in eine themenübergreifende Struktur von zusammenfassenden Aussagen (Makropropositionen). Und Leser, welche solche Makroprozesse vollziehen, können von einer Gliederungsoptimierung profitieren, wie die Resultate bei den Mittelschülern zeigten.

Eine schwere Störung der Textkohärenz bei einem langen Artikel unbekannten Inhalts können Mittelschüler nicht mehr so leicht kompensieren mit vermehrtem Verarbeitungsaufwand während dem Lesen. In einer solchen Situation zeigten die Mittelschüler ein Defizit in ihrer Behaltensleistung. Dieses Defizit betraf aber nicht den narrativen Teil (die Ereignisse) des fiktiven Artikels, sondern nur den expositorischen Teil (die Hintergründe und die Bilanz). Ein Positionseffekt konnte ausgeschlossen werden. Der expositorische Teil - welcher bei realen Artikeln von den Lehrlingen schlechter verstanden wurde als der narrative - war gleichzeitig jener Teil, welcher bei einem fiktiven Artikel unter der Störung der Textkohärenz am stärksten litt. Möglicherweise litt der expositorische Teil stärker unter der Störung der Textkohärenz, weil zwischen seinen Aussagen komplexere Relationen bestehen als zwischen den Aussagen im narrativen Teil, welcher aufgrund eines zeitlichen Ablaufs eine einfachere, lineare Struktur aufweist.

Insgesamt kann also gefolgert werden, dass der Verständlichkeit der "Hintergründe" und der "Bilanz" in analysierenden Nachrichten ein besonderes Gewicht zukommt. In diesem Teil soll ja das "Warum?" zum Hauptereignis beleuchtet werden. Von journalistischer Seite betrachtet hat er eine weniger standardisierte Form als der Teil der eigentlichen Nachricht (das Hauptereignis). Und von kognitiv-psychologischer Seite betrachtet bereitet er dem Verständnis grössere Mühe als die eigentliche Nachricht. Denn erstens zeigte die Pilotstudie, dass Leser ein weniger ausgeprägtes Erwartungsschema haben, um die "Hintergründe" zu memorieren als für den Teil des Hauptereignisses. Zweitens verstanden die Lehrlinge die Hintergründe und die Bilanz schlechter als das Hauptereignis. Und drittens litt dieser Teil stärker unter der Störung der Textkohärenz im fiktiven Zeitungsartikel als der Hauptereignis-Teil.

Wie kann denn die Verständlichkeit in diesem Teil verbessert werden? Auf satzinterner Ebene (Wörter, Sätze) haben Amstad (1978) und diese Arbeit gezeigt, dass eine Vereinfachung der Sprache nötig ist und auch bei unterschiedlichen Leservoraussetzungen einen Verständniszuwachs bringt, sei es eine bessere Qualität der Informationsaufnahme oder eine grössere Leseeffizienz. Allerdings ist die Möglichkeit im Auge zu behalten, dass eine zu leichte Sprache gern überlesen wird, so dass die Informationsentnahme wiederum darunter leidet. Tendenzweise war bei den Mittelschülern zu beobachten, dass die leichten Texte zwar schneller gelesen, aber schlechter erinnert wurden. Möglicherweise würde sich diese Tendenz mit einer grösseren Stichprobe als signifikant erweisen. (Unsere nicht signifikanten Resultate lassen keinen verlässlichen Schluss zu, denn die kleine Stichprobe verringerte die Mächtigkeit unserer statistischen Tests erheblich, vgl. auch unsere Diskussion S. 136.) In der Praxis ist also eine für das Zielpublikum optimale Lesbarkeit abzuschätzen, so dass der Text effizient gelesen werden kann, aber trotzdem noch so viel Anforderungen stellt, dass er genügend verarbeitet wird (vgl. auch Groeben, 1978). Neben der Lesbarkeit ist besonders in den Hintergründen und in der Bilanz eine gute Textgliederung wichtig. Wie sollen solche Artikel gegliedert werden, dass sie möglichst gut verstanden und memoriert werden können? Wir sehen zwei Komplexe im Textaufbau und in der Textgliederung, die für das Verständnis wichtig sind: erstens die Textkohärenz und zweitens die Gesamtstruktur der Argumentation. Die Kohärenz zeigt sich in der unmittelbaren Beziehung zwischen aufeinanderfolgenden Aussagen. Sie wird durch die sog. Argumentüberlappung erreicht (vgl. Kap. 2.5), d. h. durch die Wiederholung eines Referenzobjektes in aufeinanderfolgenden Aussagen. Die Argumentüberlappung ist aber quasi erst der semantische Rohbau, unsere Sprache lässt noch Freiheit offen für ihre stilistische Handhabung (z. B. anaphorische, kataphorische, elliptische Referenz usw. - Für die Möglichkeiten der stilistischen Gestaltung der Textkohärenz sei auf de Beaugrande, 1980, Kap. 5 verwiesen). Schon in einer Gliederung nach Themen ist eine solche Textkohärenz erreicht. Das Thema ist dann die kohärenzstiftende Einheit; das Referenzobjekt kann eine Hauptfigur sein, eine Partei oder ein Ort usw., welches sich durch mehrere aufeinander folgende Aussagen hindurchzieht. (Es sei der Autorin hier eine subjektive Aussage erlaubt: Trotz der Kohärenz ist es in Zeitungsartikeln oft schwierig, das kohärenzstiftende Referenzobjekt zu "orten", weil es oft in Quellenangaben oder Personenbeschreibungen ("Mitglied der Kommission X Y Z") versteckt ist, die in den gleichen Satz gepresst werden.) Ein zweiter Komplex neben der Kohärenz ist die Gesamtstruktur der Argumentation, das, was wir in dieser Arbeit eine Superstruktur für bestimmte Textsorten nannten. Es ist uns in dieser Arbeit nicht gelungen, eine Superstruktur für solche Zeitungsartikel zu entwickeln, die einem Leser-Schema entspricht. Doch gaben unsere Untersuchungen Hinweise auf mögliche verständnisfördernde Argumentationslinien im expositorischen Teil solcher Artikel. Leser scheinen demnach solche Artikel in einer Kausalkette zu memorieren. Eine Verdeutlichung der Kausalzusammenhänge, d. h. von Ursachen-Ereignis-Folgen-Ketten, würde deshalb den Lesern einen Verständniszuwachs bringen. Die Erforschung von leserfreundlichen Argumentationslinien, bzw. Superstrukturen, die einem Leser-Schema entgegenkommen, ist aber bei expositorischen Textsorten erst in den Anfängen begriffen. Die weitere Erforschung dieses Gebietes stellt eine wichtige Aufgabe dar, denn neben den hier untersuchten Zeitungsartikeln gehören auch die meisten Lerntexte zu dieser Textsorte.

LITERATURVERZEICHNIS

Amstad, T.: Wie verständlich sind unsere Zeitungen? Dissertation an der Universität Zürich, 1978.

Anderson, R.C.: Allocation of attention during reading. In: Flammer A. & Kintsch W. (Hrsg.): Discourse processing. Amsterdam: North-Holland, 1982 (in press).

Anderson, R.C.: Schema-directed processes in language comprehension. In: Hartley, J. (Hrsg.): The psychology of written communication. New York: Kogan Page, 1980.

Anderson, R.C. & Pichert, J.N.: Recall of previously unrecallable information following a shift in perspective. Journal of Verbal Learning and Verbal Behavior, 1978, 17, 1 - 12.

Anderson, R.C. & Reynolds, R.E. & Schallert, D.L. & Goetz, E.T: Frameworks for comprehending discourse. American Educational Research Journal, 1977, 14, 367 - 381.

Ausubel, D.P.: Educational Psychology: a cognitive view. New York: Holt, Rinehart, Winston, 1978 (neue, überarbeitete Auflage).

Ausubel, D.P. & Novak, J.D. & Hanesian, H.: Psychologie des Unterrichts, Band 1. Weinheim: Beltz, 1980 (völlig überarbeitete Auflage).

Baddeley, A.D.: The psychology of memory. New York: Harper & Row, 1976.

Ballstaedt, S.-P. & Mandl, H. & Schnotz, W. & Tergan, S.-O.: Texte verstehen, Texte gestalten. München: Urban & Schwarzenberg, 1981.

Ballstaedt, S.-P. & Schnotz, W. & Mandl, H.: Zur Vorhersagbarkeit von Lernergebnissen auf der Basis hierarchischer Textstrukturen. In: Mandl, H. (Hrsg.): Zur Psychologie der Textverarbeitung. München: Urban & Schwarzenberg, 1981, 251 - 306.

Bartlett, F.C.: Remembering. Cambridge University Press, 1932.

Berlyne, D.E.: Conflict, arousal, and curiosity. New York: Mc Graw-Hill, 1960.

Black, J.B. & Bern, H.: Causal coherence and memory for events in narratives. Journal of Verbal Learning and Verbal Behavior, 1981, 20, 267 - 275.

Black, J.B. & Bover, G.H.: Episodes as chunks in narrative memory. Journal of Verbal Learning and Verbal Behavior, 1979, 18, 309 - 318.

Bower, G.H.: Experiments on story comprehension and recall. Discourse Processes, 1978, 1, 211 - 231.

Bransford, J.D. & Johnson, M.K.: Contextual prerequisites for understanding: some investigations of comprehension and recall. Journal of Verbal Learning and Verbal Behavior, 1972, 11, 717 - 726.

Britton, B.K. & Westbrook, R.D. & Holdredge, T.S.: Reading and cognitive capacity usage: effects of text difficulty. Journal of Experimental Psychology, HLM, 1978, 4, 6, 582 - 591.

Chiesi, H.L. & Spilich, G.J. & Voss, J.F.: Acquisition of domain-related information in relation to high and low domain knowledge. Journal of Verbal Learning and Verbal Behavior, 1979, 18, 3, 257 - 273.

Chomsky, N.: Aspekte der Syntaxtheorie. Frankfurt a. M.: Suhrkamp, 1969.

Cirilo, R. & Foss, D.: Text structure and reading time for sentences. Journal of Verbal Learning and Verbal Behavior, 1980, 19, 96 - 109.

De Beaugrande, R.: Text, discourse and process. Toward a multi-disciplinary science of texts. Norwood NJ: Ablex, 1980.

Dickes, P. & Steiwer, L.: Ausarbeitung von Lesbarkeitsformeln für die deutsche Sprache. Zeitschrift für Entwicklungspsychologie und Pädagogische Psychologie, 1977, 9, 20 - 28.

Eberspächter, V. & Esche A.: Der Einfluss syntaktischer und semantischer Merkmale auf die Verarbeitung von Fernseh-Nachrichten. Communication, 1978, 4, 182 - 200.

Fass, W. & Schumacher, G.: Schema theory and prose retention. Discourse Processes, 1981, 4, 1, 17 - 26.

Flammer, A. & Tauber, M.: Changing the reader's perspective. In: Flammer, A. & Kintsch, W. (Hrsg.): Discourse processing. Amsterdam: North-Holland, 1982 (in press).

Flesch, R.F.: A new readability yardstick. Journal of Applied Psychology, 1948, 32, 221 - 223.

Frederiksen, C.H.: Representing logical and semantic structure of knowledge acquired from discourse, Cognitive Psychology, 1975, 7, 3, 371 - 458.

Freedle, R.O. & Hale, G.: Acquisition of new comprehension schemata for expository prose by transfer of a narrative schema. In: Freedle, R.O. (Hrsg.): New directions in discourse processing. Norwood NJ: Ablex, 1979.

Früh, W.: Lesen, Verstehen, Urteilen. München: Karl Arber, 1980.

Glowalla, U.: Der Rote Faden: ein handlungstheoretisches Modell zur Textverarbeitung. Dissertation an der Technischen Universität Braunschweig, 1981.

Goldmann, S.R. & Hogaboam, T.W. & Bell, L.C. & Perfetti, Ch.A.: Short-term retention of discourse during reading. Journal of Educational Psychology, 1980, 72, 5, 647 - 655.

Gough, P.B.: One second of reading. In: Kavanagh, J. & Mattingly, I. (Hrsg.): Language by ear and by eye. Cambridge Mass: The MIT Press, 1972.

Graesser, A.C.: Prose comprehension beyond the word. New York: Springer, 1981.

Graesser, A.C. & Hauft-Smith, K. & Cohen, A.D. & Pyles, L.D.: Advanced outlines, familiarity, text genre, and retention of prose. Journal of Experimental Education, 1980, 48, 209 - 220.

Graesser, A.C. & Higginbotham, M.W. & Robertson, S.P. & Smith, W.R.: A natural inquiry into the National Enquireer: self-induced versus task-induced reading comprehension. Discourse Processes, 1978, 1, 355 - 372.

Groeben, N.: Die Verständlichkeit von Unterrichtstexten. Dimensionen und Kriterien rezeptiver Lernstadien. Münster: Aschendorff, 1978. (1. Auflage 1972).

Groeben, N.: Verständlichkeitsforschung unter Integrationsperspektive: ein Plädoyer. In: Mandl, H. (Hrsg.): Zur Psychologie der Textverarbeitung. München: Urban & Schwarzenberg, 1981, 367 - 388.

Groeben, N.: Verstehen, Behalten, Interesse. Unterrichtswissenschaft, 1976 2, 128 - 142.

Hartley, J.: Space and structure in instructional text. In: Hartley, J. (Hrsg.): The psychology of written communication. New York: Kogan Page, 1980, 127 - 144.

Henry, G.: Comment mesurer la lisibilité. Paris: Nathan, 1975.

Hubert, L. & Schultz, J.: Quadratic assignment as a general data analysis strategy. British Journal of Mathematical and Statistical Psychology, 1976, 29, 190 - 241.

Isenring, R.: Versuch einer Inhaltsanalyse von Lesererwartungen anhand von drei Zeitungsartikeln. Seminararbeit am Psychologischen Institut, Abteilung Angewandte Psychologie, 1982.

Jackson, M.D. & McClelland, J.L.: Sensory and cognitive determinants of reading speed. Journal of Verbal Learning and Verbal Behavior, 1975, 14, 565 - 574.

Jung, M.: Theoretische und empirische Studie zu den Begriffen Verstehen und Verständlichkeit ganzer Texte und ihre Messung in vier verschiedenen Tests. Lizenziatsarbeit an der Universität Zürich, Philosophische Fakultät I, 1980.

Kintsch, W.: The representation of meaning in memory. Hillsdale NJ: Erlbaum, 1974.

Kintsch, W. & Greene, E.: The role of culture-specific schemata in the comprehension and recall of stories. Discourse Processes, 1978, 1, 1 - 13.

Kintsch, W. & Keenan, J.: Reading rate and retention as a function of the number of propositions in the base structure of sentences. Cognitive Psychology, 1973, 5, 257 - 274.

Kintsch, W. & Kozminsky, E. & Streby, W.J. & McKoon, G. & Keenan, J.M.: Comprehension and recall of text as a function of content variables. Journal of Verbal Learning and Verbal Behavior, 1975, 14, 196 - 214.

Kintsch, W. & Mandel, T. & Kozminsky, E.: Summarizing scrambled stories. Memory and Cognition, 1977, 5, 5, 547 - 552.

Kintsch, W. & Vipond, D.: Reading comprehension and readability in educational practice and psychological theory. In: Nilsson, L.G. (Hrsg.): Perspectives on memory research. Hillsdale, NJ: Erlbaum, 1979.

Kintsch, W. & van Dijk, T.A.: Toward a model of text comprehension and production. Psychological Review, 1978, 85, 5, 363 - 394.

Klare, G.R.: A second look at the validity of readability formulas. Journal of Reading Behavior, 1976, 8, 129 - 152.

Klare, G.R.: The measurement of readability. Ames, Iowa: Iowa State University Press, 1963.

Kozminsky, E.: Altering comprehension - the effect of biasing titles on text comprehension. Memory and Cognition, 1977, 5, 4, 482 - 490.

La Berge, D. & Samuels, S.J.: Toward a theory of automatic information processing in reading. Cognitive Psychology, 1974, 6, 293 - 323.

La Roche, W.: Einführung in den praktischen Journalismus. München: List, 1975.

Langer, I. & Schulz von Thun, F. & Tausch, R.: Verständlichkeit. Basel: Reinhardt, 1974.

Lehnert, W.G.: Affect and memory representation. Proceedings of the Cognitive Science Conference. Berkeley, 1981, 78 - 83.

Lehnert, W.G. & Dyer, M.G. & Johnson, P.N. & Yang, C.J. & Harley, S.: BORIS - an experiment in depth understanding of narratives. Dept. of Computer Science, Yale University, 1981.

Lesgold, A.M. & Perfetti, Ch.A. (Hrsg.): Interactive processes in reading. Hillsdale NJ: Erlbaum, 1981.

Lesgold, A.M. & Perfetti, Ch.A.: Interactive processes in reading comprehension. Discourse Processes, 1978, 1, 323 - 336.

Lesgold, A.M. & Roth, S.F. & Curtis, M.E.: Foregrounding effects in discourse comprehension. Journal of Verbal Learning and Verbal Behavior, 1979, 18, 291 - 308.

Mandl, H. (Hrsg.): Zur Psychologie der Textverarbeitung. Ansätze, Befunde, Probleme. München: Urban & Schwarzenberg, 1981.

Marshall, N.: The effects of temporality on recall of expository prose. In: Mathews, S.R. (Hrsg.): Supplementary proceedings of the International Symposium on text processing: an international perspective. The Educational Research and Development Center, University of West Florida, 1982 (in press).

Marshall, N. & Glock, M.D.: Comprehension of connected discourse: a study into the relationships between the structure of text and information recalled. Reading Research Quarterly, 1978-79, 14, 1, 10 - 56.

Mathews, S.L.: The impact of prior knowledge on accessability and availability of information from prose. In: Flammer, A. & Kintsch, W. (Hrsg.): Discourse processing. Amsterdam: North-Holland, 1982 (in press).

Mayer, R.E.: Advance organizers that compensate for the organization of text. Journal of Educational Psychology, 1978, 70, 880 - 886.

Meyer, B.J.F.: The organization of prose and its effect on memory. New York: North-Holland, 1975.

Meyer, B.J.F.: What is remembered from prose: a function of passage structure. In: Freedle, R.O. (Hrsg.): Discourse processes: advances in theory and research. Vol. 1: Discourse production and comprehension. Norwood NJ: Ablex, 1977, 307 - 330.

Meyer, B.J.F. & Brandt, D.M. & Bluth, G.J: Use of top-level structure in text - key for reading - comprehension of 9th-grade students. Reading Research Quarterly, 1980, 16, 1, 72 - 103.

Meyer, B.J.F. & McConkie, G.W.: What is recalled after hearing a passage? Journal of Educational Psychology, 1973, 65, 109 - 117.

Meyer, W. & Frohner, J. (Hrsg.): Journalismus von heute. Percha am Starnberger See: Schulz, 1981.

Miller, J.R. & Kintsch, W.: Readability and recall of short prose passages: a theoretical analysis. Journal of Experimental Psychology, 1980, 6, 4, 335 - 354.

Mrazek, J.: Verständnis und Verständlichkeit von Lesetexten. Bern: Lang, 1979.

Pichert, J.W. & Anderson, R.C.: Taking different perspectives on a story. Journal of Educational Psychology, 1977, 69, 4, 309 - 315.

Riegel, K.F.: Der sprachliche Leistungstest SASKA. Göttingen: Hogrefe, 1967.

Roenker, D.L. & Thompson, C.P. & Brown, S.C.: Comparison of measures for the estimation of clustering in free recall. Psychological Bulletin. 1971, 76, 45 - 48.

Rothkopf, E.Z.: Structural text features and the control of processes in learning from written materials. In: Freedle, R.O. & Carroll, J.B.: Language comprehension and the acquisition of knowledge. Washington D.C.: Winston, 1972.

Rumelhart, D.E.: Notes on a schema for stories. In: Bobrow, D. & Collins, A. (Hrsg.): Representation and understanding: studies in Cognitive Science. New York: Academic Press, 1975.

Rumelhart, D.E.: Toward an interactive model of reading. In: Dornic, S. (Hrsg.): Attention and performance 6. Hillsdale NJ: Erlbaum, 1977, 573 - 603. a)

Rumelhart, D.E.: Understanding and summarizing brief stories. In: La Berge, D. & Samuels, S.J.: Basic processes in reading. Hillsdale NJ: Erlbaum, 1977. b)

Sanford, A.J. & Garrod, S.C.: Understanding written language. Chichester: Wiley, 1981.

Schank, R.C. & Abelson, R.P.: Scripts, plans, goals and understanding. An inquiry into human knowledge structures. Hillsdale NJ: Erlbaum, 1977.

Schnotz, W. & Ballstaedt, S.-P. & Mandl, H.: Kognitive Prozesse beim Zusammenfassen von Lehrtexten. In: Mandl, H. (Hrsg.): Zur Psychologie der Textverarbeitung. München: Urban & Schwarzenberg, 1981, 108 - 167.

Schwarz, M: Positions-Effekte von thematischer Zusatzinformation auf das Erinnern eines Prosatextes. Zeitschrift für experimentelle und angewandte Psychologie, 1981, 28, 4, 651 - 664.

Schwarz, M. & Flammer, A.: Text structure and title - effects on comprehension and recall. Journal of Verbal Learning and Verbal Behavior, 1981, 20, 61 - 66.

Schwarz, M. & Flammer, A.: Erstinformation einer Geschichte: ihr Behalten und ihre Wirkung auf das Behalten der nachfolgenden Information. Zeitschrift für Entwicklungspsychologie and Pädagogische Psychologie, 1979, 11, 4, 347 - 358.

Spilich, G.J. & Vesonder, G.T. & Chiesi, H.L. & Voss, J.F.: Text processing of domain-related information for individuals with high and low domain knowledge. Journal of Verbal Learning and Verbal Behavior, 1979, 18, 3, 275 - 290.

Stein, N.L. & Nezworski, T.: The effects of organization and instructional set on story memory. Discourse Processes, 1978, 1, 177- 193.

Stoll, F.: Le score de lisibilité de Flesch appliqué a quelques textes de langue allemande. Schweizerische Zeitschrift für Psychologie und ihre Anwendungen, 1975, 34, 3, 275 - 277.

Stoll, F.: Vers une théorie de la lecture. In: Weiss, J. (Hrsg.): A la recherche d'une pédagogie de la lecture. Bern: Lang, 1980 (2. Aufl. 1981).

Tauber, M. & Gygax, M: Psychologie der schriftlichen Kommunikation. Bericht Nr. 12 der Abteilung Angewandte Psychologie der Universität Zürich, 1980.

Tauber, M. & Stoll, F. & Drewek, R.: Erfassen Lesbarkeitsformeln und Textbeurteilung verschiedene Dimensionen der Textverständlichkeit? Zeitschrift für experimentelle und angewandte Psychologie, 1980, 1, 135 - 146.

Taylor, B.M: Children's memory for expository text after reading. Reading Research Quarterly, 1980, 3, 399 - 411.

Teigeler, P.: Verständlichkeit und Wirksamkeit von Sprache und Text. Karlsruhe: Nadolski, 1968.

Tergan, S.O.: Ist Textverständlichkeit gleich Textverständlichkeit? In: Mandl, H. (Hrsg.): Zur Psychologie der Textverarbeitung. München: Urban & Schwarzenberg, 1981, 334 - 366.

Thorndyke, P.W.: Cognitive structures in comprehension and memory of narrative discourse. Cognitive Psychology, 1977, 9, 1, 77 - 110.

Thorndyke, P.W.: Knowledge acquisition from newspaper stories. Discourse Processes, 1979, 2, 95 - 112.

Thorndyke, P.W.: Knowledge transfer in learning from texts. In: Lesgold, A.M. & Pellegrino, S. & Fokkema, S. & Glaser, R. (Hrsg.): Cognitive Psychology and instruction. New York: Plenum, 1978, 91 - 100.

Vezin, J.F. & Berge, O. & Mavrellis, P.: Role of summary and of repetition as a function of their place coordinated with presentation of text material. Bulletin de Psychologie, 1973-74, 27, 1 - 4, 163 - 167.

Vipond, D.: Micro- and macroprocesses in text comprehension. Journal of Verbal Learning and Verbal Behavior, 1980, 19, 276 - 296.

Wieczerkowski, W. & Alzmann, O. & Charlton, M.: Die Auswirkung verbesserter Textgestaltung auf Lesbarkeitswerte, Verständlichkeit und Behalten. Zeitschrift für Entwicklungs- und Pädagogische Psychologie, 1970, 2, 4, 257 - 268.

Yekovich, F.R. & Thorndyke, P.W.: An evaluation of alternative functional models of narrative schemata. Journal of Verbal Learning and Verbal Behavior, 1981, 20, 454 - 469.

ANHANG A

Tab. 1: Verteilung der Fragen auf die Kategorien (Pilotstudie 2)

TITEL *	FRAGEN - Hauptereignis				
	wer	was	wo	wann	wie
1. Peking		Forderungen Vorgehen			
2. Afghanistan	Akteure	Geschehen	Ort	Zeit	Mittel
3. Holland		Geschehen			
Peking	2	7	0	0	6
Afghanistan	10	3	3	0	1
Holland	6	10	2	0	1
Total	18	20	5	0	8
Total Hauptkategorien	51				

* Die ausführlichen Titel sind im Text zu finden

KATEGORIEN

Quelle	Hintergründe			Bilanz	andere
	direkte Motivation und Ursachen	allgemeiner Hintergrund - hist. Entwicklung - Gesellsch.-struktur - Wirtschaft - Finanzen - Politik - soziale Probleme	Reaktionen Massnahmen Auswirkungen Veränderungen	Interpretationen Lösungsmöglichkeiten Zukunftsprognosen Bilanz (was wurde erreicht?)	
Informationsquelle					
0		24	3	2	11
0	11	10	10	7	5
0	12	8	4	1	4
0	?	?	?	10	20
		82		10	20

Tab. 2: Beschreibung der drei Artikelinhalte und ihrer Optimierungsversion in den Komponenten der Lesbarkeitsformel (Lesbarkeitsdimension), im Clusterindex (Gliederungsdimension) und in der Textlänge

MASS	Optimierungsversion	Inhalt		
		Holland	Peking	Afghanistan
a) Lesbarkeitsdimension				
Lesbarkeitsformel Dickes & Steiwer)				
	Lesbarkeit hoch	10.3	13.9	22.1
	Lesbarkeit tief	2.1	8.0	14.6
mittlere Wortlänge in Buchstaben				
	Lesbarkeit hoch	6.57	5.97	5.90
	Lesbarkeit tief	6.73	6.08	6.32
mittlere Satzlänge in Wörtern				
	Lesbarkeit hoch	14.0	17.8	13.4
	Lesbarkeit tief	24.2	26.0	18.4
Type-Token-Ratio				
	Lesbarkeit hoch	.878	.867	.789
	Lesbarkeit tief	.880	.873	.776
b) Gliederungsdimension				
Clusterindex (ARC *)				
	Gliederung optimiert	1.00	1.00	1.00
	Gliederung gestört	.77	.80	.75
c) Textlänge in Wörtern (Buchstaben)				
	Lesbarkeit hoch	279 (1832)	428 (2556)	347 (2046)
	Lesbarkeit tief	266 (1790)	416 (2528)	331 (2091)

* Roenker & Thompson & Brown (1971)

Tab. 3: Tafel der Varianzanalyse für die Lesegeschwindigkeit der Lehrlinge

SOURCE	F	DF	TAIL PROB.
Gliederung	1.47	1	>.10
Lesbarkeit	.15	1	>.10
G x L	.04	1	>.10
Error		72	
Inhalt	13.45	2	<.001
I x G	4.56	2	<.05
I x L	4.30	2	<.05
I x G x L	.37	2	>.10
Error		144	

Tab. 4: Tafel der Varianzanalyse für die Wiedergabeleistung der Lehrlinge

SOURCE	F	DF	TAIL PROB.
Gliederung	1.17	1	>.10
Lesbarkeit	5.75	1	<.05
G x L	1.10	1	>.10
Error		72	
Inhalt	8.97	2	<.001
I x G	2.42	2	<.10 (.09)
I x L	4.72	2	<.05
I x G x L	.13	2	>.10
Error		144	

Tab. 5: Tafel der Varianzanalyse für die Lesegeschwindigkeit der Mittelschüler

SOURCE	F	DF	TAIL PROB.
Gliederung	.60	1	>.10
Lesbarkeit	.91	1	>.10
G x L	4.42	1	<.05
Error		24	
Inhalt	4.76	2	<.05
I x G	2.07	2	>.10
I x L	.22	2	>.10
I x G x L	.02	2	>.10
Error		48	

Tab. 6: Tafel der Varianzanalyse für die Wiedergabeleistung der Mittelschüler

SOURCE	F	DF	TAIL PROB.
Gliederung	1.52	1	>.10
Lesbarkeit	2.25	1	>.10
G x L	.15	1	>.10
Error		24	
Inhalt	1.35	2	>.10
I x G	.48	2	>.10
I x L	1.11	2	>.10
I x G x L	.93	2	>.10
Error		48	

Tab. 7: Liste der von 75 % (resp. 50 %) der Vpn wiedergegebenen
Propositionen
(E = Ereignis; H 1, H 2, H 3 = Hintergrundkonflikte, B = Bilanz)

HOLLAND

Lehrlinge (75 %)	Mittelschüler (75 %)
In Rotterdam streiken 7000 Hafenarbeiter (E)	In Rotterdam streiken 7000 Hafenarbeiter (E)
Täglich laufen jetzt nur noch 55 Schiffe im Rotterdammer Hafen ein. (E)	Täglich laufen jetzt nur noch 55 Schiffe im Rotterdammer Hafen ein. (E)
Die Hafenarbeiter fordern eine Lohnerhöhung um 30 Gulden (24 Franken) netto pro Woche. (H 1: Motiv)	Die Hafenarbeiter fordern eine Lohnerhöhung um 30 Gulden (24 Franken) netto pro Woche. (H 1: Motiv)

Lehrlinge (50 %)	Mittelschüler (50 %)
In Rotterdam streiken 7000 Hafenarbeiter. (E)	In Rotterdam streiken 7000 Hafenarbeiter. (E)
Täglich laufen jetzt nur noch 55 Schiffe im Rotterdamer Hafen ein, (E)	Täglich laufen jetzt nur noch 55 Schiffe im Rotterdamer Hafen ein, (E)
während es normalerweise ungefähr 80 sind. (E)	während es normalerweise ungefähr 80 sind. (E)
Die Hafenarbeiter fordern eine Lohnerhöhung um 30 Gulden (24 Franken) netto pro Woche, (H 1: Motiv)	Die Hafenarbeiter fordern eine Lohnerhöhung um 30 Gulden (24 Franken) netto pro Woche, (H 1: Motiv)
die Möglichkeit, mit 60 Jahren freiwillig pensioniert zu werden, (H 1: Motiv)	die Möglichkeit, mit 60 Jahren freiwillig pensioniert zu werden, (H 1: Motiv)
sowie 25 Ferientage im Jahr. (H 1: Motiv)	sowie 25 Ferientage im Jahr. (H 1: Motiv)
	Die Gewerkschaften hatten ein Abkommen mit den Arbeitgebern ausgehandelt. (H 1: Strategie)
	Die Arbeitslosenzahl würde erheblich steigen (H 2: Motiv)
	Zwischen der Gewerkschaftsführung und dem einfachen Mitglied ist eine Kluft entstanden. (B)

PEKING

Lehrlinge (75 %)	Mittelschüler (75 %)
In den vergangenen Wochen sind in der chinesischen Hauptstadt wiederholt Leute aufgefallen, ... (E)	In den vergangenen Wochen sind in der chinesischen Hauptstadt wiederholt Leute aufgefallen, ... (E)
	Laut zuverlässigen Angaben befinden sich bereits 90'000 solcher Anhänger aus den Provinzen in Peking, ... (E)
	In mehreren Provinzen wurden ehemalige Gefolgsleute der Viererbande nach wie vor ihren Einfluss ausüben. (H 1: Motiv)

Lehrlinge (50 %)	Mittelschüler (50 %)
In den vergangenen Wochen sind in der chinesischen Hauptstadt wiederholt Leute aufgefallen, ... (E)	In den vergangenen Wochen sind in der chinesischen Hauptstadt wiederholt Leute aufgefallen, ... (E)
Sie sind ärmlich gekleidet. (E)	Sie sind ärmlich gekleidet. (E)
Laut zuverlässigen Angaben befinden sich bereits 90'000 solcher Anhänger aus den Provinzen in Peking, ... (E)	Laut zuverlässigen Angaben befinden sich bereits 90'000 solcher Anhänger aus den Provinzen in Peking, ... (E)
während andere Quellen gar von gegen 200'000 sprechen (E)	während andere Quellen gar von gegen 200'000 sprechen (E)
	Für Nahrungsmittel und Rückreise haben sei kein Geld mehr (E)
	In mehreren Provinzen würden ehemalige Gefolgsleute der Viererbande nach wie vor ihren Einfluss ausüben. (H 1: Motiv)
	Die Pekinger Bevölkerung steht diesem Eindringen von politischen Bittstellern und Bettlern befremdet bis ablehnend gegenüber. (H 2: Reaktion)
	Unter den zahlreichen Hergereisten seien etliche unter irgendeinem Vorwand in die Stadt gekommen, (H 2: Motiv)
	um das leichtere Leben zu geniessen (H 2: Motiv)

AFGHANISTAN

Lehrlinge (75 %)	Mittelschüler (75 %)
Der afghanische Staatschef ist gestürzt worden. (E)	Der afghanische Staatschef ist gestürzt worden. (E) Er heisst Nur Mohammed Taraki. (E) Der neue Staatschef heisst Hafisullah Amin. (E)

Lehrlinge (50 %)	Mittelschüler (50 %)
Der afghanische Staatschef ist gestürzt worden. (E) Er heisst Nur Mohammed Taraki. (E) Der neue Staatschef heisst Hafisullah Amin. (E) Die sowjetische Nachrichtenagentur Tass berichtete am Sonntagabend in einer kurzen Meldung über den Machtwechsel in Kabul (H 3: Reaktion) Denn Taraki war erst am 10. Sept. in Moskau vom sowjetischen Staats- und Parteichef Leonid Breschnew besonders herzlich empfangen worden. (H 3: Parteibeschreibung)	Der afghanische Staatschef ist gestürzt worden. (E) Er heisst Nur Mohammed Taraki. (E) Der neue Staatschef heisst Hafisullah Amin. (E) Er gilt als ebenso moskautreu wie Taraki. (E) Amin unterstand die Geheimpolizei. (H 1: Parteibeschreibung) Die Rebellen sind in 23 der 29 Provinzen Afghanistans aktiv (H 2: Strategie) Die Rebellen waren zuversichtlich, (H 2: Motiv) offenbar ist ihnen Amin nun zuvorgekommen. (H 2: Reaktion) Die sowjetische Nachrichtenagentur Tass berichtete am Sonntagabend in einer kurzen Meldung über den Machtwechsel in Kabul. (H 3: Reaktion) Sie bezeichnete den Abgang des gestürzten Staatschefs Taraki als "Rücktritt aus Gesundheitsgründen". (H 3: Reaktion) Der Sturz Tarakis hat in Moskau offenbar grosse Ueberraschung ausgelöst. (H 3: Reaktion) Denn Taraki war erst am 10. Sept. in Moskau vom sowjetischen Staats- und Parteichef Leonid Breschnew besonders herzlich empfangen worden. (H 3: Parteibeschreibung)

Tab. 8: Tafel der Varianzanalyse für die Lesezeit (Experiment II)

SOURCE	F	DF	TAIL PROB.
Gliederung	.16	1	>.10
Zusammenfassung	.00	1	>.10
G x Z	4.29	1	<.05
Error		76	

Tab. 9: Tafel der Varianzanalyse für die Wiedergabeleistung (Experiment II)

SOURCE	F	DF	TAIL PROB.
Kovariate	14.67	1	<.001
Gliederung	7.80	1	<.01
Zusammenfassung	1.66	1	>.10
Behaltenszeit	1.05	1	>.10
G x Z	1.39	1	>.10
G x B	.13	1	>.10
Z x B	.03	1	>.10
G x Z x B	.47	1	>.10
Error		71	

Tab. 10: Tafel der Varianzanalyse für die Wiedergabeleistung
in den Superstrukturelementen Ereignis, Hintergründe und Bilanz

SOURCE	F	DF	TAIL PROB.
Gliederung	5.43	1	$<.05$
Zusammenfassung	1.28	1	$>.10$
Behaltenszeit	.24	1	$>.10$
G x Z	1.83	1	$>.10$
G x B	.01	1	$>.10$
Z x B	.16	1	$>.10$
G x Z x B	.49	1	$>.10$
Error		72	
Superstrukturelement	9.90	2	$<.001$
S x G	4.93	2	$<.01$
S x Z	2.41	2	$<.10$
S x B	3.48	2	$<.05$
S x G x Z	.39	2	$>.10$
S x G x B	.22	2	$>.10$
S x Z x B	.97	2	$>.10$
S x G x Z x B	.12	2	$>.10$
Error		144	

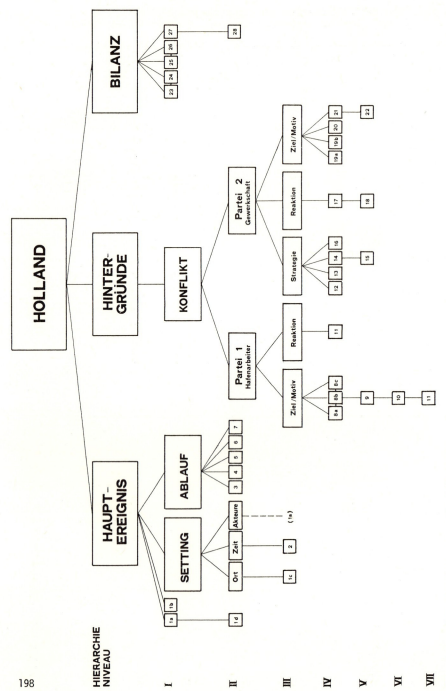

Fig. 1 a: Eine Superstruktur für "Holland"

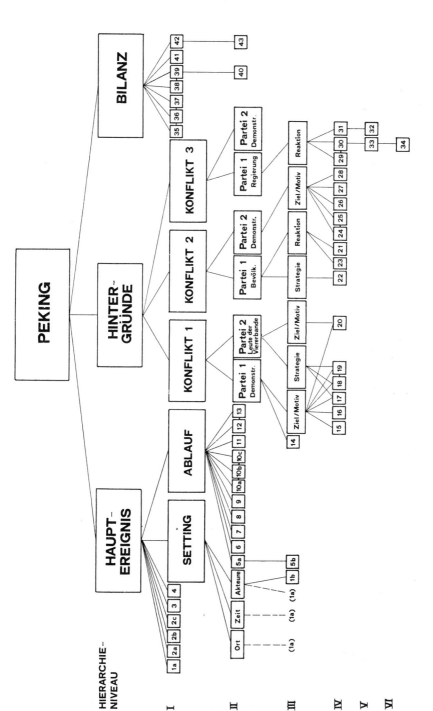

Fig. 1 b: Eine Superstruktur für "Peking"

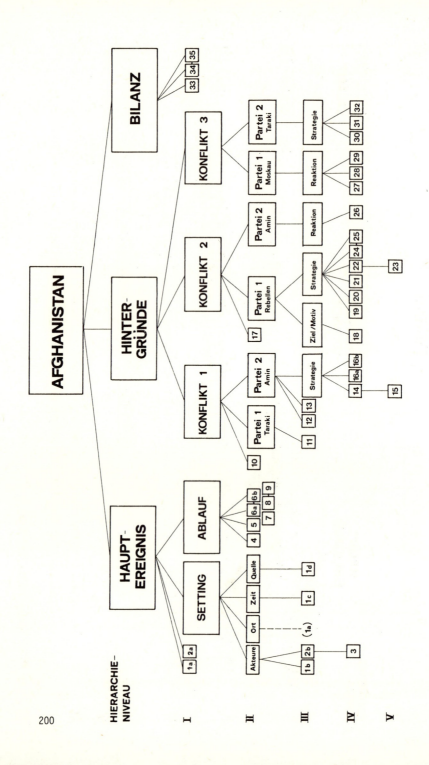

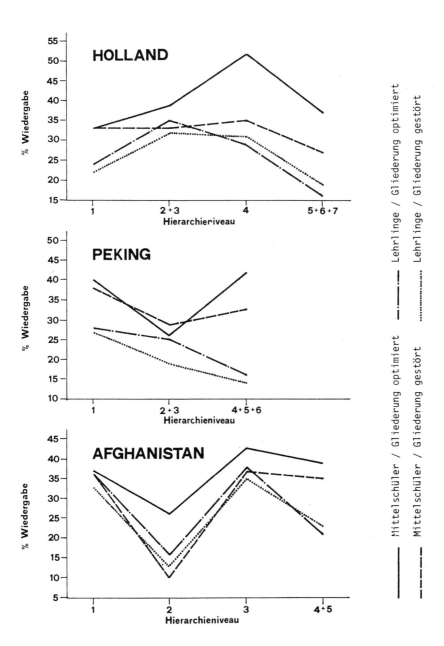

Fig. 2: Wiedergabeprozente in Abhängigkeit vom Hierarchieniveau der Propositionen

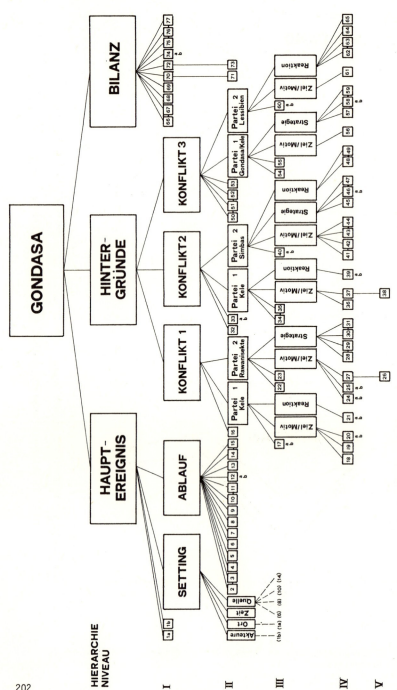

Fig. 3: Eine Superstruktur für "Gondasa"

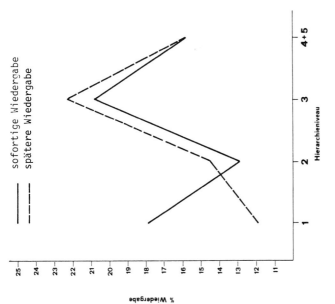

Fig. 4 a: Wiedergabeprozente in Abhängigkeit vom Hierarchieniveau der Propositionen: Ganzer Artikel (Experiment II)

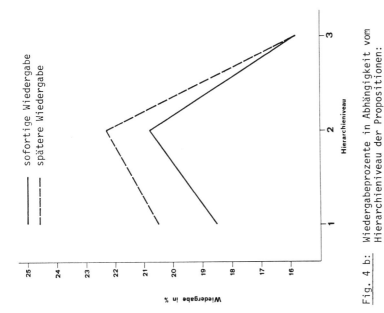

Fig. 4 b: Wiedergabeprozente in Abhängigkeit vom Hierarchieniveau der Propositionen: Hintergründe (Experiment II)

ANHANG B

"Afghanistan": Propositionenliste

1a Der afghanische Staatschef ist gestürzt worden.
1b Er heisst (Nur Mohammed) Taraki.
1c Es geschah am Sonntag.
1d Dies berichtete das afghanische Radio und Fernsehen.
2a Laut dem Sender trat an seine Stelle der bisherige Ministerpräsident.
2b Er heisst (Hafisullah) Amin,
3   der als ebenso moskautreu gilt wie Taraki.
4   In den letzten Tagen waren in Kabul heftige Kämpfe im Regierungspalais ausgebrochen.
5   Ueber das Schicksal des gestürzten Staatschefs Nur Mohammed Taraki wurden keine Angaben gemacht.
6a Das Fernsehen erklärte nur,
6b dass Taraki aus gesundheitlichen Gründen zurückgetreten sei.
7   Der Präsident sei krank und erschöpft
8   und habe beschlossen,
9   die Macht dem Regierungschef zu übertragen.

10 In Kabul hörte man schon vor Tagen Gerüchte von einer tiefen Spaltung innerhalb der regierenden Volkspartei.
11 Obwohl Taraki offiziell dem Land und der Partei vorstand,
12 galt der 50jährige Amin als der starke Mann der Regierung.
13 Ihm unterstand die Geheimpolizei.
14 Er hatte ein Netz von Informanten aufgebaut,
15 die jeden politischen Gegner ihrem Chef meldeten.
16a Amin wurde kritisiert wegen seiner rücksichtslosen Reformpolitik.
16b Er wurde auch kritisiert wegen seiner Führung des Kampfes gegen die muslimischen Rebellen.

17 Das Regime Tarakis befand sich seit zehn Monaten im Bürgerkrieg mit muslimischen Rebellen.

18 Die Rebellen wehren sich gegen den moskaufreundlichen Kurs Kabuls.

19 Sie sind in 23 der 29 Provinzen Afghanistans aktiv.

20 Doch das Schicksal des Landes wird im Osten und im Norden Kabuls entschieden.

21 Erfolge in diesen Regionen würden den aufständischen Stämmen den Weg nach Kabul ebnen.

22 Dies ist die Strategie der Rebellenführer,

23 welche in Pakistan im Exil leben.

24 Einige von ihnen sprachen zuversichtlich davon,

25 Taraki stürzen zu können.

26 Offenbar ist ihnen Amin nun zuvorgekommen.

27 Die sowjetische Nachrichtenagentur Tass berichtete am Sonntagabend in einer kurzen Meldung über den Machtwechsel in Kabul.

28 Sie bezeichnete den Abang des gestürzten Staatschefs Taraki als "Rücktritt aus Gesundheitsgründen".

29 Der Sturz Tarakis hat in Moskau offenbar grosse Ueberraschung ausgelöst.

30 Denn Taraki war erst am 10. September in Moskau vom sowjetischen Staats- und Parteichef Leonid Breschnew besonders herzlich empfangen worden.

31 Er hatte Moskau auf dem Rückweg von Havanna nach Kabul besucht.

32 Taraki schien damals in Moskau das völlige Vertrauen der sowjetischen Führung zu geniessen.

33 Der Sturz Tarakis ist offenbar nicht auf sowjetischen Einfluss hin zustandegekommen.

34 In Moskau vermutet man,

35 dass Hafisullah Amin nicht die Meinung des Kremls einholte, bevor er den Staatsstreich durchführte.

Total mögliche Maximalpunkte: 40

"Afghanistan": gliederungsoptimierte Version mit hoher Lesbarkeit

Der afghanische Staatschef Nur Mohammed Taraki ist nach einem Bericht im afghanischen Radio und Fernsehen am Sonntag gestürzt worden. Laut dem Sender trat an seine Stelle der bisherige Ministerpräsident Hafisullah Amin, der als ebenso moskautreu gilt wie Taraki.

In den letzten Tagen waren in Kabul heftige Kämpfe im Regierungspalais ausgebrochen. Ueber das Schicksal des gestürzten Staatschefs Nur Mohammed Taraki wurden keine Angaben gemacht. Das Fernsehen erklärte nur, dass Taraki aus gesundheitlichen Gründen zurückgetreten sei. Der Präsident sei krank und erschöpft und habe beschlossen, die Macht dem Regierungschef zu übertragen.

In Kabul hörte man schon vor Tagen Gerüchte von einer tiefen Spaltung innerhalb der regierenden Volkspartei. Obwohl Taraki offiziell dem Land und der Partei vorstand, galt der 50jährige Amin als der starke Mann der Regierung. Ihm unterstand die Geheimpolizei. Er hatte ein Netz von Informanten aufgebaut, die jeden politischen Gegner ihrem Chef meldeten. Amin wurde kritisiert wegen seiner rücksichtslosen Reformpolitik und seiner Führung des Kampfes gegen die muslimischen Rebellen.

Das Regime Tarakis befand sich seit zehn Monaten im Bürgerkrieg mit muslimischen Rebellen. Die Rebellen wehren sich gegen den moskaufreundlichen Kurs Kabuls. Sie sind in 23 der 29 Provinzen Afghanistans aktiv. Doch das Schicksal des Landes wird im Osten und im Norden Kabuls entschieden. Erfolge in diesen Regionen würden den aufständischen Stämmen den Weg nach Kabul ebnen. Dies ist die Strategie der Rebellenführer, welche in Pakistan im Exil leben. Einige von ihnen sprachen zuversichtlich davon, Taraki stürzen zu können. Offenbar ist ihnen Amin nun zuvorgekommen.

Die sowjetische Nachrichtenagentur Tass berichtete am Sonntagabend in einer kurzen Meldung über den Machtwechsel in Kabul. Sie bezeichnete den Abang des gestürzten Staatschefs Taraki als "Rücktritt aus Gesundheitsgründen". Der Sturz Tarakis hat in Moskau offenbar grosse Ueberraschung ausgelöst. Denn Taraki war erst am 10. September in Moskau vom sowjetischen Staats- und Parteichef Leonid Breschnew besonders herzlich empfangen worden. Er hatte Moskau auf dem Rückweg von Havanna nach Kabul besucht. Taraki schien damals in Moskau das völlige Vertrauen der sowjetischen Führung zu geniessen.

Der Sturz Tarakis ist offenbar nicht auf sowjetischen Einfluss hin zustandegekommen. In Moskau vermutet man, dass Hafisullah Amin nicht die Meinung des Kremls einholte, bevor er den Staatsstreich durchführte.

"Afghanistan": gliederungsoptimierte Version mit tiefer Lesbarkeit

Nach einem Bericht im afghanischen Radio und Fernsehen am Sonntag ist Afghanistans Staatschef Nur Mohammed Taraki am Sonntag gestürzt und vom bisherigen, ebenso moskautreuen Ministerpräsidenten Hafisullah Amin abgelöst worden.

In den letzten Tagen war Kabuls Regierungspalais Schauplatz heftiger bewaffneter Auseinandersetzungen. Ueber das Schicksal des gestürzten Staatschefs Nur Mohammed Taraki wurden keine Angaben gemacht. Das Fernsehen berichtete lediglich, dass der Präsident krank und erschöpft sei und sich zur Machtübergabe entschlossen habe.

In Kabul waren schon vor Tagen Gerüchte von einer tiefen Spaltung innerhalb der regierenden Volkspartei zirkuliert. Obwohl Taraki offiziell dem Land und der Partei vorstand, bezeichnete man den 50jährige Amin als den starken Mann innerhalb der Regierung. Als Chef der Geheimpolizei hatte er ein Informantennetz aufgebaut, das ihn über jeden politischen Kontrahenten informierte. Wegen der Rücksichtslosigkeit seiner Reformpolitik und der Art seiner Kampfesführung gegen die muslimischen Rebellen war Amin Kritik ausgesetzt.

Das Regime Tarakis befand sich seit zehn Monaten im Bürgerkrieg mit muslimischen Rebellen. Die Rebellen wehren sich gegen den moskaufreundlichen Kurs Kabuls. Sie sind in 23 der 29 Provinzen Afghanistans aktiv, das Schicksal des Landes wird jedoch im Osten und im Norden Kabuls entschieden. Nach der Strategie der im Exil lebenden Rebellenführer würden Erfolge in diesen Regionen den aufständischen Stämmen den Weg nach Kabul ebnen. Einige der Rebellenführer sprachen zuversichtlich davon, Taraki stürzen zu können, doch offenbar ist ihnen nun Amin zuvorgekommen.

Die sowjetische Nachrichtenagentur Tass kommentierte am Sonntagabend in einer Kurzmeldung den Machtwechsel in Kabul und bezeichnete den Abgang des gestürzten Staatschefs Taraki als "Rücktritt aus Gesundheitsgründen". Der Sturz Tarakis hat in Moskau offenbar grosse Ueberraschung ausgelöst, nachdem dieser erst am 10. September auf dem Rückweg von Havanna nach Kabul vom sowjetischen Staats- und Parteichef Leonid Breschnew in Moskau besonders herzlich empfangen worden war. Taraki schien bei seinem Besuch in Moskau das völlige Vertrauen der sowjetischen Führung zu geniessen.

Der Sturz Tarakis ist offenbar nicht auf sowjetischen Einfluss hin zustandegekommen. In Moskau wird vermutet, dass Hafisullah Amin den Staatsstreich ohne vorherige Konsultation der Meinung des Kremls durchführte.

"Afghanistan": gliederungsgestörte Version mit hoher Lesbarkeit

---

Der afghanische Staatschef Nur Mohammed Taraki ist nach einem Bericht im afghanischen Radio und Fernsehen am Sonntag gestürzt worden. Laut dem Sender trat an seine Stelle der bisherige Ministerpräsident Hafisullah Amin, der als ebenso moskautreu gilt wie Taraki. Die Rebellen sind in 23 der 29 Provinzen Afghanistans aktiv. Doch das Schicksal des Landes wird im Osten und im Norden Kabuls entschieden.

Erfolge in diesen Regionen würden den aufständischen Stämmen den Weg nach Kabul ebnen. Dies ist die Strategie der Rebellenführer, welche in Pakistan im Exil leben. Amin wurde kritisiert wegen seiner rücksichtslosen Reformpolitik und seiner Führung des Kampfes gegen die muslimischen Rebellen.

Die sowjetische Nachrichtenagentur Tass berichtete am Sonntagabend in einer kurzen Meldung über den Machtwechsel in Kabul. Sie bezeichnete den Abgang des gestürzten Staatschefs als "Rücktritt aus Gesundheitsgründen". In Kabul hörte man schon vor Tagen Gerüchte von einer tiefen Spaltung innerhalb der regierenden Volkspartei.

Einige der Rebellenführer sprachen zuversichtlich davon, Taraki stürzen zu können. Offenbar ist ihnen Amin nun zuvorgekommen. Ueber das Schicksal des gestürzten Staatschefs Nur Mohammed Taraki wurden keine Angaben gemacht. Das Fernsehen erklärte nur, der Präsident sei krank und erschöpft und habe beschlossen, die Macht dem Regierungschef zu übertragen. Das Regime Tarakis befand sich seit zehn Monaten im Bürgerkrieg mit muslimischen Rebellen.

In den letzten Tagen waren in Kabul heftige Kämpfe im Regierungspalais ausgebrochen. Der Sturz Tarakis hat in Moskau offenbar grosse Ueberraschung ausgelöst. Denn Taraki war erst am 10. September in Moskau vom sowjetischen Staats- und Parteichef Leonid Breschnew besonders herzlich empfangen worden. Er hatte Moskau auf dem Rückweg von Havanna nach Kabul besucht. Taraki schien damals in Moskau das völlige Vertrauen der sowjetischen Führung zu geniessen. Die Rebellen wehren sich gegen den moskaufreundlichen Kurs Kabuls.

Obwohl Taraki offiziell dem Land und der Partei vorstand, galt der 50jährige Amin als der starke Mann der Regierung. Ihm unterstand die Geheimpolizei. Er hatte ein Netz von Informanten aufgebaut, die jeden politischen Gegner ihrem Chef meldeten. Der Sturz Tarakis ist offenbar nicht auf sowjetischen Einfluss hin zustandegekommen. In Moskau vermutet man, dass Hafisullah Amin nicht die Meinung des Kremls einholte, bevor er den Staatsstreich durchführte.

"Afghanistan": gliederungsgestörte Version mit tiefer Lesbarkeit

Nach einem Bericht im afghanischen Radio und Fernsehen am Sonntag ist Afghanistans Staatschef Nur Mohammed Taraki am Sonntag gestürzt und vom bisherigen ebenso moskautreuen Ministerpräsidenten Hafisullah Amin abgelöst worden. Die Rebellen sind in 23 der 29 Provinzen Afghanistans aktiv, das Schicksal des Landes wird jedoch im Osten und im Norden Kabuls entschieden.

Nach der Strategie der im pakistanischen Exil lebenden Rebellenführer würden Erfolge in diesen Regionen den aufständischen Stämmen den Weg nach Kabul ebnen. Wegen der Rücksichtslosigkeit seiner Reformpolitik und der Art seiner Kampfesführung gegen die muslimischen Rebellen war Amin Kritik ausgesetzt.

Die sowjetische Nachrichtenagentur Tass kommentierte am Sonntagabend in einer Kurzmeldung den Machtwechsel in Kabul und bezeichnete den Abang des gestürzten Staatschefs Taraki als "Rücktritt aus Gesundheitsgründen". In Kabul waren schon vor Tagen Gerüchte von einer tiefen Spaltung innerhalb der regierenden Volkspartei zirkuliert.

Einige der Rebellenführer sprachen zuversichtlich davon, Taraki stürzen zu können, doch offenbar ist ihnen nun Amin zuvorgekommen. Ueber das Schicksal des gestürzten Staatschefs Nur Mohammed Taraki wurden keine Angaben gemacht. Das Fernsehen berichtete lediglich, dass der Präsident krank und erschöpft sei und sich zur Machtübergabe entschlossen habe. Das Regime Tarakis befand sich seit zehn Monaten im Bürgerkrieg mit muslimischen Rebellen.

In den letzten Tagen war Kabuls Regierungspalais Schauplatz heftiger bewaffneter Auseinandersetzungen. Der Sturz Tarakis hat in Moskau offenbar grosse Ueberraschung ausgelöst, nachdem dieser erst am 10. September auf dem Rückweg von Havanna nach Kabul vom sowjetischen Staats- und Parteichef Leonid Breschnew in Moskau besonders herzlich empfangen worden war. Taraki schien bei seinem Besuch in Moskau das völlige Vertrauen der sowjetischen Führung zu geniessen. Die Rebellen wehren sich gegen den moskaufreundlichen Kurs Kabuls.

Obwohl Taraki offiziell dem Land und der Partei vorstand, bezeichnete man den 50jährige Amin als den starken Mann innerhalb der Regierung. Als Chef der Geheimpolizei hatte er ein Informantennetz aufgebaut, das ihn über jeden politischen Kontrahenten informierte. Der Sturz Tarakis ist offenbar nicht auf sowjetischen Einfluss hin zustandegekommen. In Moskau wird vermutet, dass Hafisullah Amin den Staatsstreich ohne vorherige Konsultation der Meinung des Kremls durchführte.

"Gondasa": ein fiktiver Zeitungsartikel

In der Hauptstadt von Gondasa, Gondo, sind am Dienstag erneut Schiessereien zwischen der Regierungspolizei und Anhängern der Rawanisekte ausgebrochen. Beim Versuch der Polizeitruppen, die von den Rawanis als heilig betrachtete Moschee von Gondo zu räumen, ist es zu ersten Kämpfen gekommen. Fanatische Rawanis sollen die ausserhalb der Stadt gelegene Kaserne gestürmt und unter den einquartierten Polizeikadetten ein Blutbad angerichtet haben. Offiziell spricht man von 250 Toten. Schwere Ausschreitungen wurden auch aus verschiedenen Städten im Osten des Landes gemeldet. Unbestätigten Gerüchten zufolge sollen die Aufständischen bereits drei Provinzen kontrollieren. Staatschef Kele hat über weite Teile des Landes das Kriegsrecht verhängt. In seiner Radioansprache vom Mittwoch bezichtigte er die Simbapartei, heimlich Waffen an die Rebellen zu liefern. Der Parteiideologe der Simbas, Mukuro, wies diese Anschuldigungen scharf zurück und protestierte seinerseits gegen die lessibischen Truppenansammlungen im gondasisch-lessibischen Grenzgebiet. Ein Sprecher des Johnson-Konzerns erklärte anlässlich einer Pressekonferenz, dass sämtliche Massnahmen zur sofortigen Evakuierung des ausländischen Personals getroffen worden seien.

Zwischen Einheiten der Regierungspolizei und Banden unzufriedener Rawanis sind seit Jahren periodisch Scharmützel aufgeflackert. Regierungschef Kele war 1975 nach einem unblutigen Putsch an die Macht gekommen. Von Anfang an stand er für Reformen im Bildungswesen ein und verstaatlichte deshalb die Schulen im Land. Keles liberale Politik stiess bei den Anhängern der Rawanisekte auf heftigen Widerstand. 1977 erklärte er die Rawanisekte offiziell zur verbotenen Glaubensgemeinschaft. Die Rawanisekte findet ihren Ursprung bei den nomadischen Bergstämmen im Osten des Landes, später hat sie sich aber auch in den Städten der mittleren Landesteile ausgebreitet. Ihre traditionell konservativen und religiösen Anschauungen vertrugen sich von Anfang an schlecht mit den Liberalisierungsmassnahmen von Staatschef Kele. Die entmachteten geistigen Oberhäupter der Sekte bezeichneten Kele als Hauptverantwortlichen für den Zerfall traditioneller und kultureller Werte. Der Konflikt spitzte sich zu, als die religiös orientierten Rawanischulen verstaatlicht wurden. Die Anführer der Rawanis begannen, den aktiven und passiven Widerstand zu predigen, und es gelang ihnen in kurzer Zeit, eine militärisch gut ausgebildete Widerstandsbewegung zu organisieren.

Keles Politik war aber vor allem deshalb nicht der gewünschte Erfolg beschieden, weil seine sozialen Reformen auch bei der oppositionellen Simbapartei auf Widerstand stiessen. Dem aus bürgerlichen Kreisen stammenden Kele war es gelungen, sich innert weniger Jahre vom kleinen Beamten zum Regierungschef hochzuarbeiten. Schon vor seiner Machtübernahme hatte Kele gegen die weitverbreitete Korruption im Staatsapparat gekämpft. Seit dem Putsch verfolgte er eine konsequente Reformpolitik, welche die Macht der finanziellen Oberschicht im Lande laufend schmälerte. Zu seinen ersten Massnahmen als Regierungschef zählte die Kaltstellung verschiedener Spitzenpolitiker, unter anderem auch des heutigen Oppositionsführers Mukuro. Die meisten dieser Politiker schlossen sich in der 1978 gegründeten Simbapartei zusammen. Ziel dieser finanzstarken politischen Gruppierung ist es, ihre wirtschaftlichen Interessen zu wahren. 1979 gelang es ihnen, einen Gesetzesentwurf zur Regelung der betrieblichen Arbeitszeit erfolgreich zu blockieren. Die Waffen der

Simbas sind vor allem finanzielle und wirtschaftliche Einflussnahme. Anlässlich einer Pressekonferenz am diesjährigen Parteikonvent hatte Mukuro gedroht, der Reformwelle auf betrieblicher Ebene mit wirtschaftlichem Boykott zu begegnen. Auch zirkulierten schon seit Wochen Gerüchte, dass die Simbapartei den Aufständischen massive finanzielle Unterstützung zukommen lässt.

Wesentlich erfolgreicher war Kele in aussenpolitischer Hinsicht. Es gelang ihm, die jahrelange Feindschaft zwischen Gondasa und Lessibien zu beenden und eine freundschaftliche Beziehung aufzubauen. Wirtschaftlich hatte Gondasa zwar eine Vormachtstellung, litt aber unter dem verlustreichen Kleinkrieg mit dem Nachbarstaat. Kele erhoffte sich von einer Beendigung der Grenzstreitigkeiten mit Lessibien vor allem mehr Spielraum für innenpolitische Probleme. Höhepunkt seiner Bemühungen war schliesslich der Abschluss eines Freundschafts- und Handelsabkommens. Dass er sich dabei die Feindschaft der um ihr Wirtschaftsmonopol besorgten Grossgrundbesitzer zuzog, nahm er in Kauf. Das unterentwickelte Lessibien musste im Rahmen des Abkommens auf einige lang umstrittene Grenzgebiete verzichten. Dafür versprach es sich vom abgeschlossenen Handelsvertrag mit dem reichen Nachbarland einen wirtschaftlichen Aufschwung. Ein Sprecher der Republik Lessibien liess verlauten, dass seine Regierung im Interesse der bestehenden Verträge notfalls bereit sei, Kele "in jeder Hinsicht" zu unterstützen. Die Truppenansammlungen im Grenzgebiet bezeichnete er auf Anfrage hin allerdings als längst geplante Manöverübungen der lessibischen Streitkräfte.

Es scheint, dass Kele den dornenvollen Weg vieler reformwilliger Politiker zu gehen hat. Zwar geniesst er das Vertrauen der geistigen Elite des Landes und kann offenbar auch auf eine loyale Armeeführung zählen. Auf keinen Fall aber darf er die wirtschaftliche Macht seiner Gegenspieler unterschätzen, welche die Wiederherstellung der früheren feudalistischen Verhältnisse anstreben. Sollten diese sich tatsächlich mit den rebellierenden Rawanis verbündet haben, würde seine Position ernsthaft ins Wanken geraten. Daran ändert auch die Präsenz eines befreundeten, aber militärisch eher schwachen Nachbarstaates nicht viel. Ob Kele genug diplomatisches Geschick hat, diese Bewährungsprobe unbeschadet zu überstehen, bleibt abzuwarten.

Experimental-Zusammenfassung für "Gondasa"

Die Spannungen in Gondasa zwischen der religiösen Rawanisekte und der Regierung Kele drohen, sich zum Bürgerkrieg auszuweiten. Die Regierung kann nicht auf die Unterstützung der oppositionellen Simbapartei zählen. Engagiert sich die Simbapartei im Bürgerkrieg? Der Nachbarstaat Lessibien sieht seine neuen Handelsbeziehungen zu Gondasa in Gefahr und stellt seine Truppen in Bereitschaft.

Kontroll-Zusammenfassung für "Gondasa"

Gondasa ist ein Land, das sehr unterschiedliche Landschaften aufweist. In den kalten Gebieten, die mehr als 2000 Meter über Meer liegen, gedeiht eine alpine Flora. In den wärmeren Niederungen wachsen aber europäische und tropische Pflanzen. In der Politik von Gondasa sind Namen wie Rawanis, Kele, Simba (auch Simbas) und Lessibien geläufig.